헛똑똑이의

詩 읽기

헛똑똑이의 詩 읽기

오탁번

고려대학교출판부
KOREA UNIVERSITY PRESS

머리말

수를 놓는 수틀에서 실 한오라기라도 느슨해진다거나 실의 굵기가 0.01밀리미터라도 차이가 나면 수틀 위에 팽팽히 놓여 있는 手藝는 더 이상 수예가 아니다. 글을 쓸 때도 말 하나하나에 다 제자리 제자리가 있고 앉음앉음이 있다는 것을 자신과 육화된 눈썰미와 손맛이 되도록 익혀야 하는 것이다.

나는 글을 쓸 때 언어의 숨이나 결은 물론 구성에도 늘 유의한다. 〈哺乳圖〉라는 시를 쓸 때도 그랬다. 그 안에 자리 잡고 있는 우리말의 오밀조밀한 뜻과 소리, 그리고 아주 짧은 敍事처럼 구성되는 장면과 분위기를 살리려고 애를 썼다.

> 밭가는 어미소 따라
> 강동강동 뛰는 송아지를
> —네미! 네미!
> 할머니가 부르며
> 등에 업은 아기를 추스른다
> 밭에서 일하던 며느리는
> 송아지 부르는 소리를 듣고

— 에미! 에미!
저 부르는 말인 줄 알고
밭두둑으로 냉큼 올라온다
— 음마! 음마!
아기가 방싯방싯 웃는다

— 저라! 저라!
— 어뎌! 어뎌!
소 모는 힘찬 소리에
왼쪽으로 오른쪽으로 내딛는
어미소 따라가며
— 음매! 음매!
송아지가 젖 보채며 운다
배냇머리같이 보드라운
금빛 털이 함함하게 빛난다

— 음마! 음마!
에미 젖 먹는 아기를 보며
할머니가
어미소 모는 애비에게 말한다
— 송아지도 젖 보채누나
할머니의 말을 알아들은 듯
— 음매! 음매!
어미소가 송아지를
송아지가 어미소를
서로서로 부른다
젖 먹던 아기가 옹알이하며
쇠젖 먹는 송아지를
도렷도렷 쳐다본다

닭이나 비둘기를 부를 때는 '구구구' 하고, 개와 고양이를 부를 때는 '워리워리', '아나 나비야' 한다. 송아지를 부를 때는? 어느 날 글을 쓰다가 이게 궁금해져서 시골 노인에게 물었더니 '네미 네미'라고 한단다. 사전을 찾아보았더니 영락없이 딱 맞다. 할머니가 며느리 부를 때 '에미 에미'하는 것이나 사람들이 송아지를 부를 때 '네미 네미' 하는 것이 원래는 同一音의 같은 의미가 아니었을까. 사람이나 소나 다 포유동물이니까 부르는 호칭이 원래는 다 같았을지도 모른다.

'이랴 이랴'는 소를 몰 때 하는 소리고 '워 워'는 소를 멈출 때 하는 소리이다. 왼쪽으로 몰 때는 '저라 저라'이고 오른쪽으로 몰 때는 '어뎌 어뎌'이다. 밭을 갈며 소를 부릴 때 하는 농민의 언어이다. 얼마 전까지 나는 '네미 네미'나 '저라 저라' 또는 '어뎌 어뎌' 같이 소도 알아듣는 우리말을 잘 알아듣지 못했다.

우리 집 발발이에 대한 글을 쓸 때의 일이다. 그놈이 자꾸 제 小門을 혓바닥으로 핥는 것을 보고 수캐의 그것은 '엘레지'라고 하는데 암캐의 그것은 뭐라고 부르는지 궁금했다. 무슨 말이 없을까 찾다가 우연히 '개씹단추'라는 참 야릇한 말을 알게 됐다. '좁은 헝겊 조각으로 여자의 쪽진 머리 모양으로 만든 단추'가 개씹단추이다. 마고자나 조끼에 다는 헝겊으로 만든 꼭 ♡ 모양으로 생긴 단추이다. 이토록 절묘한 시각적 심상이라니! 우리의 옛 어머니는 모두 다 시인이었나 보다.

나는 아직도 우리말을 첫걸음마부터 배우는 헛똑똑이에 지나지 않는다.

2008년 8월

오탁번

차례

2부 줌렌즈에 비치는 말의 그늘

1부

프리즘으로 보는 시의 영혼

하나.

눈먼 말

1

비디오 카메라로 찍은 동영상의 화면도 좋지만 때로는 빛바래고 구겨진 초등학교 소풍날 사진이 더 귀하듯 어린아이의 시점을 짐짓 흉내내면서 사물을 바라볼 때 '시'는 더욱 그 실체를 드러내게 된다.

그래서 요즘 나의 시세계는 어린 소년 시절로 거짓말처럼 회귀하고 있다. 그렇다. 나는 이제 어린아이가 되는 데까지 돼 보는 거다. 점잖은 어른들은 어른 노릇하게 놔두고 나는 천등산과 박달재를 바라보며 배가 고파 울던 그 시절의 '탁번이'로 돌아가는 거다.

제천군 백운면 평동리 장터
비바람에 그냥 젖는
버스 정류장 옆 조그만 가게
바깥 세상 겨우 내다보이는
가게의 금간 유리창에
흰 종이가 ☆☆☆☆ 모양으로

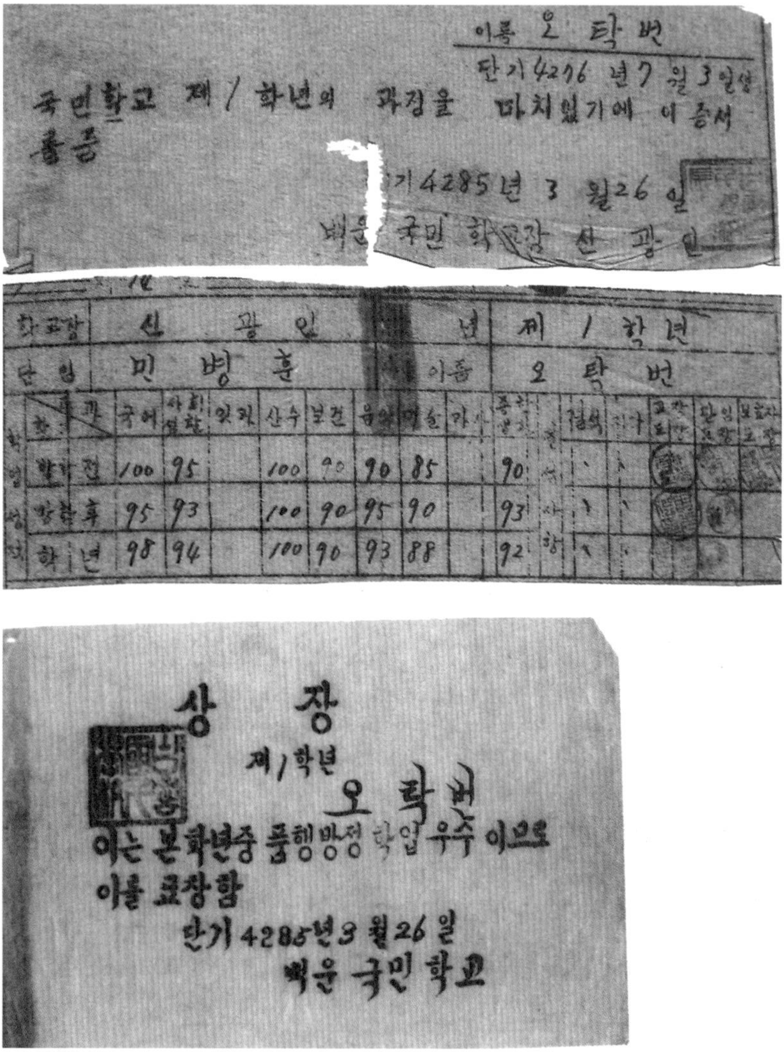
이름 오탁번
단기 4276년 7월 3일생
국민학교 제1학년의 과정을 마치었기에 이 증서를 줌
[단]기 4285년 3월 26일
백운 국민학교장 신광일

학교장	신광일	년	제1학년
담임	민병훈	이름	오탁번

학기	국어	사회생활	자연	산수	보건	음악	미술	가사	종합평가
방학전	100	95		100	90	90	85		90
방학후	95	93		100	90	95	90		93
학년	98	94		100	90	93	88		92

상장
제1학년
오탁번
이는 본학년중 품행방정 학업우수 이므로
이를 표창함
단기 4285년 3월 26일
백운 국민학교

국민학교 1학년 수업장과 상장(1951)

오종종 붙어 있다

천둥산 그림자 일렁이는 앞개울에는
모래빛 모래무지 한 마리가
한사코 모래바닥에 숨는다
꼬리에 알 가득 밴 여울목의 가재는
무지개빛 수염을 한껏 치켜들고
물 속에 비친
천둥산 이마를 간지럽힌다

셈본 숙제 끝낸 배고픈 아이들이
흰 토끼풀꽃 손목시계를 본다
오디도 복숭아도 아직 익지 않았고
개개비만 까불까불 흰 똥을 싼다
여울여울 이랑이랑
아이들의 꿈이 욜랑욜랑 헤덤빈다
실비 오는 하늘에 무지개가 뜬다
— 오탁번, 〈고향〉

시를 교육시킨답시고 공연히 시를 발기발기 찢어서 휴지로 만드는 일을 시 교육의 최종 목표로 삼는 교육 현실 때문에 시를 읽는 일을 난감하게 생각하는 경우가 많다. 그러나 좋은 시는 분석이니 해석이니 하는 어려운 말을 하지 않고 그냥 시 속에 담겨진 정황을 평범하게 안내만 해 주어도 그 의미를 알아차리게 된다.

이번 학기 학교에서 하는 강의 중에 '현대시선독'이라는 과목이 있는데 나는 시간마다 내가 정말 좋아하는 시 한 편씩을 학생들과 함께 읽고 이야기한다. 다음의 시는 나한테야 아주 친근한 소재이지만 학생들에게는 사뭇 고전적인 작품으로 느껴질 것이다. 그러나 학생들에게 이 시의 정황을 쉽고 평범하게 안내만 해 주면 학생들도 이 시가 담고 있는 아주 시적인 맛을 금방 알아차리곤 한다.

> 심심했던지 재두루미가 후다닥 튀어 올라
> 푸른 하늘을 느릿느릿 헤엄쳐간다
> 그 옆의 콩꼬투리가 배시시 웃다가 그만
> 잘 여문 콩알을 우수수 쏟아놓는다
> 그 밑의 미꾸라지들이 더 이상 참을 수 없다는 듯
> 봇도랑에 하얀 배를 마구 내놓고 통통거린다
> 먼길을 가던 농부가 자기 논에 무슨 일이 일어났는지
> 고개를 갸웃거리며 가만히 들여다본다
> — 이시영, 〈시월〉

미당 서정주의 〈가을의 벼논〉에 나오는 풍경과도 흡사한 농촌의 가을 정경을 어린아이의 시선으로 바라보고 있는 이 작품은 시치미 떼는 어조 속에 우스개와 헤살 부리는 장난기가 고루 잘 녹아 있다.

'재두루미' '콩꼬투리' '미꾸라지' 등이 시의 화자와 같은 또래의 개구쟁이가 되어 자아내는 가을 농촌의 정경은 말할 수 없이 고와서, 네 잎 클로버를 끼워놓은 누이의 빛바랜 일기장을 보는 듯도 하고 주근깨가 많은 외사촌 동생의 편지글을 대하는 기분도 든다. '먼길을 가던 농부'라는 말에 의아해 하는 독자가 있다면 이렇게 짐작하는 게 좋다. 10월이니까 바쁘던 농사 일이 거의 끝나 한숨 돌리고 있는 시간인

데 멀리 사는 친척집에서 온 혼사를 알리는 통지를 받고, 여름 내내 땀 흘려 일한 자기 논을 지나서 장터 시외버스 정류장으로 가는 길이라고.

시외버스 정류장으로 걸어가는 부지런하고 착하기만 한 농부는 결실의 계절을 맞아 가을 뙤약볕으로 반짝이는 자연의 섭리를 모른다. '안다 -모른다'라는 차원을 떠나서 하느님은 '농부'에게 앎의 이분법적 알량한 지혜를 주지 않고 하느님을 대신하여 자연의 섭리를 묵묵히 실천하도록 농부의 운명을 점지해 주었다.

재두루미도 지금 푸른 하늘을 날아가지 않고 왜 느릿느릿 헤엄치고 있는지도 모르고, 콩꼬투리가 뭐가 그리 재미있어서 제가 배시시 웃고 있는지도 모른다. 봇도랑에서 하얀 배를 내놓고 통통거리는 미꾸라지도 무슨 일이 그리 재미있고 우스운지 모른다. 하느님만이 알고 싱긋 웃을 뿐이다. 아니, 하느님도 지상의 이런 정경들은 다 연출해 놓고는 그냥 낮잠이나 주무시고 있는지도 모른다.

이처럼 하느님이 연출하는 가을 농촌의 정경을, 다른 시인들은 감히 볼 엄두도 안 내고 있는데, 현미경보다도 망원경보다도 더 세밀하고 넉넉하게 볼 수 있는 눈을 지닌 이시영은 참으로 시인일 수밖에 없고나. '껍데기는 가라'라는 그 유명한 명제에 빗대어 말한다면, 담론이나 주제나 내세우면서 시의 정신을 오염시키는 껍데기들은 이 시 앞에서 진솔하게 느끼는 바가 있어야 한다. 언어의 묘미를 무시하고는 그 어떤 시도 탄생할 수 없다는 사실을 시정신이 저급한 사람들이야 부정해 보고도 싶겠지만, 그러나 시의 영혼이 언어 그 자체라는 사실까지야 부정할 수 없을 것이다.

2

춘천댐 못 미처 오른쪽으로 난 고갯길을 넘으면 고탄 낚시터가 나온다. 배를 타고 강을 건너가서 좌대에 앉아 낚시를 하는 유료 낚시터이다. 몇 년 전에도 친구들과 밤낚시를 한 적이 있었는데 요 몇 년 사이에는 짬을 내지 못했다. 댐낚시는 영 종잡을 수가 없어서 나처럼 그냥 세월이나 낚는 게으른 낚시꾼에게는 인기가 없지만 춘천의 대학에 출강하는 아내가 그날 마침 학기말 성적을 내러 춘천에 간다고 하기에 나도 따라나선 것이다.

춘천春川은 붕어낚시를 즐기는 나에게는 독해할 수 없는 두꺼운 책과도 같은 느낌으로 다가온다. 조그만 저수지는 산세나 물빛으로 어느 정도 감을 잡을 수가 있지만 광활한 댐은 도저히 나로서는 헤아릴 수 없는 불가능의 공간이다. 춘천호나 파라호 그리고 충주호로 낚시를 갈 때마다 시험공부 제대로 안 한 아이가 어려운 시험지 앞에서 쩔쩔매듯 도무지 종잡을 수 없는 물의 깊이에 압도당하곤 한다. 어쩌다가 월척에 버금가는 붕어를 잡는 수도 있지만 그거야말로 내가 낚은 것이 아니라 붕어가 지나가다가 우연히 낚시에 꿰였다는 생각이 앞서기만 한다.

그러나 춘천호 하류의 고탄 저수지는 나처럼 어정쩡한 도시의 꾼들을 위하여 댐 가까운 곳에 좌대를 설치해 놓고 불가측성의 광활함을 인공적으로 축소해 놓은 곳이어서 몇 년 전에 왔을 때도 씨알은 잘지만 붕어를 낚는 재미가 괜찮았다. 붕어의 입질도 멋드러지고 힘도 좋아서 손맛을 즐기기에는 안성맞춤이었다.

그날 낚시터에 도착한 것은 막 해가 지려는 시간이었다. 조용한 좌대를 달라고 해서 댐 쪽에 가장 가까운 먼 좌대를 탔다. 평일이어서 꾼들이 많지도 않았지만 좌대가 워낙 한갓진 곳에 위치하고 있어서 하룻밤 쉬고 가기에는 딱 좋았다. 해가 저물자 무더위도 한결 수그러들었고 마주 보이는 산도 금세 어둠에 잠겼다. 떡밥을 개어서 두 바늘 낚시에 형광찌를 끼어서 던졌다. 보이지 않는 물속에서 어떤 물고기가 떡밥을 건드리는지 찌가 좌우로 약간씩 흔들흔들할 뿐 이렇다 할 입질은 오지 않았다.

그날 저녁에는 좌대에 모기향을 피워 놓고 소주를 몇 잔 마시고 일찍 자리에 누웠다. 좌대 값이 평일인데도 4만원이라고 하기에 왜 그렇게 비싼가 하고 생각했었는데 막상 좌대에 도착하여 이불과 요는 물론 취사도 할 수 있도록 버너도 있는 걸 보고서야 이해가 되었다. 그래도 그렇지, 낚시 좌대가 호텔 방 값만 하다는 것은 좀 뭣한 일이 아닐 수 없다. 주말에는 6만원을 받는데도 예약을 해야 한다는 낚시터 주인의 말이고 보면, 요즘 여가를 즐기는 인구가 여전히 폭발적으로 증가한다는 사실을 실감할 수 있었다. 소쩍새 울음소리를 들으며 잠이 들었다.

아침 다섯 시가 되어 잠이 깨어 일어나 보니 미끼를 단 채 밤새 던져 놓았던 세 칸 대의 낚싯줄이 축 늘어져 있었다. 붕어가 잡힌 줄 알고 채었더니 한 뼘 남짓한 누치가 걸려 나왔다. 밤새 낚시에 걸려 있던 누치는 힘이 빠지지도 않았는지 수초 사이에서 한사코 버팅기었다. 물안개가 수면 위로 가득 피어오르고 있었다. 강 건너 푸른 산도 안개에 가려 희미하게 형체를 드러내고 있었다.

낚시에 떡밥을 새로 꿰어 물안개 속으로 던졌다. 입질은 자주 왔지만 수초 때문에 밑걸림이 심했다. 안개가 거의 걷힐 무렵이 되어서야 드디어 붕어를 낚았다. 깊은 수심의 붕어답게 찌올림도 아주 우아했고 버팅기는 힘이 넘쳤다. 붕어의 크기도 딱 조금 전에 잡은 누치처럼 한 뼘 남짓했다. 초등학교에 1학년 2학년 교실이 나뉘어져 있는 것처럼 춘천호의 물고기들도 크기대로 모여서 한 곳에서 놀고 있는 것일까. 붕어는 완벽한 자태를 뽐내면서 어망에 들어가서도 지느러미를 파닥거리며 떼를 쓰고 있었다.

안개가 걷히자 강 건너 산이 물 속에 그냥 빠져 왔다. 너무나 고왔다. 내가 던진 낚시의 무지개 빛 찌가 물 속에 비친 산의 허리에 꽂혀 있었다. 낚싯대 위에는 뒤룩뒤룩한 눈깔을 한 장수잠자리와 버들눈보다도 더 작은 실잠자리들이 앉았다가 날아가곤 하였다. 푸른 물과 그 속에 빠져 있는 푸른 산 위로 흰 해오라기들이 날아가고 있는 모습을 보면서 나는 문득 서거정徐居正의 《동인시화東人詩話》에 나오는 시구詩句 하나가 생각났다.

서거정의 《동인시화》에는 고려시대의 시인 강일용康日用의 해오라기〔鷺〕를 노래한 시가 나온다. 해오라기에 대한 시를 쓰려고 매번 비를 무릅쓰고 천수사天水寺의 남쪽 계곡에 가서 해오라기를 바라보다가 어느 날 드디어 한 구절을 읊게 되었다. 그는 너무나 감격하여 "지금 내가 옛 사람이 이르지 못한 바를 얻었다. 이는 해오라기를 읊고자 비를 무릅쓰고 계곡을 헤맨 것이 헛되지 않았다"라고 사람들에게 말하였다. 그가 해오라기를 보고 읊은 시구는 바로 이렇다.

飛割碧山腰

푸른 산 허리를 베며 날으네

이 시구에서는 '벤다'는 뜻을 지닌 할割이 바로 자안字眼이요 시안詩眼이다.

춘천호에 실물대로 그림자를 드리워서 어느 것이 실상이고 영상인지 구분할 수 없는 푸른 산 위로 날아가는 해오라기를 보고 나는 정말 옛 시인의 시안에 탄복을 했다. 시 한 구절 얻기 위하여 비를 무릅쓰고 계곡을 헤맨 옛 시인의 시정신이 정말 소중하게 느껴졌다.

시인이 시를 쓸 때 말 하나를 고르느라고 고심하는 것은 옛날이나 지금이나 다 같다. 나는 낚싯대가 제 무게에 의해서 까불대는 모습을 형용하기 위하여 고심을 한 적이 있다. 하늘하늘, 까딱까닥, 흔들흔들… 이런 말을 다 버리고 '홰친홰친'이라는 말을 찾아냈을 때 나는 너무 기분이 좋아서 한밤 중에 혼자서 위스키를 몇 잔 마신 일이 있다. 우

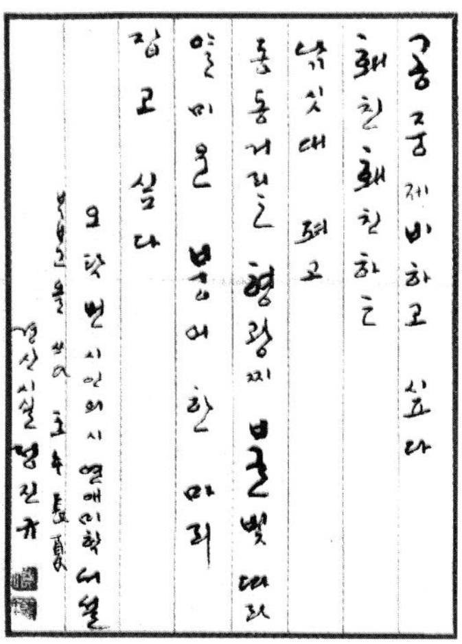

絅山 鄭鎭圭 선생

연히 북한의 소설을 읽다가 이 기막힌 말을 발견하게 된 것이었다. '욜랑욜랑'이라는 말이 나오는 〈또 애기똥풀〉이라는 시를 쓸 때도 마찬가지였다.

시인은 언어의 정령精靈 앞에 기도하는 사도使徒가 돼야 한다. 언어를 방기한 시인은 마침내 시를 포기한 것과 다름이 없다.

지금쯤 고향의 억새밭 물녘에서는
무지개도 뛰어넘을 만한 힘센 황소가
널비에 황금빛 털이 간지럽겠다
나도 한 마리 반딧불이가 되어
하늬바람에 공중제비 하고 싶다
쾌친쾌친하는 낚싯대 펴고
동동거리는 형광찌 불빛따라
얄미운 붕어 한 마리 잡고 싶다
— 오탁번, 〈연애미학서설〉 부분

3

원주시 흥업면 매지리에 있는 '토지문화관'에서 '환경'을 주제로 한 세미나와 시낭송회가 열렸다. 그때 나는 처음으로 토지문화관에 갔다. 직접 가 보니 《토지土地》의 작가 박경리 선생은 이미 이 땅의 한 문학적 상징이 되었다는 것을 더욱 실감할 수 있었다.

몇 년 전 개관할 때 나한테도 참석 여부를 묻는 엽서가 왔었지만 나는 참석을 하지 못했었다. 피치 못할 다른 일이 있어서였지만, 작품을 제대로 읽지도 않고 또 작가의 그 수많은 고뇌의 세월은 생각하지도 않은 채, 문단 행사에 떼 지어 몰려가서 법석을 떠는 내 모습을 스스로 삼가려는 마음도 있었다. 그리고 또 하나의 이유가 있었다. 내가 중고교를 다닌 제2의 고향에 다른 작가가 가서 뿌리를 내리고 살고 있는 모습을 은근히 시샘하고 있었는지도 모른다. 그러나 나는 박경리 선생의 그 길고 긴 고뇌의 시간을 언제나 높이 평가하고 있었기 때문에 언젠가는 그와 만나서 흉금을 털어놓을 날이 오리라고 믿었다. 그런 시간을 아껴 두었다가 귀하게 맞이하고 싶었다. 관장을 맡고 있는 이성선 시인이 토지문화관에서 열리는 시낭송회에 참석해 달라는 연락을 하자 박경리 선생을 만나는 시간이 자연스럽게 주어졌다는 생각이 들었다.

박경리 선생을 만난 것은 시낭송회 1부 순서가 끝난 직후 그가 거처하는 사저에서였다. 세미나가 계속되고 있었지만 박경리 선생과 만나서 첫인사를 하는 것이 더 뜻깊은 일이라는 생각이 들었다.

— 쉽게 만나지 않고 귀하게 만나 뵙고 싶어서 이렇게 뒤늦게 왔습니다.

내가 변명삼아 말하자 박선생은 내 말의 뜻을 익히 안다는 듯 웃었다.

— 그럼요. 소설가 홍성원 씨도 얼마 전에 처음 만났는데요.

박 선생은 토지문화관을 지을 때 고생했던 이야기를 하면서 이 땅에는 아직 문화사업에 대한 이해가 너무 부족하다는 이야기를 했다. 그리고 '시인'의 사명과 존귀함에 대하여 이야기했다. 흔히 소설과 시를 대립되는 장르로 보는 사람들이 있지만, 박 선생은 시와 소설은 단순한 대립개념이 아니라 서로 호존互存하는 성격을 띤다는 것을 누구보다도 잘 알고 있었다.

그날 저녁에는 각지에서 온 시인들과 인사를 나누고 늦게까지 술을 마시며 환담을 했다. 평소에 문단 나들이를 자주 하지 않아서 낯선 시인들도 많았지만 시를 이야기하는 자리에서는 금세 낯이 익어 시간 가는 줄 모르게 되었다.

작가 박경리는 이미 십여 년 전에《못 떠나는 배》라는 시집을 낸 바 있는데 최근에도 시집《우리들의 시간》을 펴냈다. 그는 "아아 시인이여!/보석 같은 시인은 없는가"라고 〈시인〉이라는 시에서 말하고 있거니와, 작가로서 시인에 대한 남다른 애정과 관심을 지니고 있기 때문에 이번에 문학 세미나를 개최하면서 여러 시인들을 1박 2일 일정으로 초청을 한 것이었다.

서울로 돌아와서 작가의 문학관이 꾸밈없이 표현되어 있는 다음과 같은 시를 찾아 읽고 나는 한동안 깊은 생각에 잠겼다.

글기둥 하나 잡고
내 반평생
연자매 돌리는 눈먼 말이었네

아무도 무엇으로도
고삐를 풀어주지 않았고
풀 수도 없었네

박경리 선생(1926-2008)

영광이라고도 하고
사명이라고도 했지만
진정 내겐 그런 것 없었고

스치고 부딪치고
아프기만 했지

그래,
글기둥 하나 붙잡고
여까지 왔네
—박경리, 〈눈먼 말〉

문학을 하는 이들은 이처럼 눈먼 말이 되어야 한다. 홀로 침잠하는 절대고독의 시간 속에 자기를 엄격하게 구속시켜야 한다. 죽음과 직면해 있다는 마음으로 문학을 운명처럼 껴안아야 한다. 이미 정상에 올라 있는 박경리의 문학적 편력도 이처럼 '스치고 부딪치고/아프기만' 했던 것 아닌가. 타산과 헛된 명예로 점철된 세상에 대하여 눈을 주지 않고 오직 한 편의 절필絶筆을 위하여 매진해 온 박 선생은 진정한 문학인이다. 작가 박경리는 이미 이 땅의 문학적 상징이 되었다고 한 말도 다 이런 연유에서이다.

4

고향을 떠나와 객지에서 사는 수백만 명의 사람들이 추석이 되면 고향을 찾아가서 성묘를 하고 차례를 지낸다. 아마도 전 세계에서 우리 민족만큼 옛 조상을 섬기는 일에 온 정성을 다하는 민족은 없을 것이다. 그만큼 가문의 뿌리에 대한 긍지가 높아서 족보를 중시하여 대대로 물려주는 풍속도 일반화되고 있다. 나도 물론 동복 오씨同福吳氏 족보가 있고 추석이면 고향으로 성묘를 가고 큰집에 가서 차례를 지낸다.

올해의 8·15는 특히 남북 이산가족의 상봉이 이루어진 날이어서 더 뜻깊은 날이 되었다. 분단 후 처음으로 북한의 고려항공 여객기가 김포공항에 착륙하는 모습을 보면서 통일로 가는 길이 이젠 정말로 가까워졌다는 생각이 들었다. 북한에 있는 가족을 만나러 50년 만에 고향을 찾아가는 그들이야말로 진정한 의미의 귀성객일지도 모른다. 분단이라는 타의에 의하여 가족과 헤어져서 50년을 보낸 이산가족들의 통한의 슬픔이 단 며칠 동안의 가족상봉에서 다 풀릴 수야 없겠지만, 남북화해의 시대를 맞아서 남북을 오가는 이산가족들의 해후의 발걸음은 통일을 그만큼 앞당기는 상징적인 일이 되리라고 본다.

북한의 혈육을 만나러 가는 사람들이 준비한 선물도 각양각색이라고 한다. 어떤 사람은 족보를 가지고 간다고 한다. 어릴 때 헤어진 아들딸에게 자신의 뿌리를 알려 주기 위해서 족보를 가지고 간다고 한다. 조상을 중시하는 우리 민족의 특징을 단적으로 나타낸 선물이라고 생각한다.

또 얼마 전 남측 언론사 사장들이 북측의 김정일을 만났을 때, 전주김씨全州金氏 시조묘에 참배할 의향을 떠보았다고도 한다. 그랬더니 김정일은 북한에서는 본관本貫이 다 없어졌지만 여건이 허락하면 참배할 수 있다는 대답을 했다고 한다. 공산주의자인 그도 가문의 뿌리를 부정할 수 없는 모양이다. 하긴 김일성 사후에 유훈遺訓 통치를 해오는 김정일이나 정치지도자인 김일성을 '어버이'라고 호칭하는 북한 주민이야말로 국가 체제를 거대한 가문으로 인식하는 사람들인지도 모른다. 이번에 이산가족 상봉을 위하여 서울에 온 북한 사람들이 이구동성으로 '장군님 품에 안겨서' 잘 살고 있다는 이야기를 하는 것을 보고도 북한 특유의 훈련받은 언행이라는 생각이 들어 씁쓸했지만, 한편으로는 정치지도자에 대한 느낌을 이렇게 은혜로운 이의 '품'으로 인식하는 그들은 어찌 보면 군사부君師父 일체를 덕목으로 삼던 유교 봉건주의 시대의 가치관을 그대로 지니고 있는 게 아닐까 하는 생각도 들었다.

《산림경제山林經濟》에는 이상한 은행나무에 대한 이야기가 나온다. 근처에 다른 은행나무가 없는데도 열매를 맺는 암 은행나무가 있는데, 이는 강물에 비친 제 그림자를 숫놈으로 알고는 열매를 맺는다는 이야기이다. 나는 이것을 자손이 번성할 것을 바라는 조상의 마음으로 바꾸어 시를 쓴 적이 있다. 은행나무와 인간을 넘나드는 일종의 족보族譜(Family Tree)를 만든 셈이었다. 그것도 몇백 년의 족보가 아니라, 1만 년 전의 빙하기에서 시작되는 시적 상상력의 족보를 형상화시킨 셈이었다.

할아버지 산소로 가는 강 언덕에
아름드리 은행나무 한 그루가 있는데
번성한 자손 바라는
할아버지의 마음인 듯
다닥다닥 해마다 은행이 열린다
근처에 은행나무 숫놈이 없지만
강물에 비치는 제 그림자를
늠름한 제 짝으로 생각하고
정받이를 하는 은행나무

만년 전 빙하기 때
마주 보고 서 있던 은행나무는
얼음에 갇혀 숨을 거두고
불 같은 사랑 혼자 꿈꾸며
뛰어난 상상력으로 빙하기를 견딘
그 옛날의 암 은행나무 한 그루가
할아버지 산소로 가는 강 언덕에
홀로 다산성을 뽐내면서 살고 있다고
자손들은 믿는다

지구를 뒤덮은 빙하 때문에
꽃을 피우고도 열매를 맺지 못한 채
숫놈과 생이별한 한을 푸느라고
아름다운 암 은행나무는
사랑의 열매를 알알이 낳고 있는데
빙하기가 다시 오면
나의 사랑은
무슨 나무로 살아남아서
절멸의 시간을 넘어서고 있을까
— 오탁번, 〈은행나무〉

빙하기를 견디고 살아남은 몇 안 되는 식물 가운데 하나인 은행나무는 암수가 마주 보고 서 있어야 꽃이 피어 열매가 열리는 나무이다. 그런데 어느 동네에는 암 은행나무 한 그루밖에 없는데도 은행이 열리는 것을 보고 사람들은 그 암 은행나무가 강물에 비친 제 그림자를 숫놈으로 알고 있기 때문이라고 믿었던 것이다. 이런 유의 이야기는 각 지방마다 약간씩 다르기는 해도 널리 퍼져 있는데 여기서 중요한 것은 은행나무가 서 있는 공간이 꼭 산소 근처이거나 종가宗家나 큰 집 앞이라는 사실이다. 조상 숭모라는 의식과 혈연으로 이어진 가족 간의 유대를 은행나무에 빗대고 있는 것이다.

추석이 되어 큰집에 모여 제사를 지내는 사실은 살아 있는 이승의 후손들이 세상을 하직한 저승의 조상들을 만나는 엄숙한 해후의 시공이 된다.

한자리 못 앉아 있는 마음일 때,
친구의 서러운 사랑 이야기를
가을햇볕으로나 동무 삼아 따라가면,
어느 새 등성이에 이르러 눈물나고야.

제삿날 큰집에 모이는 불빛도 불빛이지만,
해질녘 울음이 타는 가을江을 보겄네.
— 박재삼, 〈울음이 타는 가을강〉 부분

혈연의 정을 노을비낀 강물결에 슬쩍 빗대면서, 제삿날을 맞아 큰집을 찾아오는 대가족의 구성원들이 불빛이 고운 호롱불 아래 도란도란 이야기하는 소리가 금방이라도 들려올 듯한, 우리 민족의 원형질적인 시적 담화라고 하겠다.

5

나는 고등학교를 원주에서 다녔다. 치악산이 바라보이는 교정에서 꿈 많고 서러운 고등학교 시절을 보냈기 때문에, 요즘도 가끔씩 치악산의 그 크고 의연한 모습이 그리워질 때가 많다.

나의 고향은 원주가 아니고 제천이다. 제천시에서 50리 가량 서쪽으로 떨어져 있는 백운면이 내 고향이다. 거기서 70리쯤 더 가면 충주가 된다. 내 고향에서 원주까지는 백 리가 될까말까 하는 거리여서, 나는 이 세 도시를 정점으로 하는 삼각형의 중심점에서 태어나 그곳에서 국민학교까지를 다니고, 도시 규모가 가장 크고 학생들의 실력이 좋다는 원주에서 중학교와 고등학교를 다녔다.

내 고향 백운면은 '백운白雲'이라는 이름 그대로 하늘에는 흰 구름이 많고 첩첩산중이어서 온갖 나무와 풀과 벌레들이 많다. 또 〈천등산 박달재〉라는 유행가로 널리 알려져 있는 대로 도토리묵을 많이 해 먹기도 한다.

천둥산(산의 정확한 이름은 천등산天登山이지만 우리 고향에서는 늘 천둥산이라고 부른다)과 박달재 사이에 있는 조그만 마을이지만 나의 소년시절의 꿈과 눈물이 배어 있는 그 곳은 원주의 치악산과 더불어 나의 삶의 두 밑변이 되어 있다. 아니 밑변이라기보다는 내 생애의 중심점이 되고 있어서, 내가 그동안 써 온 소설이나 시를 되읽어 보아도 천둥산과 박달재, 그리고 치악산의 냄새가 곳곳에 스며 있음을 금방 알아차릴 수 있다.

한국전쟁 직후에 국민학교를 다닌 나는 언제나 배고픔과의 투쟁 속에서 소년시절을 보내야 했다. 전쟁으로 모든 것이 잿더미가 됐었다. 1·4후퇴 때 경상도 쪽으로 피난을 갔다가 이른 봄에 돌아와 보니, 집도 밭도 다 폐허가 됐었다. 집은 불에 타서 없어지고 보리밭도 군인들이 다 뒤엎어 버렸다.

병영을 건설하려고 그랬는지 헬리콥터 이착륙장을 만들려고 그랬는지 정확히는 모르지만 논과 밭이 완전히 유린당한 것이었다. 피난길에서 겨우 목숨을 부지하여 돌아온 사람들은 당장 끼니를 이을 식량도 또 봄 여름이 되어 수확할 곡식도 없는 채 기아의 공포 속에 그대로 내던져졌다. 학교는 다시 문을 열었지만 아이들은 아침밥을 굶은 채 등교를 했고 그러면 학교에서 흰죽을 쑤어서 요기를 시켰다. 이러한 뼈저린 궁핍에 대한 추억이 곧장 내 문학의 가장 근간적인 모티프가 된다.

> 아침 먹고 온 놈 손들어!
> 학교에 가면 선생님은 이렇게 말했다
> 손드는 놈은 면장아들과 지서장아들
> 나머지는 줄을 서서 죽을 먹었다
> 밥알이 헤엄치는 식량이
> 어디서 왔는지도 모르고
> 일부변경선 밖인지 안인지도 모르고
> 먹었다 개처럼 줄을 서서
>
> 진달래는 먹는 꽃 먹을수록 배고픈 꽃
> 젊은 조연현의 이 한 구절은
> 현대시사의 숨어 있는 문맥이다
> 시를 갑자기 연구하려고 달려오는
> 돼지 같이 배부른 국문학도여
> 나는 지금 소년의 쌀에 경배한다
> — 오탁번, 〈소년의 쌀〉 부분

학교가 끝나면 산으로 올라가서 진달래꽃을 따먹으면서 허기진 배를 달랬지만, 그 꽃이야말로 먹으면 먹을수록 배가 더 고픈 그런 꽃이었다.

꽃을 식량으로 먹다니! 대학생 때 조연현 선생이 청년시절에 쓴 시에서 "진달래는 먹는 꽃, 먹을수록 배고픈 꽃"이란 구절을 처음 보고 나는 상당히 충격을 받았다. 김소월의 진달래꽃은 이별과 만남의 미학으로서 처리되어 있는 것이지만, 조연현의 진달래꽃은 우리 민족의 궁핍한 삶 그 자체가 튼튼히 형상화되었다는 점에서 우리 민족의 정신사적 핵심을 그대로 보여 주는 놀라운 발견이라고 생각했기 때문이다. 요즘도 나는 내 고향 제천에서의 기아와 원주에서의 막막한 절망을 기도하듯 마음속에 외며 살고 있다.

아직 학문도 문학도 제자리를 못 잡은 채 방황하면서도, 천둥산과 박달재 그리고 치악산이 주는 깊고 높고 그러나 보이지 않는 상징을 따라, 이대로 무의미하게 흔하디 흔한 문인이나 있으나마나한 교수의 삶으로서만은 끝낼 수 없는 그 어떤 황홀한 나의 세계를 음모하고 있다. 그래서 오늘도 이 땅의 청소년 앞에서 이렇듯 횡설수설을 일삼고, 매연이 가득한 서울에서 지식인입네 뽐내면서, 힘없는 백묵자루와 만년필을 든 채 나의 생애의 빛나는 비극의 날을 준비하고 있는지도 모른다. 요즘 들어서 내가 고향을 모티프로 하는 시를 부지런히 쓰는 것도 다 이런 연유에서이다.

둘.

하양 나룻배 한 척

시집 《겨울강》(세계사, 1994)이 나올 무렵의 이야기를 하면서 나의 시세계를 허심虛心하게 되돌아보려고 한다. 겨울 강 해빙의 울음소리처럼 내 영혼을 울리며 '시인'으로 나를 다시 태어나게 한 내 운명의 등댓불에 관한 쓸쓸한 고백이라고 할 수 있다.

그 시집을 낼 무렵 지천명의 나이가 되자 삶의 안온함에 대한 행복감은커녕 내 생애 전반에 대한 회의와 번민이 전신을 엄습해 왔다. 갓 서른에 대학의 전임이 되었으니 나는 대학교수로서 꽤 이력이 났지만, 그것이 평안을 주기보다는 내가 이러다가는 평범한 대학교수로 일생을 마감하는 것이 아닐까 하는 두려움이 더 컸다. 젊을 때부터 시와 소설을 목숨 바쳐 쓰는 일만이 내가 타고난 팔자라고 생각했었다. 글을 쓸 여건을 마련하기 위해서 몸담게 된 대학교수라는 직업이 그만 나의 유일한 직업이 돼 버린 데서 오는 자괴심을 어쩔 수 없었다. 교수나 박사라는 호칭을 들을 때마다 모욕을 당하는 느낌이 들곤 했다.

얼른 나이를 먹어 스스로 정년을 맞고 싶은 마음이었다. 소설을 부지런히 썼던 30대와 40대의 곤혹스러운 나날에 대한 배신감도 나를 괴롭혔다. 밤새워서 코피를 흘려가며 소설을 써도 내 소설이 가진 진짜 특징을 알아보는 사람이 드물었다. 그 옛날 '신춘문예 3종 3연패'라는 화려했던 조명이 결국은 나를 어둡게 만드는 역기능을 하고 있는 셈이었다. 시기질투와 맹목의 비평이 나를 에워싸고 있었다. 게다가 전통 있는 대학의 교수라는 직업도 내 문학의 진정한 평가에 걸림돌이 되었다. 그 옛날 신춘문예를 휩쓸었던 재주만으로 대학의 연구실에서 행복에 겨워 쓰는 작품으로 모두들 오해를 하는 모양이었다. 밤을 새워 가며 말 못할 열등감과 패배감에서 허우적거리는 나의 실체를 아무도 몰라주었다.

이처럼 내가 가장 불행할 때 언제나 나의 생명을 지탱해 준 것은 시였다. 소년시절부터 나는 시를 썼고 '시인'이라는 이름은 내 절대의 운명이라는 사실을 한시도 부인해 본 적이 없었다. 기운이 있고 눈이 시퍼럴 때 나는 소설과의 전쟁을 승리로 이끈 다음 시인의 길을 본격적으로 걸어가려고 마음먹었었다. 나이는 점점 들고 힘은 빠졌다. 소설과는 일단 휴전을 하기로 했다. 종전이나 항복이 아니라 잠정휴전이었다. 나는 시 쪽으로 나의 전체를 투신하기로 마음먹었다. 이런 상황에서 세 번째 시집《생각나지 않는 꿈》(미학사, 1991)이 나왔다. 내 나이 마흔아홉이었다. 이때의 심정을 그 다음해(1992) 초에 나온, 소설을 가려 뽑은 문학선《순은純銀의 아침》(나남) '작가의 말'에서 나는 이렇게 토로하였다.

소설을 피해서 도망다니면서 나는 버리지 못하는 버릇처럼 받아 볼 사람 없는 연서를 쓰듯 시를 썼다. 이상하게도 시가 자꾸 쓰여졌다. 소설이 무서워서 도망다니다가 시가 생각날 때면 나는 그렇게 평화로울 수가 없었다. 시를 밖으로 드러내 놓고 쓰지 않겠다던 나의 마음도 무너졌고 죽기 전에 한 권쯤만 더 만들겠다던 생각도 바뀌어서 1991년 봄에 미학사에서 세 번째 시집《생각나지 않는 꿈》을 냈다. 도망병의 수첩 같기도 한 그 시집에는 나의 눈물과 추억이 배어 있어서 다시 모든 것을 출발시키는 심정으로 요즘은 나 스스로에 대하여 겸허하게 생각하고 있다. 무슨 생각하느냐고 스스로 물어도 나는 얼른 대꾸할 수 없으나 이제야말로 하늘과 땅의 모습이 온전히 보이기 시작하고 사람과 사람 사이의 모습이 해맑게 보이는 나이가 되고 보니, 내가 아직 확신 못하는 나의 운명과 비로소 일체가 될 수 있을 것 같다. 내가 시인이며 소설가인 이유 그리고 대학교수이자 시인이며 소설가가 바로 '나'인 이유를 스스로 밝혀 나가는 마지막 작업을 위하여 아주 조용하고 무력하게 오늘 밤 책상머리의 등불을 홀로 밝히고 있다.

소설이 주는 말 못할 절망과 분노와 열등감을 이겨낸답시고 술집으로 낚시터로 싸돌아 다녔지만 아무 소용도 없었다. 나를 마지막으로 구원해 주는 것은 시였다. 시는 너무나 나와 일체가 되어 있기 때문에, 제주도 해녀가 제일 큰 전복은 바다 속 깊이 남몰래 숨겨 두고 여느때는 따지 않다가 사랑하는 사람한테만 따서 주듯, 나 역시 웬만해서는 나의 진정한 시를 밖으로 드러내놓고 쓰지 않겠다던 마음도 허물어져 버린 것이었다.

90년대가 되면서 내 마음에는 언제나 '시'가 등댓불처럼 깜박이며 나의 인생항로를 은연중 지시하고 있었다. 나는 등댓불이 가리키는 대로 밥 먹으면서도 똥 누면서도 강의를 하면서도 술을 마시면서도 다시 문학소년이 된 기분으로 시를 생각했다. 소설의 늪을 빠져나오자 시가 주는 영혼의 낮은 소리가 나를 흔들어 깨우곤 하였다. 어린이처럼 마음이 착해지고 맑아지는 듯했다. 밤이 되면 라디오를 작게 틀어 놓고 공책에 시를 썼다. 그때 도진 목 디스크가 평소의 태도불량이 원인이라는 의사의 말은 사실일 것이었다. 베개를 턱 밑에 받치고 엎드려서 밤을 꼬박 새우면서 소설을 쓰던 버릇이 나를 벌주는 것인지도 몰랐다. 소설은 노동이었지만 시는 명상이었다. 오직 시만 생각하며 몇 년 동안을 지냈다. 그동안 거리를 두었던 시단은 내가 생각한 것보다 악화가 양화를 구축하는 일이 더 많았고 시인들 간에 갈등도 복잡했지만 시 쓰는 일 이외에는 다른 생각을 안 했다.

1994년 여름에 나온 네 번째 시집《겨울강》에는 나의 이러한 시적 몰입이 몽땅 담겨 있다. 시집을 내고 나서 이제야 나의 몸과 마음이 시의 혼령에 의하여 확실하게 운행되고 있다는 느낌이 들었다. 내 운명이 그 스스로의 힘에 의하여 시혼을 작동시키는 소리가 들리는 듯했다.

> 시를 생각하며 새벽잠을 깨고 시를 쓰며 자정을 넘길 때처럼 내 영혼과 가장 똑바로 마주볼 때는 없다. 나도 모르는 사이에 어느덧 길들여진 고립孤立과 소외疏外의 세계관이 나의 시에서는 부끄러운 줄도 모르고 얼굴을 그냥 내어밀고 있다.
>
> 그러므로 나의 시는 그대로 나의 자화상自畵像이며 미완의 자서전自敍傳이며 차마 남에게 보여 주기가 민망한 일기日記와도 같다. 젊을 때부터 익혀온 시의 방법이나 장치도 내 작품의 맨 몸뚱아리

> 앞에서는 도무지 가당치가 않다. 비유나 구조를 이야기하며 칠판 앞에서 백묵을 잡는 일 또한 나의 쓸쓸한 시가 지닌 눈금과는 사뭇 동떨어진 것이 된다. 얼음 밑에 허리 숨긴 하양 나룻배 한 척처럼 호젓하게 꿈꾸고 싶다. 산매미 날갯빛으로 흘러가다가 종당에는 이름도 몸도 무화無化되어 버릴 그날을 위하여 건배!

시집의 표제가 된 〈겨울강〉은 대학원생들과 홍천강으로 1박 2일의 나들이를 갔을 때 얻은 소재였다. 학생들과 하룻밤 묵고 이튿날 아침 강을 건널 때였다. 얼음장이 갈라지는 소리가 커다란 짐승의 울음소리처럼 들렸다. 오랜만에 들어보는 해빙의 울음소리였다.

해빙의 울음소리가 며칠 동안 나의 마음을 사로잡고 있었다. 〈겨울강〉을 쓰면서 나는 시를 빚는 과정의 황홀함과 참담함을 동시에 맛보았다. "얼음 밑에 허리 숨긴 하양 나룻배 한 척이/꿈꾸는 겨울 홍천강 노을빛 아래 호젓하네"와 "갈대잎 흔드는 바람 사이로 봄기운 일고/오대산 산그리메 산매미 날개빛으로 흘러와"에 나타난 것처럼 '하양 나룻배'에서 나는 나룻배의 빛깔은 물론 배의 크기와 무게까지를 '하양'이라는 말 속에 담았고 "오대산 산그리메 산매미 날개빛으로 흘러와"에서는 맑은 강물의 빛깔과 수온과 흐름의 속도까지를 표현했다고 생각하였다. '흰 나룻배', '조그만 나룻배'를 생각하다가 '하양'이라는 말이 떠올랐을 때 나는 어린아이처럼 혼자서 좋아했다. 말 한마디 한마디가 적절한가 아닌가를 곰곰히 생각하면서 며칠 동안 잠을 설쳤다. '하양'은 물론 '하얗다'에서 나온 빛깔이나 물감을 의미하는 명사이니까 노랑 빨강 파랑과 마찬가지의 평범한 말이지만 나는 내가 태어난 이래 글 속에서 하양이라는 말을 쓴 것이 처음이었다.

나이 쉰이 넘어서 '하양'이라는 말 한마디에 어린아이처럼 좋아하는 내 모습이 한편으로는 가련하기도 하지만 그러나 나는 나이들수록 자꾸만 어린아이가 되어가는 '나'를 나는 사랑했다. 《겨울강》에 실린 시들은 말을 처음 배우는 어린아이가 된 오탁번이가 쓴 것이지 시론과 시창작을 강의하는 대학교수가 쓴 것이 아니었다.

《겨울강》은 그해 제7회 동서문학상 시 부문 수상작으로 뜻밖에 선정되었다. 동서문학상은 소설만을 대상으로 하는 문학상이었는데 그해 시 부문이 새로 제정된 것이었다. 오랜만에 탕아가 되돌아온 셈이었는데 시단은 나를 잊지 않고 따뜻하게 맞아 준 것이었다. '시인 오탁번'으로 나는 다시 태어난 셈이었다. 말 하나하나를 처음으로 배우는 어린아이의 태도를 지향하는 《겨울강》의 이러한 시창작 정신은 그후 〈애기똥풀〉과 〈1미터의 사랑〉 그리고 정지용문학상 수상작인 〈백두산 천지白頭山天池〉에 잘 이어지고 있다. 올해 발표한 〈또 애기똥풀〉이나 〈메롱메롱〉 그리고 〈달걀〉이라는 시에도 철부지 어린아이의 엄살로 그냥그대로 살아나고 있다. 나는 지금 '시인'으로서 첫 걸음마를 하고 있다 ― 이것이 요즘 나의 삶의 방식이다. 나의 삶이 잘 드러난 시 몇 편을 보여 주고 싶다.

〈겨울강〉

겨울강 얼음 풀리며 토해내는 울음 가까이
잊혀진 기억 떠오르듯 갈대잎 바람에 쓸리고
얼음 밑에 허리 숨긴 하양 나룻배 한 척이
꿈꾸는 겨울 홍천강 노을빛 아래 호젓하네

쥐불연기 마주보며 강촌에서 한참 달려와
겨울과 봄 사이 꿈길마냥 자욱져 있는
얼음짱 깨지는 소리 들으며 강을 건너면
겨울나무 지피는 눈망울이 눈에 밟히네

갈대잎 흔드는 바람 사이로 봄기운 일고
오대산 산그리메 산매미 날개빛으로 흘러와
겨우내 얼음 속에 가는 눈썹 숨기고 잠든
아련한 추억이 버들개아지 따라 실눈을 뜨네

슬픔은 슬픔끼리 풀려 반짝이는 여울을 이루고
기쁨은 기쁨끼리 만나 출렁이는 물결이 되어
이제야 닻 올리며 추운 몸뚱아리 꿈틀대는
겨울강 해빙의 울음소리가 강마을을 흔드네

〈1미터의 사랑〉

—1m의 정확한 길이는 얼마일까? 물론 1cm가 1백개, 1mm가 1천개 이어진 길이이다. 그러나 아무리 정확하게 1m의 표준을 정해놓아도 10兆分의 1m의 誤差가 발생한다고 한다.

석 자 가웃 되는 1미터의 정확한 길이는
빛이 眞空 속에서 2억 9천 9백 79만 2천 4백
58分의 1秒 동안 진행된 거리라고 하는데,
그대와 나 사이에 가로놓인 그리움의 거리는
베틀 위의 팽팽한 눈썹줄이 잉아에 닿을 때
북에서 풀리는 비단실의 떨림이라도 되는지,
우리들 사랑의 이 永劫과도 같이 멀기만 한
닿을 수 없는 허기진 목숨의 虛空 속에는

칠월 초이렛날 미리내를 날으는 까막까치의
하마하마 기다리던 날갯짓 소리 가득하지만,
내 藥指를 그대의 藥指에 마주 비벼서
10兆分의 1미터의 목마름 죄다 지우고
隕石 떨어지고 化光 박히는 宇宙 속에서
미리내를 건너는 그리움이 金빛으로 물들 때,
아스라한 길녘 어느 1미터의 물이랑 위에
紙筆墨과 弓矢와 실타래 가지런히 놓아서
애비에미 이별은 나비잠 속에서도 꿈꾸지 않을
외씨같은 젖니 난 우리 아기의 첫돌을 잡히고.

〈애기똥풀〉

1
개구리밥 자라는 둠벙가에서
눈 깜박이며 살레살레 고개젓는
애기똥풀의 가녀린 꽃잎 위로
문득 떠오르는
진외육촌 누나의 얼굴이여
아직 눈도 못 뜬 내 사타구니에
새끼자라의 연한 살결 간지럼 태우며
애기똥풀 柑黃빛 꽃물 발라주던
누나의 눈웃음이
봉숭아물 곱게 든 손톱만큼 예뻤다
둠벙도 먼 강물도 꿈꾸지 못하는 나에게
누룽지처럼 맛있는
추억의 한 페이지를 마련해주고 떠난
누나여

2

새끼자라가 눈을 뜨고 둠벙에서 나와
흐린 강물 헤엄치며 불러보아도
이젠 영영 보이지 않는
땀방울 송송 맺히던
진외육촌 누나의 얼굴이여
간장종지만한 젖가슴도
쥐이빨 옥수수 같은 앞니도
세상의 강물 속으로 다 사라져 버렸다
추억의 빈 공책 빛바랜 페이지에서
옹알옹알 속삭이며
그때 그 어린 눈망울로
내 사타구니의 다 큰 자라가 미운 듯
말똥말똥 눈 흘기는 애기똥풀이여
누나여

〈白頭山 天池〉

1

하늘과 땅 사이가 너무 가까워 장백소나무 종비나무 자작나무 우거진 원시림 헤치고 백두산 천지에 오르는 순례의 한나절에 내 발길 내딛을 자리는 아예 없다 사스레나무도 바람에 넘어져 흰 살결이 시리고 자잘한 산꽃들이 하늘 가까이 기어가다 가까스로 뿌리 내린다 속손톱만한 하양 물매화 나비날개인듯 바람결에 날아가는 노랑 애기금매화 새색시의 연지빛 곤지처럼 수줍게 피어있는 두메자운이 나의 눈망울따라 야린 볼 붉히며 눈썹 날린다 무리를 지어 하늘 위로 고사리 손길 흔드는 산미나리아재비 구름국화 산매발톱도 이제 더 가까이 갈 수 없는 백두산 산마루를 나 홀로 이마

김은자 시인과 백두산 천지에서(1994년 여름)

에 받들면서 드센 바람 속으로 죄지은 듯 숨죽이며 발걸음 옮긴다

2

솟구쳐오른 백두산 멧부리들이 온뉘 동안 감싸안은 드넓은 천지가 눈앞에 나타나는 눈깜박할 사이 그 자리에서 나는 그냥 숨이 막힌다 하늘로 날아오르려는 백두산 그리메가 하늘보다 더 푸른 천지에 넉넉한 깃을 드리우고 메꽃은 우레소리 지나간 여름 한나절 아득한 옛 하늘이 내려와 머문 천지 앞에서 내 작은 몸뚱이는 한꺼번에 자취도 없다 내 어린 볼기에 푸른 손자국 남겨 첫 울음 울게 한 어머니의 어머니 쑥냄새 마늘냄새 삼베적삼 서늘한 손길로 손님이 든 내 뜨거운 이마 짚어주던 할머니의 할머니가 백두산 천지 앞에 무릎 꿇은 나를 하늘눈 뜨고 바라본다 백두산 멧부리가 누리의 첫 새벽 할아버지의 흰 나룻처럼 어렵고 두렵다

3

하늘과 땅 사이는 애초부터 없었다는 듯 천지가 그대로 하늘이 되고 구름결이 되어 백두산 산허리마다 까마득하게 푸른하늘 구름바다 거느린다 화산암 돌가루가 하늘 아래로 자꾸만 부스러져내리는 백두산 천지의 낭떠러지 위에서 나도 자잘한 꽃잎이 되어 아스라한 하늘 속으로 흩어져 날아간다 아기집에서 갓 태어난 아기처럼 혼자 울지도 젖을 빨지도 못한다 온 가람 즈믄 뫼 비롯하는 백두산 그 하늘에 올라 마침내 바로 서지도 못하고 젓배 곯아 젖니도 제때 나지 못할 내 운명이 새삼 두려워 백두산 흰 멧부리 우러르며 얼음빛 푸른 천지 앞에 숨결도 잊은채 무릎 꿇는다

〈메롱메롱〉

팟종에서 파씨가 까맣게 떨어지자
깨알 쏟아지는 줄 알고
종종종 달려가는 노랑 병아리가
참말 우습지?
쇠파리 쫓는 어미소 꼬리에 놀라
냅다 뛰는 젖 뗄 때 된 송아지처럼
내 유년의 꿈이 내달리던 들녘은
옥수수 수염처럼 볼을 간지르며
메롱메롱 자꾸만 속삭인다
장수잠자리 한 마리 잡아서
호박꽃 꽃가루 묻혀 날리면
제 짝인 줄 알고 날아와 잡히는
수컷 장수잠자리도
용용 쌤통이지?

내 유년의 꿈을 실은 장수잠자리가
투명한 헬리콥터 타고
커다란 겹눈 반짝이며
꿈결 속 하늘로 날아온다
호적등본에나 남아있는 줄 알았던
추억의 비행장에서는
까망 파씨와 종종종 병아리와
금빛 송아지와 별별 장수잠자리가
날마다 꿈마다 뜨고 내린다
밤송이 머리에 중학생 모자 쓰고
떠나온 고향 길섶에
심심하게 피어있는 민들레도
홀씨 하얗게 하늘로 날리며
메롱메롱 나를 부른다

셋.

먹오딧빛 툇마루

1

선운사에 가면 미당 서정주 선생의 유명한 시 〈선운사 동구禪雲寺洞口〉가 저절로 떠오른다. 미당의 시 가운데 이 시가 꼭 대표성을 띠는 것은 아니지만 선운사 입구에 이 시를 새긴 비가 세워져 있을 뿐 아니라, 시에 나오는 구절처럼 선운사 동백꽃은 너무나 유명하기 때문이다.

> 禪雲寺 고랑으로
> 禪雲寺 동백꽃을 보러 갔더니
> 동백꽃은 아직 일러 피지 않았고
> 막걸릿집 여자의 육자백이 가락에
> 작년것만 오히려 남았습디다.
> 그것도 목이 쉬어 남았습디다.
> —서정주, 〈선운사 동구〉

이 시의 화자는 동백꽃은 보지 못하고 그 대신 막걸릿집 여자의 노

선운사 미당 서정주 시비

래가락만 듣는다. 이 작품은 시각적 심상인 꽃이 청각적 심상인 노래로 변용되는 아주 단순한 구조를 하고 있다. 시 속의 상황에서는 처음부터 동백꽃은 존재하지도 않는다. 그런데도 이 시를 읽는 독자들은 부재不在의 동백꽃을 현존하는 가락보다 더 실감하게 된다. 왜 이런 이상한 일이 일어나는 것일까? '막걸릿집 여자-육자백이 가락'에 대한 정보를 찾는 것이 아니라 시 속에는 나오지도 않는 '선운사 동백꽃'을 찾게 된다. 또 이 시를 자세히 읽어 보면, '꽃'과 '가락'이라는 시각과 청각 양자가 모두 현재성現在性을 상실한 것임을 알 수 있다. 그러므로 시의 화자는 꽃을 본 것도 노래를 들은 것도 아니다.

만일 이 작품이, '선운사에 가서 활짝 핀 동백꽃을 보니까 과연 소문대로 굉장하였다'의 내용을 담고 있다면 현실에 대한 정보전달을 뛰어넘는 시적 가치가 있을 리 만무하다. 시는 이처럼 존재하지 않는 것을 통해서 보다 더 구체적이고도 영원한 존재를 노래한다. 이처럼 공즉시색空卽是色의 차원과도 같은 오묘한 존재의 의미를 나타내는 것이 시라고 할 수 있다. 지난해에 피었던 꽃이 가락 속에 오히려 목이 쉬어 남아 있다는 이 시의 맥락은 현재와 과거를 일순간에 일치시키고 있어서, 시간을 과거 현재 미래로 쪼개는 일이 속절없는 일이라는 것을 말하고 있다.

우리 나라 현대시사에 미당만큼 시의 원형적 체험을 천부적으로 타고난 시인은 없을 것이다. 선운사에 가서 동백꽃을 보지 못했으면서도 '동백꽃'을 이처럼 선명하게 청각적으로 형상화할 수 있다는 것은 경탄할 만한 일이 아닐 수 없다. 미당의 초기 시를 보면 '껌정거북표의 고무신짝'이라든가 '기러기표 옥양목'이라는 말이 나온다. 이는 물론 그 당시의 고무신과 옥양목의 상표였을 것이다. 그러나 미당은 이것을 지상과 천상의 심상으로서 자신의 작품 속에 그대로 육화肉化시켰다. 다른 시인은 엄두도 내지 못할 기막힌 절대적 심상으로 형상화했던 것이다. 그뿐이 아니다. 미당은 자전적 글에서 어린 시절 질마재의 풍경을 묘사하면서 '무지개도 뛰어 넘을 만한 힘센 암소'라는 표현을 한 적이 있다. '암소'와 '무지개'의 이 기상천외한 결합은 미당이 아니고서는 이룰 수 없는 상상력의 고도高度에서만 가능한 일이다.

나는 언젠가 〈미당未堂을 위하여〉라는 시를 쓰면서 미당의 천부적 시재詩才에 관하여 다음과 같이 어린아이의 목소리를 빌려서 경의를 표한 바가 있다. 아니, 투정을 부린 일이 있다.

당신은 내가 한밤중 홀로 마시는
약간 쓰디쓴 梅實酒 한 잔입니다
빛바랜 습작노트 갈피에 있는
향나무 냄새나는 몽당연필입니다
'껌정거북표의 고무신짝'이라뇨?
'기러기표 옥양목'이라뇨?
이 기막힌 브랜드가
내 前生의 습작노트에 적혀 있던
地上과 天上의 이미지라는 것
용용 몰랐죠?

까마득한 新羅의 하늘 아래
옛날 옛적 당신의 姨母 한 분이
우리 同福吳氏 잘 생긴 男丁네한테
꽃가마에 놋요강 싣고 시집을 왔을까?
당신의 멀고먼 堂叔 한 분이
우리집 밭 부쳐먹고 賭地도 안 내고
마늘쫑보다 싱싱한 사랑의 혓바닥으로
내 아득한 姑母의 몸을 홀려냈을까?
당신은 왕겨빛 그리움이죠?
피어오르는 저녁연기— 맞죠?
— 오탁번, 〈미당을 위하여〉

정초에 미당 선생 댁에 세배를 갔다가 이런저런 이야기 끝에, '왕겨빛 그리움'에 대하여 이야기했더니 미당 선생은 내 손을 꼭 잡으면서 빙그레 웃으셨다. 내가 부린 투정과 심술을 다 안다는 듯이.

나도 선운사를 몇 번 갔지만 동백꽃을 본 적이 없다. 동백꽃이 피는 시기를 잘 맞춰서 가면 꽃을 볼 수 있겠지만 그렇지 않으니 그냥 낙화가 되어 떨어진 꽃잎이나 간신히 보고 돌아오는 수밖에 없는 일이었다. 절 뒷산 자락에 무섭도록 짙은 빛으로 울창한 동백숲이 주던 강인한 느낌은 지금껏 기억 속에서 사라지지 않는다.

선운사를 노래한 시 가운데서 내가 특히 인상깊게 읽은 젊은 시인의 작품이 있다. 울창한 동백숲을 지나는 겨울바람 속에 선 시인의 모습을 보라. "성긴 어둠의 이슬 툭툭 털며/캄캄한 주소를 다그친다/낮게 흘러나오는 동백숲/백설기 묻어오는 바람 끼얹고 있다"에서 보는 것처럼 겨울 선운사의 정경을 순간적인 깨달음의 전망으로 파악하고 있다.

> 절은 늘 서쪽으로 향한 마음의 끝에 있었다
> 타래진 시간의 달팽이집 창을 깨뜨리고
> 몸부림치듯 빠져나온 생각의 더듬이
> 겨울이 깊어도 떠나지 못하는 갈대들의 슬픈 몸짓
> 훔치며 빠져나온 길,
> 성긴 어둠의 이슬 툭툭 털며
> 캄캄한 주소를 다그친다
> 낮게 흘러나오는 동백숲
> 백설기 묻어오는 바람 끼얹고 있다
> 빈 마음의 가지
> 묵은 감 하나 동여맨 채
> 여윈 물소리 쓸어담는
> 山門의 어깨 너머
> 동박새 붉은 눈 비비며
> 화엄의 뜬 눈 속으로 실려갈 즈음

젖은 발 밑에도 찾아오는 그림자 하나
—이동백, 〈겨울 禪雲寺〉

이처럼 선운사는 젊은 시인들의 작품에서도 살아 있는 상징적 공간으로 자리잡고 있다. 특히 선운사의 동백꽃은 이러한 상징적 공간에서 핵심적인 기능을 담당한다. 단군신화에 나오는 마늘과 쑥은 아무도 직접 보지 못했지만 언제나 신화적 심상으로 그 기능을 다하듯, 선운사 동백꽃은 미당에 의하여 시적詩的 개화開花와 낙화落花의 과정을 반복하면서 마침내 민족문학의 원형심상으로 살아 숨쉬고 있다.

2

나의 시적 에세이에 해당하는 《오탁번 詩話》(나남출판, 1998)는 "좋은 시는 정말 좋고, 나쁜 시는 정말 나쁘다!"라는 말로 끝나고 있다. 이 우스개 같은 말속에 사실 나의 시의식과 시론詩論이 남김없이 들어 있다고 해도 과언이 아니다. '시와 삶의 이야기'라는 이름으로 그 에세이를 《현대시학》에 연재하는 1년 동안 나는 이러한 명제를 늘 염두에 두고 있었다.

좋은 시는 정말 좋고 나쁜 시는 정말 나쁘다라는 말은 흡사 산은 산이요 물은 물이라는 어느 스님의 말씀처럼 하나마나한 황당하기 그지없는 말이지만, 곰곰이 생각해 볼 때 이 말은 꼭 나의 시적 명제라기보다는 모든 사람들 특히 시를 쓰는 시인들이나 시를 연구 교육하는 이들이 늘 염두에 두어야 할 당연한 말이 아닐 수 없다. 그런데 초등학교 1학년도 다 아는 이 말이 왜 우리 시단에는 통용되지 않는 것일까?

나는 젊은 시절 시와 소설로 등단한 후 80년대 중반까지는 주로 소설을 많이 발표하다가 그 후 시를 중점적으로 쓰기 시작했다. 시를 언제나 변함없는 내 문학의 고향으로 생각하고 있었다. 그래서 소설을 쓰는 동안에도 학교에서는 늘 시론을 강의하였고 학생들과 함께 좋은 시를 찾아 읽는 것을 큰 즐거움으로 삼았었다.

《오탁번 詩話》(나남출판, 1998)

그러던 어느 날이었다. 연구실로 찾아온, 평론가로 활동하고 있는 졸업생에게 이렇게 말했다.

—"봄이 되어/새 싹이/흙을 깨고 나온다"라는 시가, 뭐 환경과 생명사상을 최대한으로 형상화한 기막힌 작품이라고?

불성실할 뿐만 아니라 학생의 습작보다도 못한 아무개 시인의 작품에 대하여 그야말로 말도 안 되는 아부비평을 한 것을 내가 알게 된 것이었다. 학교에서 아무리 똑바로 가르쳐서 졸업을 시켜도 문단에 나가면 곧바로 배타적 패거리에 휩쓸려 그들의 하수인이 되어 버리는 것이었다. 상술商術과 예술藝術의 근본을 모르고 명상이나 고독의 곁에도 가지 않은 채, 오래된 수도꼭지에 녹이 끼듯 이른바 문단의 역학구조에 의하여 한 겹 두 겹 두꺼워진 관습을 무슨 청동갑옷인 줄 아는 자들이, 상술과 예술을 여반장如反掌으로 변환시키는 패거리들이 옹호하는 시인의 작품이므로, 무조건 쌍수를 들어 호평할 수밖에 없는 사정을 나는 실감할 수 있었다. 그러고 보니 이제까지의 시단의 사정은 옥석玉石이 구분되지 않는 정도가 아니라 아예 옥과 석이라는 개념 자체가 궤멸되어 버렸다는 생각이 들었다.

좋은 시는 정말 좋다는 것을 누구나 다 알고 있으리라는 그동안의 나의 태도가 스스로 무력하게 생각되었다. 그동안 나는 소설가입네 교수입네 하면서, 젊은 날 내가 지녔던 '시인詩人'에 대한 외경畏敬이 무참히 훼손된 현실을 눈감고 있었던 것은 아닐까 하는 자괴의 심정이 되었다. 시를 공부하는 사람들, 앞으로 시인이 되려고 열심히 습작을 하는 사람들한테 꾸밈없는 '시 이야기' 즉, '시화詩話'를 들려주어야겠다는 생각이 문득 들었다. 그래서 그 에세이를 쓰게 된 것이었다.

그 후에도 나는 기회가 있으면 늘 좋은 시를 찾아가는 순례의 길에 나선다. 내가 한 번도 만나보지 않은 생면부지의 시인을 포함하여 먼빛으로 보기만 하고 이야기 한 번 나누지 않은 시인들 그리고 지난날에는 문학관이 나와는 상당히 거리가 있어서 작품을 소홀히 대했던 시인들을 다 포함하여 나는 열심히 좋은 시를 찾아 나서고 있다. 왜냐하면 좋은 시는 정말 좋기 때문에!

3

시의 기능을 과대하게 확대하게 되면 시는 반드시 역사발전에 이바지해야 하고, 즉 요즘 말로 하면 남북통일에도 기여해야 한다고 잘못 생각하기 쉽다. 지난날에도 마찬가지였다. 이런 과대한 망상을 확

산시키면 시를 예술로 보는 데에 선천적으로 장님인 자들도 쉽게 시의 놀이판에 끼어 들어 한몫을 하게 된다. 그러나 사회를 개혁하고 민중을 각성시키는 일에 있어서 아마도 시는 가장 비효과적인 수단이라고 할 수 있다. 사회주의 리얼리즘에서 문학을 프롤레타리아 독재를 위한 선전 선동의 방편으로 삼았기 때문에 오늘날 사회주의 국가들이 다 몰락한 것은 아닐까.

시는 아주 사소한 것에 대한 헌사獻辭이다. 이 점을 망각하게 되면 시는 집권당의 당보에 나오는 자화자찬의 만평이나 반체제 세력의 유인물에 등장하는 구호의 나락으로 떨어지게 된다.

미당의 개인적인 이력을 나는 모른다. 그러므로 미당이라는 시인이 호남 출신인지 영남 출신인지도 모르고 그가 일제 때 독립운동을 했는지 고등계 형사를 했는지 나는 모른다. 그가 남자인지 여자인지도 모른다. 죽은 사람인지 살아 있는 사람인지도 모른다. 그렇다. 정말 모른다고 치자. 그래야만 그의 시가 바로 읽힌다. 시가 아주 사소한 것에 대한 헌사라는 것을 증명해 주는 미당의 시 한 편을 읽어 보기로 한다. '좋은 시는 정말 좋다'라는 말을 환하게 밝혀 주고 있는 작품이기 때문이다.

> 외할머니네 집 뒤안에는 장판지 두 장만큼한 먹오딧빛 툇마루가 깔려 있습니다. 이 툇마루는 외할머니의 손때와 그네 딸들의 손때로 날이 날마닥 칠해져 온 것이라 하니 내 어머니의 처녀 때의 손때도 꽤나 많이는 묻어 있을 것입니다마는, 그러나 그것은 하도나 많이 문질러서 인제는 이미 때가 아니라, 한 개의 거울로 번질번질 닦이어져 어린 내 얼굴을 들이비칩니다.

그래, 나는 어머니한테 꾸지람을 되게 들어 어디 갈 곳이 없이 된 날은, 이 외할머니네 때거울 툇마루를 찾아와, 외할머니가 장독대 옆 뽕나무에서 따다 주는 오디 열매를 약으로 먹어 숨을 바로합니다. 외할머니의 얼굴과 내 얼굴이 나란히 비치어 있는 이 툇마루에까지는 어머니도 그네 꾸지람을 가지고 올 수 없기 때문입니다.

—서정주, 〈외할머니] 뒤안 툇마루〉

미당 서정주의 비유체계에 있어 '가족'과 '여성'의 심상은 언제나 중요한 의미를 갖는다. 그것은 시인의 개인적인 체험세계에 포함되어 있을 뿐만 아니라, 미당 시의 풍부한 상징성의 모태를 이룬다. 특히 '부성'의 부재라는 상황에서 시적 자아를 포용하는 대모성大母性의 심상은 미당 시의 중심 모티프로서 그의 초기 시에서 후기 시까지를 이어 준다. 이 대모성의 상징은 미당 시의 근원일 뿐만 아니라, 민족시의 보편성에 맞닿아 있다.

이 시에서 '외할머니'는 '어머니'의 꾸지람이 미칠 수 없는 곳에서 '나'와 공존한다. 외할머니가 '뽕나무에서 따다 주는 오디 열매를 약으로 먹어 숨을 바로'할 수 있었던 것은, 그 열매가 생명의 결실이면서 동시에 새로운 생명을 탄생시키는 종자이기 때문이다. 그 열매가 숨을 바르게 하는 생명의 약이 되는 것은 외할머니가 품고 있는 깊은 생명력과 관련된다. 그런데 이 시에서 '할머니'는 '뒤안 툇마루'로 구체화된다.

'먹오딧빛 툇마루'는 '할머니의 손때와 그네 딸들의 손때로' '거울로 번질번질 닦이어져 어린 내 얼굴이 들이비칠' 정도이다. '외할머니네 때거울 툇마루'는 손때 묻은 시간성과 동시에 거울의 성격도 갖고 있다. 거울은 자기를 비추는 사물이며 자기인식의 매체이다. 거울에 비친 영상은 자신의 본래적인 모습이며, 영혼의 상승을 일깨운다.

미당의 시를 이야기하자면, 오디나 툇마루를 모르는 이들에게 그 뜻만 아니라, 크기와 생김새, 냄새와 빛깔을 알려 주어, 이러한 시적 언어들의 함의含意를 이해시켜야 한다. 이것은 아주 사소한 일인 것 같지만 사실은 좋은 시를 알아볼 수 있는 안목을 길러 주는 지름길이 된다. 물론 이 시를 읽는 시인 자신에게도 손때가 많이 묻은 툇마루와 잘 익은 오디가 지니고 있는 시적 함의의 숨결을 알려 주어야 한다.

나는 이 시를 읽으면서, 좋은 시는 딱 이 먹오딧빛 툇마루만큼 작은 것이 아닐까 하는 느낌을 지울 수 없다.

넷.

세상에 없는 백과사전

1

몇 년 전 부여에서 열린 시협 세미나에 갔을 때였다. 세미나가 끝나고 부여박물관을 구경하고 나오다가 앞뜰에 있는 돌거북을 보았다. 비석이 있던 자리는 직사각형 모양으로 홈만 패여 있고 비석은 사라진 돌거북이었는데 그것을 보는 순간 이상한 울림이 가슴에 와 닿는 것 같았다. 간밤에 동료 시인들과 술을 마셔서 아침까지 몽롱한 상태였기 때문에 그 울림이 무슨 의미인지 모른 채 돌아오는 버스 안에서 수첩에다 그냥 '돌거북'이라고 휘갈겨 메모를 해 두었다.

수첩 속에서 겨울을 난 그 돌거북이 눈을 뜨고 나의 시세계로 슬금슬금 기어들어 오는 것을 느낀 것은 새 학기가 시작된 지난 3월 초였다. 그러나 나는 곧바로 이놈을 소재로 해서 시를 쓰고 싶지는 않았다. 짐짓 모른 채하고 내버려 두면 그놈이 잠잠해질 줄 알았다. 시집《1미터의 사랑》을 낸 지난해 봄부터 1년간 나는 참 많은 시를 발표했다. 무려 서른 편 가까이 발표하면서 나는 꼭 즐겁지만은 않았다. 혹시 내가 시마詩魔에 사로잡힌 것은 아닐까 하는 생각도 했다. 그러면 안 되지. 그래서 나는 한 편 한 편을 쓸 때마다 이것이 나의 절필絶筆이라는 각오가 아니면 시를 쓰지 않기로 마음먹은 터였다. 새 천년이 오고 또 봄이 왔지만 나는 시창작 노트를 펼치는 일을 아주 삼가고 있었다.

그러나 부여박물관 앞뜰의 그 돌거북은 아주 느리지만 집요하게 나를 자꾸 조르고 있었다. 얼른 자기를 수첩 속에서 해방시켜 달라는 것이었다. 할 수 없이 나는 손을 들었다. '그래, 알았어, 알았다구', 나는 혼자 중얼거리면서 이 시를 썼다. 시에 나오는 돌거북처럼 무심하게 천년의 어둠을 견디는 그런 시인의 마음이 되어 이 시를 썼다.

이 시와 비슷한 시기에 쓰게 된 〈맷돌〉이라는 시에 "또륵또륵한 그대의 암쇠 아래/대명천지 눈부신 수쇠가 되고 싶다"라는 구절이 있다. 이것은 아주 에로틱한 이미지인데, '암쇠'나 '수쇠'라는 말 때문에 나는 스스로 이 시에 홀려 있는 중이다. 나의 시세계를 움직이는 진자振子는 바로 사전辭典이다. 시를 쓰면서 나는 늘 여러 종류의 사전을 가까이 두고 보고 있다. 사전에서 잠자고 있는 고운 우리말을 불러낼 때마다 나는 보물찾기를 하는 소년의 들뜬 마음이 된다. 〈돌거북〉에 나오는 '햇살미역'과 〈맷돌〉에 나오는 '또륵또륵'이라는 말은 미처 사전에는 수록되지 않았지만 이번에 내가 다시 살려낸 아주 예쁜 우리말이다.

시에서는 모든 사상이나 심상이 전적으로 '말'에 의존한다는 것을 시 쓰는 솜씨나 생각의 깊이가 옅은 자들은 은연중 부정하기는 하겠지만, 그러나 조금이라도 자기 마음 속에 시혼詩魂을 지닌 사람들은 아마도 굉장히 치욕적인 고독을 느낄 것이다. 시에서 언어를 경시하거나 무시한다는 것은, 아기 낳는 산모産母가 자기의 분신이요 사랑의 결정체인 어여쁜 아기를 바라지 않고 그냥 주민등록번호가 하나 늘어나는 것만을 바라는 것과 같이 야만적인 일이다. 시인은 아기를 분만하는 산모와 같다. 나는 당분간 우리말을 분만하는 산모의 고통을 자진해서 감당해 나가려고 한다. 작년에 발표한 〈눈 내리는 마을〉에 나오는 "건너 마을 다듬이 소리가/눈발 사이로 다듬다듬 들려오면/보리밭의 보리는/봄을 꿈꾸고"라는 구절도 그냥 스쳐보면 아무렇지도 않은 표현일 수도 있겠지만, 나는 다듬다듬 들려오는 다듬이 소리 때문에 절망과 희열의 계단에서 몇 번을 넘어졌다. 〈돌거북〉이 거의 완성 단계에 이른 4월 초순, 나는 '현대시선독' 교실에서 이 시의 초고를 발표하였다. 학생들에게 강평을 받기 위해서였다. 30년 가까이 대학에서 문학을 가르친답시고 월급을 꼬박꼬박 챙겨 먹었지만, 사실은 학생들에게 문학을 가르친 게 아니라 내가 학생들한테서 문학을 배웠다고 말해야 옳다. 때 묻지 않은 학생들의 시선은 그 어느 소문난 평론가보다 훨씬 문학의 본질을 감지한다. '햇살미역 감고 있다'라는 말도 학생들과 검증을 거쳤고 내 딴에는 제법 쓸 만한 말이라고 생각했던 '까치놀 타는 바다를 향해'라는 구절은 학생들의 가차없는 강평 속에서 목이 잘렸다. 시 한편 제대로 못 쓰는 교수한테 시를 배운다면 바로 너희들 망신이라는 나의 말에 학생들이 웃었다. 백제百濟의 낙화암을 찾아가는, 무심하게도 가뭇가뭇한 돌거북이여. 너를 분만하느라고 새 천년의 봄이 다 기울었고나.

千年의 하늘을 등에 진 채

서녘으로 머리 슬쩍 돌린
돌거북 한 마리가
부여박물관 앞뜰에서
햇살미역 감고 있다
등에 졌던 비석은 간 데 없고
이끼가 자라는 빈 자리엔
간밤에 내린 빗물만 고여
비석에 새겨졌던 사연이 궁금한 듯
구름도 잠시 흰 눈썹 흐리운다
사방을 둘러보아도
옛 社稷의 배흘림기둥 자취없고
사랑의 벼랑에서 떨어져내린
꽃보다 붉은 魂魄을 찾아가는
돌거북의 길은
絶滅보다 더 캄캄했을 것이다
서녘으로 서녘으로 아무리 기어가도
제자리 한 치도 벗어나지 못하는
가뭇가뭇한 돌거북이
무심하게 千年을 견디고 있다
— 오탁번, 〈돌거북〉

2

요즘 나는 시골로 많이 나다닌다. 천석고황泉石膏肓이랄 것까지는 없더라도 40년 가까운 서울 생활을 자꾸 못 견디겠다는 생각이 들어, 틈만 있으면 고향으로 또는 아무 연고도 없는 시골 이름 모를 마을을 찾아 훌쩍 떠났다가 숙제를 다 하지 못해서 학교에 가기 싫은 아이처럼 서울로 돌아온다.

"30년 동안 월급을 꼬박꼬박 받아먹으면서 살았으면 행복할 줄 알아라"고 다들 말하겠지만, 이 시간은 나에게 있어서 솔직히 불행의 연속이기도 했다는 것을 이 세상 누구 한 사람이라도 알아주었으면 좋겠다는 생각을 할 때도 있었다. 그러나 그런 사람은 없었다. 그래서 나는 붕어낚시에 흠뻑 빠져서 나도 그만 붕어가 되고 싶었는지도 모른다. 그러나 몇 년 전부터는 낚시도 시들해졌다. 낚시터의 고적한 멋은 사라지고 있었다.

지난 몇 년간 시에 파묻혀 살 수 있었던 것은 그나마 다행스러운 일이었다. 말 하나하나 고르느라고 밤을 새우면서 나는 오직 '시詩'하나에만 목숨을 걸었던 내 운명과 다시 만날 수 있었다. 가슴속에서 꿈틀대는 '소설小說'을 꾹꾹 누르면서, 시와 소설이 단순한 장르의 구분일 뿐 양자가 동질의 것이라는 그 동안의 내 생각이 틀린 것은 아니었지만 다분히 편의적 방어적 발상이었다는 반성을 했다. 내가 타고난 운명 — 그것이 무엇인지 모른다 해도 작위적인 것을 다 버리고, 의림지의 공어空魚처럼 다 비우며, 우리나라의 말과 글 앞에 아예 '나'는 없는 듯 무심하게 서 보려고 한다.

보르헤스의 작품을 처음 읽은 것은 20년쯤 전이었을 것 같다. 그야말로 이 세상에 존재한 적도 없는 별별 책을 인용해 가면서 마구 헝클어 놓은 그의 작품을 읽으면서(아니, 보면서!) 내 입에서 튀어나온 소리는, '아니, 이놈 봐라'였다. 1960년대 대학 다니면서 소설 습작을 처음으로 할 때 내가 상상했던 방법, 그러나 포기하고만 그런 황당한 방법을 보르헤스는 벌써 그 옛날에 실현하여 세계적 작가가 되었으니 말이다. 나도 젊을 때 이른바 고리타분한 소설의 서사구조에 신물이 나서 온갖 상상을 다해 가면서 새로운 방법을 찾으려고 고심했었다. 보르헤스는 우리나라에 소개되지도 않은 때였다. 나를 짓누르고 있던 정통적인 방법이 주는 무게에 견디지 못하고 겨우 내 소설 데뷔작인 〈처형處刑의 땅〉을 등장인물의 이름이 뭔지도 모르게 그냥 "우리들 중의 하나가 우리들 중의 하나에게 말했다"로 써내려갔을 뿐이었다.

이번 나의 시 〈쟈스민 차〉는 나의 상상력을 훔쳐 간 보르헤스에 대한 원망이다. 수컷 버마재비로 만들어 놨으니 맛 좀 봐라. 그러나 이 원망이 보르헤스에게 그대로 축복이 된다는 것을 나는 안다. 내 시를 사랑하는 독자들도 다 안다. 너, 보르헤스만 모른다.

이 세상에 존재하지도 않는 백과사전을
꿈에서도 읽고 또 읽던 보르헤스가
술집에서 포도주를 마시다가
감기 기운을 느끼고는
집에 가서 아내와 쟈스민 차나 마시려고
밖으로 나와 니코바르 2가 쪽으로
느적느적 걸어갔다
보르헤스를 본 버스 운전사가
낡은 버스를 세웠다
그때 보르헤스는 갑자기
쟈스민 꽃이 하얗게 핀
중세의 수도원으로 사라졌다
늙은 운전사가 고개를 갸우뚱하면서
헛것을 보았나, 하품을 했다

보르헤스는 중세의 수도원에서

게으른 수도사가 되었다
핼끔핼끔하는 수녀와 몸을 섞다가
심심해지면 쟈스민 밭에 오줌을 누웠다
쟈스민 흰 꽃 위에서
교미하다가 암컷에게 먹히는
수컷 버마재비를 보았다
몸을 섞다가 죽을 수 없다면
참 부끄럽다는 생각을 하자
보르헤스는 순식간에 수컷 버마재비가 되었다

그후 쟈스민 향이 더 그윽해진 것은
교미하다가 죽은
보르헤스의 오줌과 정액이
쟈스민 흰 꽃술마다
깊고 부드럽게 스몄기 때문이라고
《世界 茶 百科事典》(Oxford Press, 1648) 435쪽에
자세하게 기록되어 있다
— 오탁번, 〈쟈스민 차〉

3

'나를 감동시킨 한 편의 시'라는 말은 좀 피동적이다. 시가 나를 감동시키는 게 아니라, 내가 그 시에 감동하는 것이 도리에 맞는 말이 아닐까. 하긴 한 편의 시와 그것을 읽는 독자의 마음이 주고받는 정서의 보이지 않는 파장은 어디가 끝이고 어디가 시작인지가 분명하지 않을 수밖에 없다고 생각할 때는 그나저나 매한가지의 함의가 되기는 되겠다.

베란다에 버려두었던 화분에
어디선가 채송화 씨앗이 떨어져 자라더니
오늘을 기다렸다는 듯
어머니 사십구잿날 아침
진분홍 채송화 딱 한 송이 피었다

혹여 꽃으로 환생하셨나 괜한 짐작 말자고
내 경솔한 생각 그대로 발설하고 나면
하마 죄 될까 더 큰 소리로 천수경을 외고
정성껏 향물 목욕시켜 드린 후
꽃가마 태워 영영 엄마를 떠나보내고 온 으스름 달밤
바싹 말라붙은 배꼽 자리로
꽃분홍 채송화 딱 한 송이 졌다

보드라운 한 겹 꽃이파리의 단호함
삐걱이는 소리 하나 안 들리게
너무나 가벼이 문 닫아 건 듯 보이지만
딴에는 죽을 힘을 다했을
그 철통 같은 함구의 압력을 빌어
사방팔방 폭죽으로 터져나올 씨앗들의 함성

침묵이 가장 잘 들릴 때는
음악 소리가 막 끝난 후, 라고 읽은 기억조차
얼른 혀밑으로 밀어 넣고선
침묵이 가장 잘 보이는 자리,
꽃진 자리 앞에 그렇게 한참을 서 있었다
— 이인원, 〈침묵이 가장 잘 보이는 자리〉

위의 시는 이인원의 시집 《빨간 것은 사과》(세계사, 2004)에 실려 있는 작품이다. 학기 중에는 공연한 세사에 시달리느라고 읽을 책들도 그냥 쌓아 두기가 십상이지만 방학이 되면 밀렸던 책을 꺼내 찬찬히 뒤적이게 된다. 그러다가 눈에 띄는 작품을 다시 만나게 되면 그날은 하루 종일 기분이 좋다. 글을 쓴 사람이 공연히 고맙고 그 글을 읽을 수 있는 내가 참말 행복하다는 생각이 든다. 이인원의 시집 말고도 요즘 읽는 시집으로는 김사인의 《가만히 좋아하는》, 신현정의 《자전거 도둑》, 전동균의 《함허동천에서 서성이다》, 오태환의 《별빛들을 쓰다》, 이영광의 《직선 위에서 떨다》가 있다. 이인원의 시집은 진작 본 것으로 내가 뒤표지에 추천의 글을 쓴 사람인데도 불구하고, 생면부지 시인의 처음 보는 작품인 듯 새로운 느낌이 팍 들었다. '팍' 들다니, 미국놈이 들으면 욕하는 줄 알겠지만, 별안간 순식간에 갑자기 확 들었다는 말이다. 순 우리 토박이말로 하면, '다따가' 그런 느낌이 생소할 만치 신선하게 들었다는 말이다.

이 시를 읽고 감동을 받을 수밖에 없는 사연을 나의 전기적 생애에 기대어 토로하면 이렇다. 어릴 때 말할 수 없이 가난하게 자라면서도 비교적 흉한 옹이가 박히지 않게 살아온 것은 오로지 '어머니' 때문이었다. 4남 1녀의 막내인 내가 세 살 때 아버지는 돌아가셨다. 아버지의 얼굴도 모르는 나를 키우면서 어머니는 온 정성을 나에게 쏟으셨다. 나도 자연스럽게 어머니에게 효도하는 일을 최대 목표로 삼았다. 결혼을 하고서도 우리의 결혼기념일이나 아내의 생일 같은 것은 아예 안중에도 없었고 오직 어머니의 마음을 기쁘게 해드리는 일에만 신경을 썼다. 그러나 늘 스스로 만족할 수가 없었다. 그러다가 1978

년 가을 모교로 직장을 옮기게 되었다. 이제야 마음껏 어머니를 호강시켜드리게 된 것이 무엇보다도 기뻤다. 우선 비행기로 제주도 여행을 시켜드리기로 했었다. 그러나 공교롭게도 어머니 일행을 태운 비행기가 제주까지 갔다가 착륙을 못하고 태풍 때문에 김포공항으로 회항을 하게 되었다. 이때의 정황을 〈해피 버스데이〉(1980)라는 소설로 썼는데 나는 요즘도 어머니가 그리울 때면 이 소설을 읽으면서 운다.

아, 하늘도 무심하여 효도를 하려고 마음을 다잡아 먹은 그 순간에 어머니는 몹쓸 병에 걸리셨다. 비행기 타고 제주도도 한 번 못 가 보신 채 어머니가 세상을 떠나신 것은 이듬해인 1979년 봄이었다. '하늘이 무너진다'라는 말의 참뜻을 안 것이 그때였다.

고향 선산에 모신 어머니의 산소에 성묘를 갔을 때였다. 떼도 아직 살아나지 않은 어머니 묘 봉분에 산나리꽃이 화려하게 피어있는 게 아닌가. 나는 순간적으로 어머니가 환생하여 자식들 앞에 현현했다는 생각이 들었다. 그때의 놀라운 감동을 표현한 것이 〈하관下棺〉이라는 나의 시다. "이승은 한 줌 재로 변하여/이름 모를 풀꽃들의 뿌리로 돌아가고/향불 사르는 연기도 멀리멀리/못 떠나고/관을 덮은 명정의 흰 글자 사이로 숨는다"로 시작되어 "저승은 한 줌 재로 변하여/이름 모를 뿌리들의 풀꽃으로 돌아오고"로 끝나는 시에서 고애자孤哀子가 된 '나'는 '밤중에 어머니가 대어주던 지린내 나는 요강'이고 '툇마루 끝에 묻힌 오줌통'이며 그 오줌통에 비치던 '잿빛 처마 끝'이며 '이엉에서 떨어지던 눈도 못 뜬 벌레'일 뿐만 아니라 일하는 어머니를 따라 가서 보채다가 밭두렁에서 물똥을 싸면 내 뒤를 닦아주던 '콩잎'이 되는 것이다.

이인원의 시를 읽으면서 돌아가신 어머니를 그리워하는 이의 마음에는 오로라빛으로 비치는 '어머니'가 항성恒星처럼 존재한다는 것을 새삼 느꼈다. 조근조근 속삭이듯 남몰래 다짐하는 듯한 어조도 그 맵시가 비단결이지만, 우주 탄생의 아득한 먼지 입자인 듯 간신히 블랙홀을 홀로 빠져나온, 46억 배로 확대해도 보일까 말까 한 가녀린 빛줄기처럼 '어디선가'에서 날아와 싹을 틔우고 꽃을 딱 한 송이 피웠다가 마치 '어머니'의 한 생애를 기록하는 절대시계絶對時計인 듯 피었다가 지는, 이 작디작은 채송화 꽃 한 송이를 바라보는 시인의 눈은 너무 사랑스러워서 참말 얄밉지 아니한가? "바짝 말라붙은 배꼽자리"를 점자를 더듬듯 읽다가 나는 눈시울이 느꺼워졌다.

나는 평생 대학교수를 하면서도 대학교수 티를 안 내려고 언제나 애써왔다. 공연히 교수입네 하면서 몽둥이로 나비 잡듯 문학작품을 때려잡는 소위 학문적인 야만성이 지겨워서였다. 문학은 특히 시는 화롯불에 감자 구워 먹듯 손에 검댕이도 묻히면서 나지막한 숨소리로 소곤소곤 이야기해야 하는 것 아닌가. 그렇지만 이제 나도 정년이 얼마 안 남았으니 좀은 교수 티를 내서 이인원의 시를 이야기해 볼까나. 옛 선비들이 좋아하는 그림을 보면 시詩나 부賦를 써서 찬讚을 하듯이 말이다.

2연 5행 "꽃가마 태워 영영 엄마를 떠나보내고 온 으스름 달밤"은 아무래도 '으스름 달밤'을 별행으로 해야 어머니를 떠나보내고 차마 발길이 떨어지지 않으면서 돌아오는 생생한 모습이 더 핍진할 것 같다. 1연에서는 '어머니'라고 하고 여기선 왜 '엄마'라고 했냐고 누가 뭐라고 할지도 모르지만 그건 싹 무시해도 좋다. 사십구재를 지내는 날

아침의 '나'와 사십구재를 지낸 '나'는 정서적으로 그만큼 전이돼 있다는 것을 시를 아는 사람은 기본으로 알고 있을 것이다. 또 하나, 마지막 연의 끝 행 "꽃진 자리 앞에 그렇게 한참을 서 있었다"에서는 '서 있었다'를 별행으로 하는 게 훨씬 좋겠다. 그 세세밀밀한 까닭은 이미 이 시의 전체적인 구조 속에 다 녹아 있다.

다섯.

엘레지와 회오리밤

1

시와 소설을 30년 넘게 써온 나는 우리말 중에 내가 모르는 아름답고 고운 말이 많이 있다는 사실에 놀랄 때가 많다. 그리고 그러한 말을 여태 모르고 있었다는 사실에 심한 부끄러움을 느낄 때가 많다. 단순한 낱말의 뜻을 몰랐다는 사실뿐 아니라, 이러한 말이 발하는 광채를 보지 못했다는 사실 때문에 당황할 때가 많은 것이다. '잣눈'이라는 우리말의 뜻을 안 것도 얼마 전의 일이다. 〈벙어리장갑〉이라는 시를 쓸 때였는데 눈이 내린 겨울 아침의 정경을 표현하기 위한 가장 알맞은 말을 찾느라고 몇 시간째 사전을 뒤적이다가 나는 드디어 '잣눈'이라는 말을 찾아낼 수 있었다. '잣눈'은 한 자(尺)가 되도록 많이 내린 눈을 뜻하는 우리말이다. 얼마나 실감나는 우리말인가?

몇 년 전 말복 날, 시골에서 개를 잡아서 동네 술추렴을 한 적이 있다. 나는 이때 잊지 못할 경험을 했다. 개고기를 즐기지 않는 나였지만 동네 사람들과 어울리느라고 소주에 곁들여서 개고기를 먹고 있는데 내 나이 또래의 농부가 나에게 길쭉하게 생긴 개고기를 건네주며 말하는 것이었다.

— 이건 오 씨가 먹어요. 엘레지요.

— 뭐요?

내가 묻자 그는 큰소리로 대꾸했다.

— 개자지도 몰라요?

나는 그가 처음에 엘레지라고 말했을 때, 시골 농부가 어떻게 엘레지를 다 알지? 어떻게 비가悲歌를 다 알지? 하는 생각뿐이었다. 엘레지가 개자지라고 그가 웃으며 말했을 때도 아마 이 지방 사투리인가 보다 생각했다.

그러나 이튿날 술이 깨어 국어사전을 찾아보고는 나는 꼭 벼락 맞은 것 같이 놀랐다. 국어사전에는 버젓이 '엘레지'의 뜻이 "개의 자지. 구신狗腎"이라고 나와 있는 게 아닌가. 대학에서 국어 선생 노릇 30년도 넘게 하면서 내 딴에는 순우리말을 찾아 시를 쓴답시고 해 온 나로서는 얼굴이 붉어질 수밖에 없는 일이었다.

이때의 부끄러움을 살려 나는 〈엘레지〉라는 시를 썼다.

> 말복날 개를 잡아 동네 술추렴을 했다
> 가마솥에 벌거벗은 개를 넣고
> 땀 뻘뻘 흘리면서 장작불을 지폈다
> 참이슬 두 상자를 다 비우면서
> 밭농사 망쳐놓은 하늘을 욕했다
> 술이 거나해졌을 때
> 아랫집 김씨가 나에게 말했다

— 이건 오씨가 먹어요, 엘레지요
엉겁결에 길쭉하게 생긴 고기를 받았다
엘레지라니? 농부들이 웬 悲歌를 다 알지?
— 엘레지 몰라요? 개자지 몰라요?
30년 동안 국어선생 월급 받아먹고도
'엘레지'라는 우리말을 모르고 있었다니!
그날 밤 꿈에서 나는 개가 되었다
가마솥에서 익는
나의 엘레지를 보았다
— 오탁번, 〈엘레지〉

나는 그 후 내 이웃의 사람들 또는 얼굴도 이름도 모르는 장삼이사張三李四나 김지이지〔金的李的〕 모두를 시창작의 스승으로 삼기로 했다. 밤마다 국어사전을 읽는 습관도 이때부터 생긴 것이다. 국어사전은 물론이려니와 방언사전과 고어사전 그리고 식물도감 곤충도감 등, 시의 언어가 잠자고 있는 광산은 지금도 버려진 채로 무진장하게 널려있다. 전철을 타고 가면서도 시장 골목을 지나면서도 옆 사람들이 무심코 하는 말을 들으면서 평범한 사람들의 일상어 하나하나 그 사이에 시의 언어가 보석처럼 박혀 있다는 사실을 절감하고 있다.

하루걸러 어머니는 나를 업고
이웃 진외가집으로 갔다
지나다가 그냥 들른 것처럼
어머니는 금세 도로 나오려고 했다
대문을 들어설 때부터 풍겨오는
맛있는 밥냄새를 맡고

내가 어머니의 등에서 울며 보채면
장지문을 열고 진외당숙모가 말했다
— 언놈이 밥 먹이고 가요
그제야 나는 울음을 뚝 그쳤다
밥소라에서 퍼주는 따끈따끈한 밥을
내가 하동지동 먹는 걸 보고
진외당숙모가 말했다
— 밥 때 되면 만날 온나

아, 나는 이날 이때까지
이렇게 고운 목소리를 들어본 적이 없다
태어나서 젖을 못 먹고
밥조차 굶주리는 나의 유년은
진외가 집에서 풍겨오는 밥 냄새를 맡으며
겨우 숨을 이어갔다
— 오탁번, 〈밥냄새1〉

위의 시에 나오는 '하동지동'이라는 말은 '허둥지둥'의 작은 말이지만, 나는 이 시를 쓸 때도 '하동지동'이라는 말을 찾느라고 애를 먹었다. 하동지동 먹는다고 해야 배가 고파서 밥을 먹는 어린아이의 모습이 그대로 선명하게, 또 눈물겹게 떠오르는 것이다. 이 시는 나의 유년시절의 실제상황을 재현한 시인데 이렇듯 하찮은 형용의 말 하나가 이 시를 살리고 죽이는 열쇠 노릇을 하게 되는 것이다. '밥소라'는 밥 · 떡국 · 국수 등을 담는 큰 놋그릇을 뜻한다. 처음에는 그냥 '밥통'이라고 썼다가 이보다 더 좋은 우리말이 있을 것 같은 생각에 사전을 찾아보다가, 나는 '밥소라'라는 말을 발견하였다.

2

미국 대통령의 관저가 백악관白堊館이다. White House를 우리말로 번역한 말이다. 그런데 우리말로 번역하려면 그야말로 우리말의 오묘한 뜻을 살려 좀 멋지게 번역할 수 있지 않은가? 백악관이라니? 백토白土로 회칠을 한 집이라는 뜻이지만 백악白堊이라고 하니까 괜히 거창해 보이고 비인간적인 느낌만 든다.

백악관 주인의 피부색도 허옇고 그 집에 사는 사람들이 그제나 이제나 싱거운 짓도 많이들 하고 흰소리도 잘 하니까 차라리 '허연집'이라고 부르는 게 백 번 옳다. 그러면 백악관을 배경으로 카메라 앞에 선 기자가 이렇게 말하지 않겠는가?

— 부시 대통령이 이라크 추가 파병을 요청하였다고 합니다. '허연집'에서 와이티엔 김 아무개입니다.

그러면 청와대靑瓦臺는 순수 우리말로 어떻게 부르면 좋을까? 푸른 기와집? 푸른 집? 푸른 지붕? 영어로는 Blue House라고 한다니까 White House를 '허연집'이라고 했으니 청와대도 '퍼런집'이라고나 부를까? 아니다. 거기 살던 사람들이 역대로 다 멍들곤 했으니 차라리 '멍든집'이라고나 부를까?

이처럼 형용사 하나에도 그 모습과 성질을 나타내는 함의가 숨어 있다. 하물며 언어로 지은 집이라 할 수 있는 문학작품은 더욱 그러하다. 시도 그 안에 세계를 전망하는 척도와 옳고 그름을 분별하는 가치관의 눈금이 있게 마련이다. 시에 대한 이해나 창작에 있어서 무엇보다도 시의 본질이 언어의 예술이라는 점을 철저히 인식해야 한다. 무턱대고 철학이나 이념만을 내세우며 언어에 대하여 소홀히 하는 것은 문학의 본질을 망각하는 것과 다르지 않다.

시는 언어예술의 가장 핵심이 되는 것이므로 무엇보다도 이 '언어'에 유의해야 한다. 그림이 색깔을 벗어나서 존재할 수 없고 음악이 소리를 이탈하고 형성될 수 없는 것과 마찬가지로 시도 언어를 도외시하고는 존재할 수 없는 것이다. 심지어 시 작품에 등장하는 그림이나 사진, 도표도 시 작품 속에서 '언어'의 역할을 하고 있는 경우가 있다. 그것들이 작품 속에서 파장을 일으키는 효과가 시어詩語와 동등한 의미로 작용하는 경우를 가리킨다. 시의 언어는 하나의 낱 언어만이 아니라 그것들이 상호 이어지면서 교직해 내는 말의 집합과 연속을 의미한다.

우리에게 모국어인 우리말은 그대로 낱 언어이면서도 한편으로는 그것들이 이루어 내고 있는 집합체로서의 언어이다. 말의 결이니 뜻이니 하는 것도 실상 이와 같은 모국어로서의 언어가 지니는 숙명과도 같은 기능을 가리키는 것이다. 우리말과 글 속에 아무렇지도 않은 듯 숨어 있는 숨과 결을 자세히 보면 거기에는 우리가 선험적으로 지니고 있는 민족의 집단무의식의 세계를 가늠해 볼 수 있는 신화적 세계가 자리 잡고 있다.

문학창작에 있어서 우리 가슴과 혈액 속에 흐르는 원형질적인 신화神話의 재발견이 무엇보다도 시급하고 귀중한 임무가 된다. 신화적 상상력은 그 민족의 민족어가 지니고 있는 숨과 결에서만 찾아지는 것이다. 민족어를 소홀히 하고 문학창작의 정체성을 찾는다는 것은 연목구어일 뿐이다. 민족 고유의 생활양식 즉 우리의 풍습과 전통을 정겨운 민족어로 시화해 내는 일은 빛바랜 민화의 골동적 가치 때문에 중요한 것이 아니다. 지금 당장은 망각이나 유기의 상태에 버려져 있으나 우리의 민족적 집단 무의식 속에는 엄연히 살아 숨쉬는 신화를 재생시키는 일이야말로 한 민족의 시인이 자임해야 할 숙명이라고 할 수 있다.

3

시를 시이게 하는 글자나 요소를 뜻하는 시안詩眼이 한시에만 있는 것이 아니라 현대시에도 있다고 할 수 있다. 부처님을 모실 때도 점안點眼이 가장 중요하듯 시에는 시의 눈이 있다고 나는 믿고 있다. 그 말이 그 자리에 있지 않으면 한 편의 시로서 생명을 얻을 수 없는 바로 그 말 하나! 이것이야말로 한 작품의 빛나는 눈이 아니고 무엇이겠는가. 그래서 나는 우리말이 지닌 신비하고도 넉넉한 뜻을 제대로 살리지 못하고 그냥 대충 소감이나 주장을 설파하는 시는 싱거워서 못 읽는다.

다음 시는 숙모叔母에 대한 나의 유년의 기억을 쓴 것이다. 이 시가 단순히 궁핍한 시대의 초상이나 현실에 대한 고발일까? 아니다. 그것만이 아니다. 궁핍했지만 어른들의 보살핌으로 목숨을 부지할 수 있었던 원초적 생명력에 대한 절실한 정서를 형상화한 것이다. 이러한 정황이 생생하게 떠오르도록 우리말의 숨결을 살리면서 시적 효과의 층위를 세밀하게 배치해 놓은 것이다.

푸새한 무명 뙤약볕에 말려서
푸푸푸 물 뿜는

작은어머니의 이마 위로
고운 무지개가 피어 오르고
보리저녁이 되면
어미젖 보채는 하릅 송아지처럼
나는 늘 배가 고팠다

안질이 나서 눈곱이 심할 때
작은어머니가
솨솨솨 요강 소리 그냥 묻은
당신의 오줌을 발라주면
내 눈은 이내 또록또록 해졌다

초등학교 마칠 때까지
작은어머니의 젖을 만지며 잤다
회임 한 번 못한 채 젊어 홀로 된
작은어머니의 예쁜 젖가슴은
가위눌림에 정말 잘 듣는
싹싹한 약이 되었다
— 오탁번, 〈작은어머니〉

보리밥을 지으려면 쌀 안치는 것보다 더 일찍 보리쌀을 안쳐야 한다. 그러므로 '보리저녁'은 보리쌀을 안칠 무렵이니까 해 넘어가기 전, 이른 저녁 무렵을 말한다. 밥을 굶주리는 아이는 미처 저녁 끼니때가 되기도 전에 배가 고픈 것이다. '하릅'은 소나 개가 한 살 난 것을 말한다.

할아버지 산소 가는 길
밤나무 밑에는

알밤도 송이밤도 소도록이 떨어져 있다

밤송이를 까면
밤 하나하나에도
다 앉음앉음이 있어
쭉정밤 회오리밤 쌍동밤
생애의 모습 저마다 또렷하다

한가위 보름달을
손전등 삼아
하느님도
내 생애의 껍질을 까고 있다
— 오탁번, 〈밤〉

'회오리밤'은 밤송이 속에 외톨로 동그랗게 생긴 밤이다. 왜 외톨밤이 아니고 회오리밤인가? 아이들이 외톨밤을 삶아 구멍을 뚫고 속을 파내어 실 끝에 달고 휘두르면 휙휙 소리가 나기 때문에 생긴 이름이다. 이런 사실을 어떻게 그리 잘 아느냐고 사람들은 묻는다. 국어사전! 국어사전을 새벽녘까지 뒤적이면 그 속에는 맛있는 쌍동밤도 회오리밤도 그야말로 '소도록이' 떨어져 있는 것이다. 밤나무 밑에 밤이 많이 떨어져 있는 모습은 '소도록이'라고 표현해야만 그 정경이 눈앞에 떠오른다.

밤 하나하나에도 다 앉음앉음이 있는 것처럼 나의 생애도 하느님만이 아는 운명이 있는지도 모른다.

4

몇 해 전 가을 고창 선운사와 지석묘군支石墓群을 둘러본 다음 금산사金山寺로 해서 대둔산 도립공원 방향으로 가고 있을 때였다. 버스 차창 밖으로 내다보이는 가을걷이가 끝난 밭두럭에 빨갛게 익은 감이 다닥다닥 열려 있는 감나무들의 모습이 참으로 고왔다. 내 고향에는 감나무가 자라지 않기 때문에 가을철에 남도를 여행하며 감나무를 볼 때마다 언제나 가슴 한구석이 따뜻해지며 평화로운 생각이 든다.

대숲을 볼 때도 마찬가지이다. 내 고향에는 대나무도 자라지 않는다. 대숲을 볼 때면 가슴 한구석이 서늘해지면서 자꾸 왜곡되기만 하는 나의 삶이 부끄러워지곤 한다. 남도의 시인들의 시를 읽으면서 '대숲을 스치는 바람소리'라는 말만 나와도 그냥 부럽기 그지 없다.

문득 허영자의 시가 생각났다. 맑은 가을 햇살 아래 익어가는 감을 바라보며 단순무비한 직감으로 자연 앞에 선 인간의 가장 절실한 시선을 노래한 시가 오늘의 혼란스러운 시단의 여러 가지 기교의 틈새에서 새삼 고전적으로 다가왔다.

이 맑은 가을 햇살 속에선
누구도 어쩔 수 없다
그냥 나이 먹고 철이 들 수밖에는

젊은 날
떫고 비리던 내 피도
저 붉은 단감으로 익을 수밖에는—.
— 허영자, 〈감〉

나도 남도의 가을 감나무를 소재로 하여 시를 쓴 적이 있다. 1986년 늦가을 딱 이맘때쯤 남도를 혼자 여행할 때였다. 마산에서 어떤 모임이 끝난 후 남해고속도로로 해서 광주까지 갔다가 그 길로 서울로 올라오는 길이었는데 남도의 산자락과 밭두럭에는 감나무들이 그렇게 많았다. 잎이 다 진 감나무마다 빨간 감이 다닥다닥 열려 있는 모습은 정말 곱고 또 한편으로는 무섭기도 했다. "벌판한복판에꽃나무가하나있소近處에는꽃나무가하나도없소꽃나무는제가생각하는꽃나무를熱心으로생각하는것처럼熱心으로꽃을피워가지고섰소꽃나무는제가생각하는꽃나무에게갈수없소나는막달아났소"라고 말한 이상李箱이 생각나기도 했다. 80년대는 글을 쓰는 행위나 글을 가르치는 행위가 모두 열등감과 모욕을 주는 시대였기 때문에 감나무에 열려 있는 빨간 감을 보면서 이 시대의 한국이라는 공간에서 삶을 유지하는 내가 서글프기만 했다.

> 함안을 지나 진주로 섬진강의 푸른 물을 지나
> 순천으로 다시 하늘과 물로
> 가을 감나무에 달린 그만그만한 紅柿들
> 잊고 있던 주홍빛 나의 母音이여
> 아아아 또는 어어어만큼 크지가 않고
> 오오오만큼 조그마한 母音의 뒤켠에는
> 못생긴 산과 쓸모 없는 나무들이 버린
> 지나간 계절의 몽상이 있었다
> — 오탁번, 〈광주光州를 지나며〉 부분

아마도 독자들은 "아아아 또는 어어어만큼 크지가 않고/오오오만큼 조그마한 母音의 뒤켠에는"이라는 말이 무슨 뜻인지 궁금할 것 같다. 이는 차창 밖으로 보이는 감의 크기를 나타낸 것이다. 즉 '아' 또는 '어'를 발음할 때의 입술 크기와 '오'를 발음할 때의 입술 크기를 가지고 빨갛게 익은 감의 크기를 나타낸 것이다. 이 시를 쓸 때 왜 이런 생각을 했는지 나도 잘 모르겠지만, 그때로서는 굉장한 시적 성취를 한 것처럼 혼자서 좋아했던 기억이 난다. 사물의 크기를 말의 발성기관의 크기로 치환했다는 생각에 어린애처럼 좋아했었다.

대둔산 도립공원으로 가는 국도는 이제 막 들기 시작한 가을 단풍이 산협을 뒤덮고 있었다. '여행'이라는 게 흔히 다 그렇듯 스쳐가는 경치나 고여 있는 유적을 보는 것만이 아니라 그것을 바라보는 자의 시선 속에 무늬 지는 심상을 스스로 느끼는 것이 중요하겠지만, 나는 밭두럭과 산자락에 서 있는 감나무들의 아름다운 모습을 보면서 오래 전에 쓴 나의 시를 떠올리면서 혼자 웃고 있었다.

—저 무덤 좀 보세요.

내 옆자리에 앉아 있던 대구에서 온 서하 시인이 말했다. 나도 차창 밖 산을 바라보면서 자주 눈에 들어오는 무덤들을 유심히 보고 있을 때였다. 벌초를 말끔히 해서 떼가 잘 자란 무덤들이 국도변의 산자락에 유난히도 많았다. 가을 햇볕을 환하게 받고 있는 무덤들의 모습은 매장된 사자死者의 어둡고 추운 느낌과는 전혀 다르게 아주 친근하고 따뜻한 느낌으로 다가왔다. 사람이 일평생 살다가 목숨을 다하고 자연의 일부가 되면, 사람의 욕망도 자연의 일부가 되어 가을 햇볕 아래 저렇게 빛나는 것이라는 평범한 생각이 가슴이 저미도록 꽉 차 올랐다.

그녀가 가리키는 무덤은 여느 무덤과는 다르게 여섯 개나 되는 봉분이 나란히 줄지어 있는 모습이었다. 대개 두셋이 나란히 있는 무덤은 종종 보았지만 여섯 개나 되는 무덤이 꼭 같은 크기와 빛깔로 나란히 줄지어 있는 모습은 쉽게 보기 힘든 것이었다.

—꼭 완두콩 같네요.

—그래요?

나는 시치미 떼고 웃었다.

서하 시인은 무덤의 모습을 시각적 심상으로 치환하고 있는 셈이었지만, 나는 여섯 개나 되는 무덤이 나란히 줄지어 있는 모습을 보면서, 무덤 속에 묻힌 망자亡者는 생전에 다섯 명이나 되는 부인을 거느리고 살았던 사람이라는 생각이 들었다. 무덤을 나란히 쓰는 것은 부자간에도 없는 일이요 형제간에도 없는 일로서, 지아비와 지어미 사이에서만 있을 수 있는 매장의 의례이기 때문이다. 부인을 다섯 명이나 거느리고 (동시적인지 순차적인지 모르겠지만) 생애의 계곡을 건넌 사람의 무덤이면 석물과 비석이 요란할 법도 한데 그 여섯 개의 무덤에는 아무런 석물도 보이지 않았다. 벌초가 잘 된 여섯 개의 무덤은 통통하게 익은 완두콩이 하나씩 들어 있는 완두콩 꼬투리 같이도 보였다. 완두콩 꼬투리 속에 들어 있는 콩은 가장 축약된 생명의 원형이다.

무덤 속에 있는 촉루가 된 주검들도 새 생명의 원형이다. 저승으로 잠시 쉬러갔다가 다시 어떤 인연에 이끌리어 이승으로 환생하는 생명의 순환 속에서 저 여섯 개의 무덤들이 가을 햇볕 아래 저토록 곱게 빛나고 있는 것이다. '여섯 개의 무덤-완두콩'이라는 그녀의 시적 상상력이 그야말로 완두콩의 초록빛 꼬투리처럼 풋풋하다는 생각이 들었다.

죽음과 생명을 동시에 연결하고 있는 이러한 상상력의 끈을 신진 시인인 그녀가 다 알고 있는지는 모를 일이지만 무심코 하는 이야기가 지향하는 때묻지 않은 시선 속에 담긴 일종의 시적 폭발력과 장력張力을 보는 것 같아서 내심 흐뭇했다.

고창에서 선사 시대의 지석묘군을 둘러보면서도 인간이 생을 마감하면서 최후로 갖게 되는 매장의식埋葬儀式이야말로 인류역사의 가장 압축된 표현양식이라는 생각이 들었다. 몇 년 전 중국 서안西安에 갔을 때 그야말로 산山과도 같이 어마어마한 진시황릉과 거기서 1.5킬로미터 되는 동쪽 들판에서 1974년에야 비로소 발견된 지하의 병마용갱兵馬俑坑을 보았을 때 숨이 막힐 정도로 압도해 오던 그 무서운 '인간의 힘과 몽상'이 새삼 생각났다. 그것은 단순히 제왕의 내세만을 위한 매장의식이 아니라 영원을 가로지르는 무한한 인간의 힘이 발현된 위용이었다. 수천 개의 병마용을 보면서 나는 '전율戰慄'이라는 게 무엇인지 비로소 알았다. 무서웠다. 진시황이 무서운 것이 아니라 인간이 무서웠다.

고인돌

이집트 나일 강변 왕릉王陵의 계곡에서 만난, 미라로 남아 있는 파라오들의 영생永生이 뿜어 올리는 형언할 수 없는 죽음의 미학, 그리고 불가사의한 피라미드의 웅좌에도 그 근저에는 영생을 꿈꾸는 인간의 욕망이 축적되어 있는 것이다.

콩꼬투리를 보면서 어느 시인은 다음과 같이 콩을 새로운 생명의 원형을 꿈꾸는 영혼으로 이해하고 있다. 시적 상상력이 이쯤의 지점에 이르면, 완두콩처럼 나란히 줄지어 선 무덤들이야말로 육체와 영혼, 이승과 저승, 현실과 욕망이 조응하고 있는 시적 집적물集積物이라는 생각이 든다. 가장 힘 있는 탄생은 가장 응축된 상태에서만 그 형체를 드러내기 때문이다.

어떤 힘이 그를 잡아당기는 것일까
몇 남지 않은 햇살이 문을 두드릴 때
나태와 욕망에 가볍게 물들어 있는 영혼들
두근거리는 숨결로 술렁거린다
여린 빛줄기며 구름 이슬과 바람 속에서
그들 몸을 키울 때 따라 커가는 집들
마침내 그 속의 현기증나는 시간과 공간들이
참을 수 없이 팽창되고 집중될 때
그들은 폭발한다
허공으로 튀며 하늘을 찔러버린다
오래 침묵하던 사람이 갑자기 말을 쏟아놓듯
가장 힘있는 탈출은 가장 압축된 존재에서 이루어지는 것
꿈꾸는 영혼에게 감옥을 만들어 보라
세계가 단단할수록 우리는

그 속에 늑대 한 마리 키우는 것이다
덥석 우리 허튼 인식의 벽을 허물어 버리는
— 손진은, 〈콩깍지 혹은 집〉

꿈꾸는 자에게 감옥을 만든다는 것은 부질없는 일이다. 꿈을 구속하고 있는 그 감옥이 견고할수록 그것을 터뜨리는 굉장한 폭발력이 더 무서워지는 이 모순의 장력張力을 이처럼 아름답게 노래한 시를 읽으면서 나는 지금 조그만 콩꼬투리에서 저 진시황릉의 병마용갱을 볼 때처럼 시적 전율을 느낀다.

좋은 시를 쓰는 정말 좋은 시인들이여.

대둔산 도립공원으로 가는 국도변의 산자락에 무심히 줄지어 있는 여섯 개의 무덤이여. 다섯 명의 부인을 거느리고 한평생 살다가 훌쩍 저승으로 마실 간 망자亡者여. 그대의 미래의 시간이 완두콩 꼬투리처럼 축복으로 충만할진저.

여섯.

임금님 낚시

1

강화도 — 이제는 인천광역시의 한 구역이 된 강화도는 연륙교連陸橋가 놓인 다음부터는 섬이라고도 할 수 없을 만큼 서울과 가까워진 섬 아닌 섬이다. 서울에서 한 시간 남짓 달려가면 바다와 갯벌을 볼 수 있다. 그야말로 산과 바다와 유구한 역사의 발자취가 공존하는 천혜天惠의 섬이라고 할 수 있다. 여가를 즐기기 위하여 강화도를 찾는 서울시민들은 바로 바다 건너 북녘이 북한이라는 뼈아픈 사실을 애써 외면하고 있는지도 모른다. 아니면, 바다와 갯벌과 유서깊은 사찰이 있고 참붕어가 잡히는 저수지가 있고 또 가을이나 겨울에는 수많은 철새들이 날아오는 섬일 뿐, 지호지간에 북한의 땅이 존재한다는 사실을 아예 잊어버렸는지도 모른다.

한 해가 다 저물어가는 세밑에 옛 제자로부터 시집 한 권을 받았다. 대학원에서 소설을 전공하여 학위를 받고 대학 전임이 된 이동재 시인. 그는 재작년 등단을 한 신진 시인인데 그동안 써온 시를 묶어서 어느

새 처녀시집을 낸 것이다. 그 시집 속에서 아주 특별한 시 한 편을 읽게 되었다. 북한의 주광남 시인에게 보내는 시가 바로 그것이다.

이동재 시인의 고향이 강화도인 줄은 진작부터 알고 있었다. 정확히 말하면 강화도 북쪽에 있는 섬인 교동도가 그의 고향이다. 내가 어려서 천둥산을 바라보고 박달재를 오르내리면서 보낸 궁핍의 시기가 당연히 내 문학의 원형적 상징이 되는 것과 마찬가지로 강화도에서 어린 시절을 보낸 사람은 북한과 마주보는 분단의 현실이 또한 그들의 문학세계의 태반이 된다는 사실을 이동재 시인의 시집을 읽으면서 다시금 확인할 수 있었다. 이동재는 빤히 북녘이 바라다 보이는 강화 교동도에서 성장하면서 인위적으로 금 그어 놓은 분단의 현장을 밀물과 썰물 그리고 바다에서 뛰어오르던 새우과 망둥이와 숭어의 모습을 통하여 인식하고 있었다.

"꼭 그쪽 이름 같은 이름을 가진 당신"이라고 이동재가 시 속에서 말하고 있는 북한의 주광남 시인은 누구인가?

> 강화도! …제 몸의 멍든 한부분처럼
> 바라보기조차 가슴답답한 저 꺼먼 섬
> 군복입은 심장에 통일맹세 품고
> 이 기슭을 떠나던 홍안의 시절은 언제였던가
> 그날 다름없는 원한의 섬앞에
> 반백의 머리칼 날리며 예 다시 섰노니
> 뛰여산 내 한생은 공회전을 한듯 싫어…
> 아 지맥으론 하나로 잇닿아있는 땅
> 삶의 피줄 하나로 잇대이지 못한 탓에
> 강화도여 너는

민족의 이 한가슴에
아픈 옹이로 박히는구나
홍안의 그 걸음을
새롭게 다시 시작하게 되는구나!
— 주광남, 〈강화도를 바라보며〉

《시안》은 창간호(1998, 가을)에서 '북한의 현대시'를 특집으로 다룬 바가 있다. 이는 민족 동질성을 확인하고 아울러 통일 조국의 미래를 앞당기는 일에 기여하기 위한 의도에서였다. 이때 소개된 시 가운데 바로 주광남의 〈강화도를 바라보며〉가 들어 있다. '북한의 현대시'를 기획 특집으로 다루었을 때 독자들의 한결같은 반응은 "아, 북한에도 시인이 있었구나. 남한의 난해한 시보다도 오히려 더 친숙한 느낌이 든다"로 요약될 수 있었다. 이 작품은 북한의 조선작가동맹 기관지 《조선문학》 1996년 9월호에 실렸던 것이다. 북녘에서 강화도를 바라보면서 분단된 조국의 현실을 안타까워하는 시인의 모습이 생생하게 형상화되고 있다.

이 시를 읽은 이동재의 감회는 남달랐을 것이다.

그래, 당신이었군요
언제쯤인지 모르지만
물 건너엔 사람이 살고 있지 않다고 믿던 시절
갯벌 저편을 초록으로 색칠하던 이가

똑같은 계절에 오가던 그 세월 한 귀퉁이에
홍안의 당신이 서서 내 쪽을 바라보고 있었군요

그렇군요, 그럴 줄 알았습니다
꼭 그 쪽 이름 같은 이름을 가진 당신,

그 때 피던 들꽃들을 기억하시나요
해협 사이 떠돌던 그 음성
그 때 날리던 눈발도 기억하시나요
당신이 보낸 노루 멧돼지는요

그래 당신이었군요, 당신이었습니다
백발로 변했다는 홍안의 당신
어쩜 우린 오랜 구면의 낯섦으로 이렇게 만나
동강난 지도를 다시 그리고 있나보군요.

그 때 거기서 뛰던 새우 망둥이 속에
밀물의 아침과 썰물의 오후
그래 당신이었군요 당신이었습니다
그 날 그 쪽에서 이 쪽을 바라보던 이가,
— 이동재, 〈연백을 바라보며 — 북의 시인 주광남에게〉

강화도는 민족 수난의 흔적이 그대로 점철되어 있는 섬인데 강화도에 인접해 있는 이동재의 고향인 교동도喬桐島는 이중환李重煥의 《택리지擇里志》에 이렇게 소개되고 있다.

> 강화도에서 나온 한 맥이 서편 언덕을 따라 가다가 움푹 꺼진 돌맥이 되고, 작은 개〔浦〕 하나를 지나서 교동도가 되었다. 개성의 바깥 안산案山이 되고 섬 북쪽은 한강인데 여기에 와서 개성의 안수案水가 되었다. 남쪽은 큰 바다에 임하였고, 바다 건너 남쪽은 곧 충청

도의 해미, 서산 등 지역이다. 바다를 사이에 둔 양쪽 언덕이 그리 멀지 않아서 산은 모두 바라보이고, 서북쪽으로는 황해도의 연안延安, 배천白川과 비스듬히 개를 사이에 두고 서로 보인다. 비록 강화보다는 작으나 섬 전체가 모두 돌이고 바다 가운데 따로 솟아 있다. 국가에서 여기에 통어영統禦營을 설치하고 수군절도사를 두어서 경기, 황해, 평안 삼도의 수군을 거느려 바다를 지키게 하였다. 그러나 두 섬이 모두 땅에 염기鹽氣가 있어 자주 가물고 수확이 적으므로 주민은 모두 생선잡이와 소금 굽는 것으로 생계를 돕는다.

나는 이동재의 시를 읽으면서 깊은 생각에 잠겼다. 늦가을에 찾아갔던 강화도의 어느 조그만 저수지의 모습이 떠올랐다. 빛 바랜 수초 사이로 철새들만 날아오를 뿐 기온이 낮아져서 붕어들은 다 물속으로 숨었는지 콩가루를 섞은 떡밥을 꿰어 낚시를 드리워도 입질 한 번 오지 않던 저수지. 둑 너머 갯벌로 한없이 밀려오고 밀려가던 무심한 바다물결. 그러나 강화도에 낚시를 갔을 때나 그냥 바람 쏘이러 갔을 때나 나는 남북분단에 대해서는 이렇다 할 생각을 별로 한 적이 없었다. 참붕어 잡을 생각이나 하고 왕새우에 술이나 마실 생각만 했다.

그러나 이동재는 북한 주광남 시인의 시 〈강화도를 바라보며〉를 곱씹어 읽었으리라. 어린 눈으로 바라보던 바다 건너 북녘의 모습이 이제는 하나의 역사적인 전망을 지니고 다시금 가슴에 와 닿고 있음을 느꼈으리라. 물새와 철새들은 자유롭게 오가고 바닷물은 남북으로 넘나들지만, 외세外勢가 주입식으로 심어놓은 몹쓸 이데올로기가 금그어놓은 인위적인 분단의 선에 의하여 남북으로 갈린 주광남과 이동재는 시공을 초월하여 강화도에서 지금 해후하고 있는 것은 아닐까?

민족의 가슴에 아픈 옹이로 박혀 있는 강화도가 두 시인의 무한한 시적 상상력의 궤적 위에서 서로 부둥켜안고 있는 모습이 문득 환영처럼 떠올랐다. 그토록 오랜 이별 끝에 강화도 갯벌가 어느 간이주점에서 만나, 팔딱팔딱 뛰는 왕새우를 안주로 술잔을 건네며 이야기하는 모습이 내 눈에는 정말 보이는 것 같았다. 그들이 주고받는 이야기 소리도, 강화도 앞 바다의 바다물결 소리도, 남북을 자유롭게 오가는 물새들의 날갯짓 소리도 아주 잘 들리는 것 같았다.

주광남 : 오랜만이오. 남녘의 시인을 이렇게 만나게 되어 기쁘오. 이동재 시인이 내 시를 읽고 화답시를 써 주었다는《시안》의 무선통신을 접수하고 매우 반가웠소. 생면부지의 사이지만 알고 보면 다 같은 탯줄이며 동일한 민족어로 시를 쓰는 동지가 아니겠소.

이동재 : 주광남 선생님을 만나니까 어릴 때부터 저를 지켜보신 고향 어른을 처음 만나는 것 같은 느낌이 듭니다. 저는 강화 교동도가 고향이에요. 건너편 연백 땅이 손에 잡힐 듯해요. 교동도와 연백 사이에는 바다를 가로지르는 남북 분계선이 있어요. 물론 눈으로는 보이지 않지요. 지도를 보면 바로 이곳이 남북의 분단이 최단거리로 현실화되어 있다는 것을 알게 되지요. 어릴 때 참 이상했던 것이 왜 빤히 바라다 보이는 북녘으로 갈 수 없는가였어요. 선생님의 시를 읽으면서 제가 태어나기도 전인 1950년대 초 통일을 꿈꾸며 강화도를 떠나던 젊은 지식인의 모습이 떠올랐어요. 저는 1965년 생입니다. 북녘에는 '사람'이 살고 있지 않다고 교육받으면서 자랐어요. 교동도에서 건너다 보이는 북녘의 연백에서 주 선생님은 강화도를 바라다보면서 아직도 못 이룬 통일 맹세를 시로 써서 분단의 한을 노래하셨더군요.

주광남 : 내가 강화도를 떠날 때 태어나지도 않았던 이 시인이 나의 시를 민족의 아픔이 배인 작품으로 절실하게 읽고 화답시를 썼다니 정말 놀랍소. 비록 분단은 되었지만 우리 북남의 시인들은 이렇게 시적 상상력의 세계에서 서로 해후하는 것 아니겠소? 우리가 지금 처해 있는 분단의 시대는 언젠가는 역사 속에서 소멸할 운명적 시대가 될 것이오. 통일과 화합을 위한 전야에 해당하오. 아프고 긴 기간이기는 해도 언젠가 지금의 분단시대를 극복하면 우리는 다시 동일민족으로서의 조선문학을 꽃피우게 될 것이오. "그래 당신이었군요, 당신이었습니다"라고 반복되는 이 시인의 시를 가만히 읽다보면 저절로 눈시울이 뜨거워지고 아직도 못 이룬 통일맹세가 어제 일인 듯하오.

이동재 : "어쩜 우린 오랜 구면의 낯섦으로 이렇게 만나/동강난 지도를 다시 그리고 있나보군요"라고 제가 노래했지만 이것은 동강난 지도를 빨리 지우고 싶다는 심정의 역설적인 표현입니다. '조선'이니 '한국'이니 하는 대립적 호칭을 버리고 완전한 '하나'로 통일되는 날을 위하여 남북의 시인들이 마음껏 시적 상상력의 세계 속에서 자주 만나야 할 것입니다.

주광남 : 그렇소. 민족정신을 좀먹는 허위와 허세를 몰아내고 백두에서 한라까지 우리는 하나가 돼야 하오. 특히 시인들은 민족 동질성 회복을 위한 민족문학 건설에 신명을 바쳐야 할 것이오.

남북의 시인은 이렇게 서로 만난다. 정치적 술수에 놀아나는 남북 교류의 허상과는 비교할 수 없는 우리 민족의 원형적 숨결을 지니고, 남북의 시인들이 시를 통하여 만나고 있는 것이다. "그래, 당신이었군요/언제쯤인지 모르지만/물 건너엔 사람이 살고 있지 않다고 믿던 시절/갯벌 저편을 초록으로 색칠하던 이가"라고 말하는 남녘의 시인과 "강화도여 너는/민족의 이 한 가슴에/아픈 옹이로 박히는구나"라고 말하는 북녘의 시인이 지금 해후邂逅하고 있는 것이다.

2

아주 마음먹고 우포늪을 다시 찾아 나섰다. 그것도 이번에 동행한 시인에게, “우포늪은 그냥 한 바퀴 둘러보고 오면 아무 소용이 없고 꼭 하룻밤 묵으면서 일몰과 일출과 한낮의 땡볕과 새벽의 물안개를 느껴야 된다”고 말하기까지 했을 정도이니까 작년에 엉겁결에 다녀오고 난 후, 나도 모르는 사이에 우포늪이 내 몽상의 궤적 안에서 그냥 숨을 쉬고 있었다고 해야 옳을지도 모른다.

온갖 수초로 뒤덮인 늪을 그냥 한 바퀴 쓱 둘러보고 나서 우포늪을 보았다고 말하는 것은 그야말로 말도 안 된다는 것을 나는 무의식적으로 인지하고 있었던 셈이었다. ‘우포늪을 사랑하는 사람들’이나 ‘동

우포늪

강 살리기 운동연합'쯤으로 이름 붙여진 환경보호단체나 녹색운동 단체의 정신적 일원으로서가 아니라, 인류가 태어나기 전부터 생성되었던 우포늪은 나의 시적 상상력의 지도 위에서는 하나의 성지聖地와도 같은 의미를 띄기 때문에, 나는 무욕의 심정으로 그냥 이끌리듯 우포늪을 찾아나선 것이었다.

1년 만에 보는 우포늪은 그저 밋밋하였다. 막 석양이 지려는 시간이었지만 멋진 노을도 안 생겼고 수초에 뒤덮힌 우포늪은 사람들의 발걸음이나 말소리가 좀 귀찮다는 듯 무덤덤하게 거기 그 자리에 있었다. 가시연꽃 잎도 아직은 신문지 반 장보다도 더 작아서 작년 가을에 와서 보았던 한 아름도 더 되는 거대한 잎은 상상하기가 어려운 정도였다.

가시연꽃은 8월인가에 핀다지만 그저 우포늪을 소개하는 책에서 사진으로만 보았을 뿐인데 이번에 민박집 주인이 자세히 설명을 해주는 바람에 훨씬 이해가 잘 된 셈이었다. 가시연꽃은 잎의 지름이 2-3미터나 될 만큼 크기 때문에 장마가 지나고 나면 온통 늪을 뒤덮게 되는데 선혈처럼 붉은 꽃이 선인장마냥 쭉 올라와서 피는데 다른 연꽃처럼 짝 벌어지지 않고 어느 정도만 벌어진다고 한다. 1억 4천만 년 전에 형성된 우포늪은 생태계의 보고라는 말에 걸맞게 온갖 식물과 곤충, 물고기와 철새들이 낙원이 된다.

민박집에 도착하여 방을 정하고 뜰에 놓인 평상에 앉아 맥주를 한 잔 하는데 주인이 늪으로 그물을 걷으러 나갈 채비를 했다. 우포늪은 자연생태계 보호구역이어서 일체의 낚시를 금하고 있으나 주민들은 쪽배를 타고 늪으로 나가서 그물로 물고기를 잡고 우렁이를 잡을 수 있다. 물론 나쁜 사람들은 수초 사이에 몸을 숨기고 몰래 낚시를 하기도 하는데 이런 사람들은 정말 지렁이보다도 못한 것들이다.

— 나도 따라가면 안 되겠소? 우포늪 붕어가 어떻게 생겼는지 정말 보고 싶소.

내 말을 듣자 주인은 쪽배를 타면 위험하다면서 손을 내저었다.

나는 붕어를 진짜 사랑하는 사람이다. 낚시꾼이니 뭐니하는 차원에서 하는 허풍이 아니다. 지방을 여행할 때면 자동차 트렁크에 아예 낚시 가방을 싣고 다닌다. 어느 마을이고 다 특징이 있어서 지세도 토양의 빛깔도 다 다른데 지형과 토양에 따라 붕어의 생김새나 빛깔도 다 다르다.

아, 이 마을의 붕어는 어느 빛깔이 나고 입질하는 힘이 얼만큼 되겠구나 하는 느낌으로 낚시를 하면 영락없이 내가 예상했던 대로의 생김새와 빛깔을 한 붕어가 한사코 수줍어하면서 파닥거리며 낚싯바늘을 물고 떼를 쓴다. 잘 생긴 산과 들판과 나즈막한 지붕과 저녁연기 피어오르는 굴뚝과 황토가 드러나 있는 저수지의 물빛이 붕어의 비늘비늘마다 지느러미마다 그대로 나타난다고 할 수 있다.

내 또래쯤 된 민박집 주인은 반은 농삼아 나에게 말했다.

— 쪽배를 타고 그물을 걷을 때 배에 누가 타고 있으면 일을 못 해요. 그렇게 붕어가 보고 싶으면 저 둠벙에서 낚시를 하시오. 우포늪 붕어는 다른 곳 붕어보다 아주 잘 생겼소. 매운탕이나 찜을 하면 맛도 그만이요.

— 낚시를 하면 붕어 입이 바늘에 찢어질 텐데.

민박집 안주인이 웃으면서 참견을 하였다.

— 걱정하지 마시오. 진짜 낚시꾼은 붕어를 조금도 다치게 하지 않는다구요.

내가 이렇게 말하자 민박집 부부는 햇볕에 검게 탄 얼굴로 파안대소하였다.

주인은 친절하게도 둠벙을 가리키면서 왼쪽에는 가물치 그물이 쳐 있으니까 오른쪽으로 낚시를 던지라는 말을 하고 긴 장화를 신고 쪽배를 타러 나갔다. 이게 웬 떡이냐 싶었다. 나는 서둘러서 트렁크에서 낚싯대를 꺼내었다. 둠벙으로 내려가서 콩가루와 신장떡밥을 섞어서 낚싯바늘에 공들여 꿰어 둠벙으로 던졌다. 열 길 물속은 알아도 사람 속은 모른다라는 격언은 아주 틀린 말이라는 것을 낚시꾼들은 다 안다. 알맞은 수심과 잘 자란 수초, 차갑지도 뜨듯하지도 않은 알맞은 수온의 저수지에서 낚시를 해도 허탕을 칠 때가 많기 때문이다.

나는 민박집 주인이 늪에서 그물로 잡아온 붕어를 풀어놓은, 확실히 붕어들이 있는 둠벙에서 낚시를 하게 된 것이다. 이런 낚시를 가리켜 낚시꾼들은 '대통령 낚시' 또는 '임금님 낚시'라고 부른다. 가슴이 두근두근했다. 뜻하지 않게 우포늪의 붕어를 만나게 되는 행운을 얻은 것이었다. 그것도 나 홀로 임금님이나 된 듯 외바늘 낚시를 척 펴고서 말이다. 담배를 한 대 피우고 나자 입질이 오기 시작했다. 난생처음 낚싯바늘에 꿰인 떡밥을 본 붕어들인지라, 입질하는 꼴이 참으로 기가 막힐 정도로 묘했다.

먹이에 굶주려서 허겁지겁 달려드는 게 아니라, 잔뜩 호기심을 지닌 채 조심조심 아주 살며시 찌를 올리다가는 이내 멈추기를 몇 번 계속하는 것이었다.

나는 그날 두어 시간 동안 낚시를 해서 붕어 아홉 마리를 잡았다. 입질은 한 스무 번쯤 받았는데 붕어를 잡는다는 생각보다는 우포늪의 아름다운 참붕어와의 해후를 체험하고 있다는 자못 경건한 생각이 더 앞섰다. 비늘과 지느러미의 모양과 빛깔이 매혹적이었고 파닥거리며 떼를 쓰는 모습이 너무나 고왔다. 하지만 우포늪 참붕어의 모습을 이러한 진술적 산문으로는 도저히 표현할 수 없다.

모호한 표현과 몽상을 변주시켜서 이미지와 운율을 곁들여야만 그때 내가 느낀 바를 조금이라도 재생할 수 있다. 그래서 나는 우포늪에서 돌아와 〈임금님 낚시〉라는 시 한 편을 썼다.

민박집 주인이 우포늪에서
쪽배를 타고 그물로 잡아온 붕어들이
마당 가 조그만 둠벙에서
붕어찜으로 팔려갈 운명도 모르고
금빛 비늘 번쩍이며 헤엄치고 있었네
우포늪에서 하루 묵던 날
바로 그 둠벙에서
나는 정말 임금님 낚시를 했다네
두 칸 반 외바늘 낚시에 걸려 올라온
참붕어 아홉 마리가
우포늪 미끌미끌한 냄새 풍기며
파닥파닥 파닥파닥 꼬리쳤다네

주인이 그물 걷으러 나갈 때
우포늪 붕어가 진짜 보고 싶어서
나도 따라나서려고 하자

쪽배가 위험하다면서 말했네
— 저 둠벙에서 붕어 낚시를 하쇼
나는 임금님이나 된 듯
찰락찰락 물결 이는 둠벙에서
홀로 낚시를 했다네
숫처녀의 볼에 입맞춤하듯
새 색시와 첫날밤 살을 부비듯
외바늘에 콩알떡밥 꿰어
예쁜 참붕어를 유혹했다네

우포늪의 물빛 그냥 아롱진
아홉 마리의 참붕어야
까마득한 내 전생에는
아홉 명의 애인이 있었던 게 참말이니?
알몸으로 나란히 뉘여 놓으면
입술과 허리와 종아리가
정말 예쁜 아홉 명의 애인이
우포늪이 생긴 1억 4천만 년 전부터
내 전생에 살았던 게 참말이니?
— 참말참말 참말참말
내 애인 같은 참붕어 아홉 마리가
지느러미 파닥파닥 대답했다네
— 오탁번, 〈임금님 낚시〉

우포늪의 참붕어들이 내가 순간적으로 꿈꾸는 몽상의 세계에서 지느러미 파닥거리며 나만 알아듣는 말로 '참말참말' 이렇게 대답하는 것을 나는 들었다. 정말이다. '참말참말'이라고 말하는 붕어의 언어를 나는 들은 것이다.

해가 지고 있었다. 낚시에 걸려 올라오는 붕어야 두세 살밖에 안 됐을테지만 나는 1억 4천만 년 전의 붕어를 만나고 있다는 엉뚱한 생각을 지울 수가 없었다. 안주인 말대로 붕어의 입을 다치게 하지 않으려고 바늘을 빼어 낼 때 조심조심했다.

잡았던 붕어를 어망에서 꺼내어 다시 물속으로 놓아주고 낚싯대를 거두었다. 1억 4천만 년 전이나 되는 까마득한 나의 전생을 향하여, 그곳에 살고 있을 나의 예쁜 애인들에게 내 사랑의 인사를 전하러 달려가듯 붕어들은 둠벙 속으로 재빠르게 몸을 감췄다.

3

우포늪에서 하룻밤 묵고 서울로 돌아왔지만, 우포늪 참붕어들의 모습이 눈앞에서 아물거리고 민박집 주인이 이야기하던 가시연꽃의 섬뜩하도록 붉은 모습이 자꾸 눈앞에 떠올랐다.

짜증나는 무더위에 시달리던 어느 날, 우연히 어느 잡지를 읽다가 문인수의 〈가시연꽃〉이라는 시를 읽었다. 처음에는 그냥 읽어가다가 나는 정신이 번쩍 들었다. 한 번도 본 적이 없는 가시연꽃이 나의 시적 상상력의 궤적을 마구 휘저으면서 들어온 것이었다. 대구에 사는 문인수 시인이 이토록 무서운 시적 묘사와 직관을 겸비한 줄은 미처 몰랐었다.

> 방패 같은 커다란 잎이 우포늪 가득 착 발려 있다. 잎의 표면엔 무슨 두드러기 같은 가시가 섬뜩섬뜩 돋아 있는데, 그렇듯 제 뿌리참의 그 무엇을 무섭게 덮어 누르고 있다. 그런데 그걸 또 불쑥 뚫으

며 솟아오른 꽃대궁. 창 끝 피칠갑의 꽃봉오리에도 줄기에도 그런 가시가 돋아 있다.

저 온갖 적의와 자해의 시간이 오래 무더웠겠다.

그러나 누가 말할 수 있으리

마침내 고요히 올라앉은 만개滿開, 만 개의 캄캄한 문, 만 번은 또 무너지며 신음하며 열어제쳤겠다 악의 꽃, 저 길의

끝.

오, 저 고운 웃음에 대해 숨죽여라 지금

소신공양 중이다.

—문인수, 〈가시연꽃〉

이 시를 큰 화강암에 새겨서 우포늪 입구에 세워놓으면 참 좋겠다. 괜히 경중경중대면서 생태계 보호다 뭐다 하는 사람들이 우포늪의 참 의미와 거기에 살고 있는 식물과 곤충과 조류의 형상을 모르면서 나대고 있지는 않은가 하는 생각을 가끔 하는 나로서는, 이와 같이 가시연꽃의 진짜 모습을 시로 형상화시킨 문인수의 시를 그들이 꼭 읽어야 한다는 생각이 든다.

방패 같은 가시연꽃 잎이 우포늪 가득 착 발려 있다고? 오랜 적의敵意와 자해自害의 시간이 오래 무더웠겠다고? 가시연꽃이 지금 소신공양燒身供養 중이라고?

나는 문인수의 시를 읽으면서 말을 잃는다.

이 시를 읽고 나는 곧 문인주소록에서 문인수의 전화번호를 찾아 전화를 했다. 생각 같아서는 당장이라도 달려가서 그를 만나고 싶었

지만, 대구와 서울은 너무나 멀었다.

—가시연꽃이 필 때 꼭 연락을 주시오.

내 전화를 받은 그는 자기의 시를 읽고 약간은 흥분해서 전화를 하는 나를 옛 친구 대하듯 반가워했다.

그러던 어느 날, 문인수 시인이 약간 쉰 듯한 목소리로 전화를 했다.

—지금 가시연꽃이 막 피었답니다. 빨리 내려오시죠.

호우경보가 내린 주말이었지만 이기윤 시인과 함께 부랴부랴 서울을 떠났다. 대구 파크호텔 커피숍에서 문인수 시인을 만나 그 길로 우포늪으로 내려갔다. 드디어 가시연꽃을 보게 된다는 생각에 나는 어린아이처럼 흥분되었다. 민박집 둠벙에서 임금님 낚시를 하면서 우포늪의 붕어를 기다릴 때의 심정과 흡사했다. 일행은 대구에서 합류한 김연대 시인과 이동백 시인을 포함하여 다섯 명이었다.

그러나 우리는 가시연꽃을 보지 못했다. 늪의 물이 넘쳐서 가시연꽃이 모두 물에 잠겨 버린 것이었다. 방패같이 생긴 연잎도 물에 잠긴 채 겨우 보였다. 논우렁을 안주로 소주를 마시면서 늪 속으로 숨어 버린 가시연꽃을 마음의 눈으로만 보고 돌아왔다. 밤길을 달려 서울로 돌아오면서 나는 내내 문인수의 〈가시연꽃〉을 생각했다.

일곱.

우리 시대의 시창작론

1

지난 양력설에는 새 천년을 맞아서 동해로 해돋이를 구경하러 갔다가 해는 보지도 못하고 돌아왔다. 날씨가 흐려서 구름이 잔뜩 끼고 진눈깨비가 날렸다. 해돋이를 구경하러 온 사람들만이 겨울 바닷가에 넘쳐나고 있었다. 서울로 돌아오는 길에 경북 영양군 일월면에 들러서 조지훈 선생의 시비를 찾아 보았다. 새삼 이육사나 조지훈처럼 비록 많은 작품을 남기지는 않았지만 죽어서도 귀감이 되는 시인의 삶이 부러웠다.

신년 연휴에 이 책 저 책 뒤적이면서 보내다가 어느 잡지에 발표된 전동균 시인의 시를 다시 읽게 되었다. 시적 연륜의 넉넉함이 배어나면서도 사물을 보는 어린아이와도 같은 순진한 시선이 알맞게 녹아 있는 시였다. 이런 시를 만나면 정말 기분이 좋다. 정신이 번쩍 들 정도로 오랜만에 만나는 정말 좋은 시였다. 모름지기 좋은 시가 어떤 것인지 잘 모른다거나 현대시가 지향해야 할 시적 방법을 찾아서 노심

초사하는 사람들은 꼭 이 작품을 읽어 보아야 한다. 지금 시단에는 옥석의 구분이 애매해진 채 좋지 않은 시들이 공연한 상술이나 인습적인 평가에 기생하면서 횡행하고 있다.

정말 좋은 시란 무엇일까? 이 물음에 대한 아주 간단한 대답이 여기에 있다. 문득 피어난 한 송이 매화처럼 향기를 피우고 있는 전동균 시인의 〈매화, 흰 빛들〉이라는 시를 읽어 보자.

뒤뜰 매화나무에
어린 하늘이 내려와 배냇짓하며
잘 놀다 간 며칠 뒤

끝이 뾰족한 둥근 잎보다 먼저
꽃이 피어서,
몸과 마음이 어긋나는 세상의
길 위로 날아가는
흰 빛들

아픈 生의 비밀을 안고 망명하는
망명하다가 끝내 되돌아와
제자리를 지키는
저 흰 빛의
저 간절한 향기 속에는

죄 짓고 살아온 날들의 차디찬 바람과
지금 막 사랑을 배우는 여자의
덧니 반짝이는 웃음소리.
한밤중에 읽은 책들의

고요한 메아리가
여울물 줄기처럼 찰랑대며 흘러와
흘러와

새끼를 낳듯 몇 알
풋열매들을
드넓은 공중의 빈 가지에 걸어두는 것을
점자처럼 더듬어
읽는다
— 전동균, 〈매화, 흰 빛들〉

옛부터 매란국죽梅蘭菊竹은 품성이 군자와 같이 고결하다는 뜻으로 사군자四君子라 하여 선비들의 시화詩畵의 주요 소재가 되어 왔다. 특히 매화는 엄동설한에 제일 먼저 꽃을 피워서 온갖 역경에도 굴하지 않는 선비의 곧은 기질에 비유되어 왔다. 이육사는 그의 〈광야〉에서 "지금 눈 나리고/매화 향기 홀로 아득하니/내 여기 가난한 노래의 씨를 뿌려라"하고 노래하여 매화를 시공을 초월하는 절대적 심상으로 제시하였거니와 이처럼 매화는 단순한 꽃의 일종이 아니라 인간들의 삶의 원초적인 모습을 비유하는 제재로 쓰여져 왔다. 눈 속에서도 꽃을 피우는 매화를 설중매雪中梅라 하였고 세한歲寒에 피는 매화를 납전매臘前梅라 하였다. 옛 선비는 납전매가 꽃을 피우는 것을 보고, "천지의 기운이 순환하고 또 오니/하늘의 뜻을 납전매에서 보누나"(氣循環往復來 天心可見臘前梅)라고 노래하여 매화를 천심天心의 등가물로 나타내기까지 하였다.

사이버 시대에 매화는 고색창연한 소재여서 이제 시적 심상으로서의 기능을 상실하였다고도 말할지도 모른다. 그러나 그렇지 않다. 아무리 현대문물이 발달되어도 자연계의 물상은 영원불멸의 시적 소재가 된다. 새삼 말할 것도 없이 현대시의 진정한 현대성은 소재의 현대화가 아니라 그 소재를 어떻게 현대적으로 나타내느냐의 문제와 직결된다. 그러나 방법의 현대화에 너무 몰입하다 보면 시의 본질을 외면한 일회성 실험에만 급급하는 경우도 있어서 현대시를 마침내 몰이해와 무분별의 다른 이름으로 오해하는 경우도 있어서 안타깝다.

'꽃-잎-열매'로 전이되는 매화의 일생이 마치 "지금 막 사랑을 배우는 여자의/덧니 반짝이는 웃음소리"와 "한밤중에 읽은 책들의/고요한 메아리"가 매화의 열매를 "점자처럼 더듬어/읽는다"라는 시의 맥락은 충격적이고 참신하다. 점자點字처럼 더듬어 읽는 매화의 열매는 자연이 인간에게 베푸는 하나의 상징이다. 천기天機를 넌지시 암시하는 자연의 상징이 어찌 매화뿐이겠는가. 우리는 지금 자연을 들을 수 있는 인간의 마음을 상실하고 스스로 기계의 부속품으로 전락하고 있는 것은 아닌지 모르겠다.

좋은 시를 찾아가는 길은 가깝고도 멀다. 나는 이러한 시적 도정道程에 대한 여수旅愁를 빗대어 다음과 같은 시를 쓴 적이 있다. 그러나 나의 이러한 위트나 아이러니도 전동균의 시 앞에서는 마냥 속절없다.

시를 시답게 쓸 것 없다
시는 시답잖게 써야 한다
껄껄걸 웃으면서 악수하고
이데올로기다 모더니즘이다 하며
적당히 분바르고 개칠도 하고

똥마려운 강아지처럼
똥끝타게 쏘다니면 된다
똥냄새도 안 나는
걸레냄새 나는 방귀나 뀌면서
그냥저냥 살아가면 된다
된장에 풋고추 찍어 보리밥 먹고
뻥뻥 뀌어대는 우리네 방귀야말로
얼마나 똥냄새가 기분좋게 났던가
이따위 추억에 젖어서도 안 된다
저녁연기 피어오르는 옛마을이나
개불알꽃에 대한 명상도
아예 엄두 내지 말아야 한다
시를 시답게 쓸 것 없다
시는 시답잖게 써야 한다
걸레처럼 살면서
깃발 같은 시를 쓰는 척하면 된다
걸레도 양잿물에 된통 빨아서
풀먹여 다림질하면 깃발이 된다
노스탤지어의 손수건이 된다
—벙그는 난초꽃의 고요 앞에서
〈우리 시대의 시창작론〉을
쓰고 있을 때
내 마빡에서 별안간
'네 이놈!'하는 소리가 들리더니
그만 연필이 딱 부러졌다
손에 쥐가 났다
— 오탁번, 〈우리 시대의 시창작론〉

총선을 앞두고 시민단체에서 공천 부적격자를 발표하였다. 정치권이 이를 무시하면 해당인사에 대하여 앞으로 낙선운동을 전개한다고 한다. 시민운동이 마땅히 지녀야 할 힘을 발휘하고 있다. 바른 정신을 회복해야 하는 것이 어찌 정치권에만 국한된 문제이겠는가. 민족성을 유린하고 무문곡필舞文曲筆로 역사의 올바른 정신을 왜곡한 부류들을 혼내 줄 '시민단체'가 나오지 말란 법도 없는 것이다. 일제 때 친일을 하고 창씨개명을 한 자들과 그 후손들, 남들은 백마고지에서 산화할 때 저는 외국으로 도망 가 유학을 하고 귀국하여 정경문화政經文化의 지도층에 앉은 사이비들, 오직 극우와 극좌만을 부르짖으며 분단 시대의 영구화를 은연중 꾀하는 무리들 그리고 자신의 입신양명을 위하여 4 · 19와 6 · 3과 6월 항쟁과 시민노동운동을 기술적으로 협잡 착취한 자들은 모름지기 옛 선비들이 자화상으로 삼았던 매란국죽梅蘭菊竹의 그 고고한 모습을 보고 느끼는 바가 있어야 할 것이다. 옛날에는 생전에 아무리 권력과 부귀를 누린 사람이라도 사후에 역사의 정도正道에 어긋난 문장과 행적이 밝혀지면 반드시 부관참시剖棺斬屍를 했것다?

아무리 눈이 내려도 매화향기는 홀로 아득한 법, 가난한 노래는 천고千古의 세월을 견딘다.

2

좋은 시란 정말 무엇일까? 요즘의 많은 시인들이 양산해 내는 작품들이 과연 우리 영혼의 울림이라고 할 수 있을까? 지금 우리 앞에 무수히 나타나고 있는 '시'들이 과연 젊은 날의 우리들이 밤새워서 추구했던 진정한 시와 얼마큼 근접해 있는 것일까?

올해 K대학의 문학상 공모에서 당선된 어느 학생의 시를 보면서 나는 이러한 생각이 자꾸만 들었다. 국화빵 찍어내듯 타성에 젖어서 만들어 내는 시인들의 시를 읽으면서 느낀 곤혹스러움이 풋풋한 풋내를 풍기는 학생의 시를 대하자 '시인'으로서의 자괴감과 맞물려 배가 되는 기분이었다.

햇살이 뜨거운 손으로 오븐을 만지면
들이키는 긴 한숨도 노릇노릇 익어간다
식빵의 속살이 수은주처럼 부풀어 오른다
바람 찬 연살 같이 휘어지는 빈 갈비뼈들
빵을 자를 듯 오븐의 살갗에 칼금을 긋는다

아이는 숨통을 트겠다는 듯 입을 벌린다
이랑을 따라 터져 나오는 한잎한잎 푸른 박수소리
바람은 긴 터널을 지나간다 아이는 금세 투명해진다
후우! 불면 몸이 부푸는 넌 빈 봉투야
안에선 푸르고 싱싱한 상치 냄새가 나지
돈걱정이나 하구 아이는 손시린 학원비 봉투 앞에서
말이 없다 몇 달째 밀린 화인의 도장 자국처럼
부어오른 편도선, 긴 목뼈 근처 통증을 어루만진다
아무것도 먹을 수 없어요 아픈 것만 믿지요
한숨을 쉬면 아이의 몸은 간유리처럼 희미해진다
울지 마라 안쪽이 젖으면 세상이 굴절돼 보이니까
풀을 찾아 헤맨 초식공룡들처럼 빙하기가 끝나면
둥근 뼈만 남겠죠 아이의 몸이 금세 축축해진다
숨결까지 물방울로 맺히는 눈물의 이슬점

넌 언제나 안쪽이 젖어 있는 비닐하우스야

들판 가득 꿈틀거리며 기어다니는 애벌레들
하루에도 수십 번 입을 열었다 닫으면서
목구멍까지 차오른 한숨으로 관악기를 분다
눈물이 맺히는 온도로 텅 빈 희망을 조율하는
지금은 비닐 하우스 문 열어둘 시간이야
잊지마! 빵의 맛은 오븐의 온도와 습도에 달려 있어
— 이기언(고려대 독문과 2), 〈비닐하우스〉 부분

사물을 인식하는 방법이 미소가 들 정도로 알맞게 농익었고 눈치 안 보고 자기의 느낌을 펼쳐 나가는 신선미도 좋지 않은가. 그냥 보고 지나치게 되는 '비닐하우스'를 세계와 자아의 교감을 통하여 화해의 방식으로 이해하는 따뜻한 시적 인식은 정말 개성적이다. 젊은 학생들이 흔히 빠지기 쉬운 요설과 난폭한 역설 그리고 이른바 '해체'라는 망령을 벗어나서 수줍은 듯이 비닐하우스를 바라보는 이 학생의 시적 인식이야말로 시인들이 배워야 할 기본이 된다. 해체解體라는 말은 문학의 본질이나 형식을 마구 허물어 버리는 것이 아니다. 문학의 형식을 이루어 나가는 또 다른 방법을 의미하는 것이다. 집을 건축하는 것보다 집을 허물어 버리는 것이 더 어렵다고 한다. 우리가 습관적으로 지니고 있는 문학 장르에 대한 인식과 눈에 보이는 사물의 실상을 과거-현재-미래의 시간개념이 아니라 미래-현재-과거의 역순으로 이해하고 처음-중간-끝 또는 상-중-하의 시간과 공간을 뒤집고 비틀어서 이해한다는 것은 사물의 형상을 무턱대고 무너뜨리는 것을 의미하는 것이 아니다. '해체'라는 것은 이러한 새로운 시적 인식의 이름이지 무작정 시를 파괴하여 무화시켜 버리는 것을 의미하지 않는다.

미문美文만을 위한 상투적인 비유나 몇 개 집어넣으면 시가 된다는 한심한 생각과 마찬가지로 단문短文도 채 되지 않는 글을 시라고 착각하는 시인들은 위의 학생시를 잘 읽어 봐야 할 것이다. 단문短文도 단문이 되려면 주술主述관계에 놓여야 하는데 하물며 시가 시적 상상력의 주술관계를 무시할 수는 없는 노릇이다.

초월超越도 선禪도 다 심오한 주술관계 속에서 그 난해성과 신비감이 생성되는 것이다. 현실의 구속과 관습을 초월도 하지 않으면서 초월적인 시를 쓰는 척하거나 선과는 상관도 없이 속악하게 살면서 시적 기교의 부족함을 호도하기 위해 선적인 시를 쓰는 척하는 시인들은 아주 없는 것인가.

시는 그 시인의 세계관이며 인격이라는 먼지 묻은 고전적 고백으로 되돌아올 수밖에 없다. 그러므로 서툴지만 갓 구워낸 빵처럼 향기로운 학생의 습작시에서 '좋은 시'의 참모습을 볼 수 있는 것이다.

3

한 편의 시에 담기는 뜻은 사실 아무것도 아닌 티끌과도 같이 하찮은 것이다. 시의 뜻은 그 뜻을 어떻게 담아내느냐 하는 방법의 문제이다. 지금 말하는 '방법方法'의 진정한 의의를 오해하는 사람들은 그것을 손재주나 재간才幹으로만 생각하기 쉽지만 시의 존재 의의는 실로 이러한 방법에 온전히 담겨 있다고 할 수 있다. 그 방법은 곧 인식認識이요 몽상夢想이요 상상력想像力이다.

다음의 시는 K대학 신문사에서 공모한 문예작품모집에서 당선된 작품이다. 좀 서툴기는 하지만 이 무한대로 퍼져가는 상상력의 파문을 따라가다 보면, 아무리 현대가 기능화되고 정보화된다고는 해도 시를 사랑하는 젊은 세대들의 꿈과 고뇌가 그지없이 든든하다는 생각을 지울 수가 없다.

그녀는 철길 너머 협곡에 산다 매일 밤 나는 자일 한 가닥에 몸을 맡긴 채 그녀의 뒤튼 꿈을 딛고 지나, 가파른 협곡 사이를 가로지르는 검고 긴 다리에 오른다 난간마다 천천히 걸리는 짙은 구름은 변기 속의 물처럼 고요하다 물을 내리면 그녀는 식은땀을 비오듯 쏟아내는 유쾌한 악몽을 꾼다 그러나 조심하라! 그녀가 잠에서 깨어나기 전 나는 그 곳을 떠나야 한다 공중 정원에

오랫동안 그녀는 벽지처럼 잠들어 있다 잡힐 듯한 거리에 나는, 마른 꽃으로 있다 벽에 걸린 흐린 다발꽃 창밖에는 빗줄기가 굵어지고 언젠가의 즐거웠을 한때를 기념하는 일은 그러나 서로에게 어울리지 않는다 그녀는, 아무것도 심지 않아도 좋을 뜰안의 넉넉함을 감상한다 虛構는 아름답다 그녀는 시절들의 거친 이끼들을 뜯어 던진다 팽그르르 돌며 바람을 타고 떨어지는 것들 상처는, 나무들은 성큼성큼 자란다

生이 이토록 가벼워도 좋을까 移住를 끝마치면서 궁금했었다 그녀는, 가을이 들이닥치기 전 창문을 닫는다 의심을 닫는다 슬픔에 테를 두른 사루비아 물결 노을은 멀어지면서, 그녀는 네모 반듯이 본다 열흘쯤 밀린 잠을 자도 좋았다 뿌리가 없이 자라는 나무도 있는 것이다 그녀는, 쉽게 몸을 부풀려 거실을 굴러다니고 뛰어다니

고 허벅지 사이 매어둔 子宮을 거짓말처럼 잠그고 잠드는 그녀의.

철길 너머엔 새로 들어선 20층 높이의 靜物의 집들이 있고 그들 중 어딘가엔 그녀가 깃들어 있다 진입로를 알 수는 없지만 협곡을 가로지르는 외로운 이들의 이마와 이마를 연결하는 다리가 있어서 매일 밤 나는 위태롭게 그곳을 오른다

그녀의 절망에 온 몸을 친친 틀어맨 채로 투신한다 번지점프를 한다 우리를 받아줄 그 무언가가 아직 虛空에 남아 있다는 듯이.

— 강기현(충남대 화공과 2), 〈철길 너머 협곡峽谷〉

이만한 작품은 흔히 대학생의 습작시 수준을 훨씬 뛰어넘어서 아주 튼튼한 기성시인의 작품 수준에 육박하는 것이 아닐까. 얼핏 황당한 듯한 비약과 발상으로 보이지만, 작품을 지탱하는 탁월한 맥락과 독창적인 언어구사가 단연 돋보인다. 시의 상투성을 과감히 탈피하고 나 앞에 펼쳐진 세계를 나의 시선으로 바라보는 직감적인 인식의 순간적 표현이 참으로 놀랍다.

아마도 이 학생은 뉴질랜드의 협곡을 가로지른 철교 위에서 지금 막 벌어지는 번지점프의 위험천만한 낙하 장면을 보고 있는 것은 아닐까. 그러면서 '나'의 몽상의 궤적을 따라 무의식 속에서도 꿈틀대는 원형적인 욕망의 대상인 '그녀'를 떠올렸던 것은 아닐까. 인간은 누구나 죽음과 최근접 거리까지 목숨걸고 낙하하고 싶은 것이다. 죽어도 좋을 만큼의 근접 거리에서 죽음과 정면으로 대면해 보지 않은 사람은 생명의 고귀함에 대하여 말할 자격이 없는지도 모른다. 수없이 언어의 번지점프를 하는 시인만이 정말 시인이다.

시인이 사용하는 어휘는 그 시인의 시의식 그 자체라고 할 수 있다.

시인이 어줍잖게 사상가를 흉내내는 일은 금물이다. 소월의 〈진달래꽃〉이나 윤동주의 〈서시〉에는 심오한 사상이 없지만 시인이 짠 빛나는 어휘들의 날줄과 씨줄이 조화되어 우리들의 심금을 울린다. 바로 시인이 그의 세계관에 부합되는 시적 언어를 선택하여 인간의 원형적인 정서를 노래하였기 때문이다. 진달래꽃을 따서 뿌리는 행위나 잎새에 이는 바람에도 괴로움을 느끼는 나약한 행위는 식민지 시대의 지식인으로서는 용서받지 못할 비굴한 것이지만 이들의 작품 속에는 현실과 역사를 넘나드는 인간으로서의 번뇌가 있고 쉽게 사라지지 않을 한민족으로서의 꿈이 있는 것이다.

서정주의 시에서 꼭 어린아이의 재롱이나 투정을 보는 것 같을 때 나는 즐겁다. 〈신라초〉나 〈질마재신화〉의 시편들이 뛰어난 것은, 신라를 처음 본 어린아이의 눈으로, 고향인 질마재를 넘나들던 철부지 소년의 시선으로, 철부지의 어휘로 사물을 보았기 때문이다. 거기에 담긴 것은 삼국시대의 비극적 세계관이나 빈궁화된 농촌 현실에 대한 고발이 아니라, 그 속에서도 민들레 홀씨처럼 바람에 날리며 생명력을 유지해 온 우리 민족의 원형적 정서가 때 묻지 않은 솜씨로 무르녹아 있기 때문인 것이다.

시인은 어린아이처럼 떼를 쓰고 사물을 인식할 때 기성의 방법에 안주하지 않을 수 있다. 시인은 또 고의적으로 대상을 왜곡 굴절시킨다. 허장과 과장을 일삼고 입 앙다물고 말을 아끼고 또 수다를 떨면서 '말도 안 되는 소리'를 늘어놓기도 한다. 시인의 비유와 상징은 이토록 비상식적인 시선에서, 왜곡된 시야에서 탄생한다. 다음의 시에 나타나는 다양한 어휘들이 반사하는 거울을 보라. 시인이 지닌 오목거울과 볼록거울은 시시각각 햇빛을 반사하며 '며느리밥풀꽃'을 우리들의 나태한 정신 앞에 들이밀고 있지 않은가.

언어의 정령들이 이 시인의 무의식과 의식의 벼랑에서 아슬아슬하게 무서운 번지점프를 하고 있다.

> 며느리밥풀꽃!
> 이 작은 꽃을 보기 위해서도, 나는 앉는다.
>
> 바삐 걷거나, 키대로 서서 보면 잘 안 보이는 이 풀꽃들을 더듬어가는 동안에도, 나는 몇 번인가 끼니를 맞고, 밥상을 차리고, 주걱을 든다.
>
> 나는, 이 보라 보라 웃고 있는 며느리밥풀꽃을 밥처럼 퍼담을 수가 없다.
> 이 꽃들의 연약한 실뿌리들은, 대대로 쌓여 결삭은 솔잎을 거름으로, 질기게도 땅을 붙들고 있기 때문이다.
>
> 갈매빛 솔잎들이 길러주는 반그늘 속에서, 꽃빛 진한 며느리밥풀꽃들이 꽃빛 진한 며느리밥풀꽃을 낳는다. 보라.
> 통설이 전설을 낳는다. 보라.
>
> 며느리배꼽이나 며느리밑씻개 같은 마디풀과의 꽃들이 낮은 땅에서 창궐하는 동안에도, 며느리밥풀꽃들은 작은 군락을 이루어 산등성이를 기어오른다. 보라.
>
> 이 궁지만 높은 작은 꽃의 密室에 닿기 위하여, 벌은 제 무게로 허

공을 파며, 더 자주 날개를 움직여야 한다.

보여도 보이지 않게, 스스로 크기와 빛깔을 줄여온, 며느리밥풀꽃의 시간들이, 내 이마에 스치운다.

보라. 보라 보라 웃고 있는 며느리밥풀꽃!

— 이향지, 〈초심가草心歌— 며느리밥풀꽃〉

여덟.

보르헤스와 에코에게 보내는 이메일

1

지난 15일(土)은 아내의 생일이었다. 그날 저녁은 아들네 집에서 식구들이 다함께 식사를 하기로 돼 있었다. 작년 가을에 본 며느리가 시어머니 생일을 챙겨 주는 마음도 기특해서 사위와 딸과 함께 가기로 했는데, 나는 그날 저녁에 설악산 백담사 만해마을에서 저녁을 먹었다. 저녁 일곱 시쯤 돼서 며느리에게 전화를 했다. 이미 내가 참석하지 못하는 사정을 아내와 아들에게 이야기를 해 놓았었지만 그래도 며느리가 정성 드려 차린 저녁상에 시아버지가 불참을 했으니 얼마나 서운할까 하는 생각에서였다. 전날 밤에 아내에게 급히 설악산에 갈 일이 생겼는데 괜찮겠느냐고 하니까 생일 선물을 미리 주고 가면 된다고 웃으며 말했다. 그 바람에 나는 지갑에 숨겨 놓았던 수표 열장을 주었더니 여자들이 나이가 먹으면 돈이 제일 좋아진다는 말이 공연한 허드렛말은 아닌 듯 아내도 금방 좋아서 배시시 웃는 것이었다.

내가 창간한 시잡지《시안》에서는 작년 봄부터 매호〈원서헌 시화

遠西軒詩話〉라는 고색창연한 제목으로 시인들을 모시고 시에 대한 이야기를 듣는 칼럼을 연재하고 있는데 그 담당기자는 대진대학교 문예창작과 교수인 시인 심재휘이다. 하는 김에 아주 책 한권을 묶을 수 있도록 대여섯 번 더 맡으라고 했다. 그동안 이근배 · 정진규 · 김춘수 · 김종길 · 황동규 · 김용직 선생을 모셔왔는데 이번에는 백담사 조오현 스님을 모시기로 한 것이었다. 마침 오세영 교수가 만해마을에 가서 머물고 있는 터라 두 분을 모시고 시와 불교랄까 시의 정신과 선禪의 정신이랄까를 그냥 편하게 이야기하는 자리를 마련한 것이었다.

심 교수가 운전하는 자동차로 양평 · 홍천 · 인제를 거쳐 만해마을로 가면서, 한겨울인데도 산이고 들이고 쌓인 눈도 없이 그냥 황량한 모습이어서 설악산雪嶽山이 제 이름값도 못한다고 흉을 보았다. 그러나 눈 덮인 겨울 풍경은 아니었지만 그래도 겨울 산이 풍기는 완강하고도 비타협적인 거부감 같은 것이 아주 싫지만은 않았다. 백담사에

조오현 스님, 오세영 시인과 함께 백담사에서

는 두어 번 갔었고 재작년 여름 무슨 세미나가 열릴 때 새로 지은 만해마을에 갔었다. 그때는 만해축전 기간이어서 조오현 스님이 아주 분망해 보였다. 그래서 따로 인사도 못하고 온 적이 있었다. 그러나 나는 그 후에도 언제 기회가 닿으면 오현 스님과 이야기를 나누고 싶다는 막연한 생각 그리고 모호한 예감을 지니고 있었다. 그냥 흔하디 흔한 스님이 아니라 뭔가 특이한 인격을 지니고 사바세계를 쥐락펴락하려는 꿍꿍이로 일탈逸脫과 열외列外를 스스로 껴안은 스님으로 느껴졌기 때문이었다.

벌써 한 십 년도 더 전의 일이다. 그해 여름 김재홍 교수가 내는《시와시학》에서 주최하는 만해시인학교가 백담사에서 열렸다. 거기서 조오현 스님을 처음 만났다. 인사를 나눈 다음에 스님이 말했다.

— 오 선생은 글에서 보던 바 그대로이군요.

그 숨은 뜻이 아리송했으나 처음 만난 사람한테 하는 말로서는 꽤 섬뜩한 내포內包가 있다는 느낌이 들었다. 나는 그때 그를 선생이라고 불러야 될지 스님이라고 불러야 될지도 잘 모르는 처지였다. 내가 삭발한 스님과 대면해서 이야기를 나누게 된 것이 그때가 처음이었기 때문이었다. 백담사는 내설악에 있는 하나의 사찰이 아니라 만해가《님의 침묵沈黙》을 쓴 시인의 시공時空이라는 상징이 앞섰던 나로서는 조오현 스님 앞에서 두 손을 합장하고 '큰스님 큰스님'하며 따라다니는 다른 시인들이 좀 우습게 보였고 속으로 못마땅한 감도 없지 않았다.

그날 저녁이었던가. 스님과 어울린 술자리에서 뜻밖에도 스님은 내가 평생 잊지 못할 말을 아무렇지도 않게 하는 것이었다.

— 발렌타인 21년짜리도 있고 30년짜리도 있는데 왜 17년짜리만 마시느냐고 해요. 그런데 말씀이야. 21년짜리나 30년짜리는 가짜가 많아요. 17년짜리는 값도 별로 안 나가니까 가짜를 만들 생각을 안 하거든. 발렌타인은 17년짜리가 진짜지요. 하긴 여자도 그렇지. 열일곱 살짜리가 진짜지 하마 스물 한 살만 돼도 가짜가 많거든…….

나는 그의 말을 듣고 참으로 유쾌하게 웃으며 맞장구를 쳤다.

술이 올라 두 볼이 발그레해진 스님도 마치 소년처럼 웃었다. 그 자리에 여러 시인들이 있었지만 이 순간 스님과 나 단 둘이서만 진짜 대화를 하고 있다는 생각이 들자 왠지 모르게 내 이마에 깊이 파인 주름살 가로 서늘한 바람이 스치는 것 같은 기분이었다. 스님은 내가 남몰래 느끼는 이러한 모호한 기분을 아는지 모르는지 담배를 피워 물고 이야기를 이어갔다.

— 백담사에서는 부처를 팔면 장사가 안 돼요. 만해를 팔아야 장사가 좀 되지. 만해가 장사 밑천이지.

스님은 무애無碍 무변無邊의 정신을 아무렇지도 않게 실천하는 아주 소년과도 같은 천진天眞한 구석이 있었다. 사람과 사람의 만남의 층위는 천태만상이겠으나 아마도 스님의 이야기를 듣는 그 순간부터 그와 나 사이에 이어져 있을지도 모를 아득한 전생前生에서부터의 보이지 않는 끈이 찰나적으로 잠깐 보이는 것 같았다. 나는 조금 재미도 있었지만 또 한편으로는 으스스하기도 했다. 디룩디룩 살이 쪄서, 거동도, 할 수 헐 수 없이, 느려터지게 하면서 '성불成佛하십시오' 점잖게 말하며 값나가는 염주念珠를 목에 건 노스님을 상상해온 나로서는 조오현 스님의 이런 모습이 신기하고 또 고마웠다. '고마웠다!'라

《오탁번 시전집》(태학사, 2003)

고 느끼는 나의 이 허황하고 눈물겨운 잠재적 인식이 후일 나의 마지막 남은 운명의 벼랑에 어떤 들풀로 피어날 것인가. 들풀의 이름도 빛깔도 크기도 나는 모른다. 지금도 모르고 앞으로도 전혀 모를, 있기는 있으되 존재하지 않고 보이기는 보이되 실재하지 않는 이러한 대상對象을 뭐라고 표현하면 좋을까.

나는 스님의 이야기를 모티프 삼아 〈백담사百潭寺〉라는 시를 쓴 적이 있다. 이 시는 나의 제5시집《1미터의 사랑》과 2003년 여름에 나온《오탁번시전집》334쪽에 실려 있다.

百潭寺에서는
釋迦牟尼보다 萬海를 팔아야
장사가 잘된단 말씀이야
스님의 능청거림
다 듣고 있다는 듯
벼랑 위의 위태위태한
소나무의 金빛 솔잎이
따갑다

釋迦牟尼를 만나면
눈깔을 뽑고
萬海를 만나면
수염을 뽑아야한단 말씀이야
날다람쥐 한 마리
단풍나무 가지에서
쫑긋쫑긋 엿듣다가
잽싸게 날아간다

잿밥 같은 衆生들은
염병할 念佛이나 布施보다
땀띠 난 사타구니 사이에
涅槃에 드는 길이 있다는 것을
땅띔도 못한단 말씀이야
萬海의 굵은 눈썹에
문득 떨어지는
솔개의 물똥

2

만해마을에 도착하여 스님께 인사를 드리고 오세영 교수와 만해마을 일을 돌봐주는 속초 이상국 시인을 만났다. 마침 인제군에서 벌이는 산천어 얼음축제가 바로 만해마을 용대리 강에서 열려서 스님과 함께 참석하였다가 곧바로 두 대의 자동차에 나눠 타고 백담사로 갔다. 사진을 찍기 위해서였다. 눈이 오지는 않았지만 백담사로 올라가는 계곡의 겨울 풍경은 그대로 장관이었다. 계곡 건너 깎아지른 듯한 바위틈에 서있는 소나무를 보면서 나의 시에 나오는 '소나무의 금金

빛 솔잎'의 이미지가 바로 저 소나무라는 것을 새삼 떠올렸다.

2년 만에 가본 백담사는 몰라보게 달라져 있었다. 모든 게 조오현 스님의 손길이 닿아 있다는 것을 한눈에 봐도 알 수 있었다. 심심유곡深深幽谷에 있는 절에 이토록 알맞은 거리와 모습으로 여러 시비詩碑가 세워져 있는 모습을 보면서 나는 이 생각 저 생각에 사로잡혔다.

— 부도浮屠가 무슨 소용이야. 고운孤雲의 시 한 편이 천년을 가지, 비석이나 부도는 다 헛것이지.

내가 혹시 백담사 경내에 세워진 다른 시인들의 시비를 보고 부러워하는 기색을 보였을까. 스님은 카메라 앞에서 포즈를 취하면서도, 저 숨길 수 없는 일탈逸脫일까 초탈超脫일까 그런 모습을 숨기지 않았다. 철부지 아이들이 나무토막으로 탑을 높이 쌓았다가도 발로 툭 차 버리고 이내 다른 놀이에 빠져드는 것처럼 자신이 이룩한 일의 무의미無意味를 강조하는 것이었다. 하긴 우리가 사는 이 세상과 우리가 꿈꾸는 극락極樂이나 천당天堂은 좌우사방상하左右四方上下가 말짱 비어 있어서 도저히 입증할 수 없는 허공虛空 그 자체가 아니던가.

그날 밤 저녁 공양 후에 스님이 거처하는 만해마을 문인의 집 3층 방에서 〈원서헌시화遠西軒詩話〉 대담이 시작되었다. 나는 내 방으로 돌아와서 티브이를 잠깐 보다가 며느리한테 전화를 걸었다. 시어머니 생일 저녁상을 차리는 내 며느리! 생각만 해도 귀엽고 깜찍했다.

대담이 다 끝나갈 시간에 맞춰서 다시 스님의 방으로 갔다. 현대시와 불교 또는 선禪의 관계를 스님에게 여쭈어 보고 옆에서 오세영 교수가 거드는 자리였지만 아마도 스님은 말을 조금 하고 오 교수가 더 자세히 이야기하는 분위기였다. 심재휘 시인이 만해 한용운에 대하여 스님의 생각을 묻자, 스님은 녹차를 숭늉 마시듯 마시고 나서 말했다.

— 깡패지, 고은이가 시는 만고역적萬古逆賊이라고 한 말도 그렇고.

— 조폭組暴 아닙니까.

내가 한마디 했다. 처자식을 내동댕이치고 절로 내뛰는 사람, 이 세상의 성문법成文法이든 불문법不文法이든 깡그리 발로 뭉개고 대자유大自由를 쟁취해 나가는 대장부야말로 바로 깡패가 아니던가. 이때 문득 돌아가신 정한숙鄭漢淑 선생의 말씀이 생각났다. '못돼먹은 대학교수는 지게꾼보다도 못하다'는 말씀이었다. 지게꾼은 순서를 지키는데 못돼먹은 대학교수는 위아래도 안 지킨다는 것이었는데 참으로 지당한 말씀이라는 생각이 들어서 나는 술자리에서 반농담으로 말하곤 했었다. 나중에 때가 되면 정한숙어록비鄭漢淑語錄碑를 고려대 본관 앞에 세워드려야겠다고. "못돼먹은 대학교수는 지게꾼보다도 못하다아아 — 정한숙."

이미 남이 만들어 놓은 질서나 규칙은 모범적으로 준수하면서도 자기 양심이 시키는 법은 무시하면서 약삭빠르게 세상의 흐린 물을 더 흐리게 하면서 교묘히 지식인인 척 위장하는 소인배들이 판을 치는 때일수록, 이것을 통째로 깨부수고 파괴하는 '깡패'야말로 얼마나 아름다운 모습인가. 만해는 식민지 시대의 총체적 위선과 허위를 전신으로 부딪치면서 파괴해 나간 우두머리 조폭인 셈이었다. 허위와 위선이 쌓아올린 불교의 권위를 스스로 분신焚身하듯 불태워 버린 만해의 참된 용기를 일러 조오현 스님은 한마디로 '깡패'라고 정의한 것이었다.

그날 밤 발렌타인 17년짜리를 나 혼자 반병도 더 마셨다. 열일곱 살

풋처녀를 품듯 했다. 내가 조금 마시면 스님이 많이 마실테고 그러면 연로하신 스님의 건강에 좋지 않을 것이니 술을 내가 많이 마시는 것이 도리가 아니겠는가.

이튿날 아침 다섯 시 조금 지나서 잠자리에서 일어나 창밖을 내다보다가 나는 '앗!'하고 탄성을 질렀다. 간밤에 눈이 이만저만 온 게 아니었다. 동이 트는 시각인데 그때까지도 눈이 그야말로 떡가루처럼 내리고 있었다. 떡가루? 좀 고상한 비유어가 없을까? 내가 젊은 시절 눈 내린 겨울 아침의 풍경을 "순은純銀이 빛나는 아침"이라고 표현했었는데 그 비유는 얼토당토않다는 생각이 들었다. 아래층으로 내려갔더니 프론트에 있는 청년이 인사를 하면서 눈이 70센티미터나 내렸다는 것이었다. 주차장에 있는 자동차들도 눈에 거의 파묻히다시피 했으니 70센티미터나 내렸다는 말이 그렇게 과장도 아니라는 느낌이 들었다. 온 천지가 눈이었다. 하늘도 산도 강도 집도 온통 흰 눈뿐이었다. 설국雪國이었다.

제설차가 와서 눈을 치워 주는 것을 기다리다 보니 점심때가 되었다. 그제서야 간신히 만해마을을 떠났다. 조오현 스님이 작별을 하면서 장갑도 끼지 않은 맨손으로 자동차 유리에 달라붙어 있는 눈을 쓸어 주는 모습을 보면서 문득 간밤에 스님이 하시던 말이 떠올랐다. 어떤 연유로 불문佛門에 들어오게 되었느냐는 심재휘 시인의 물음에 스님은 씩 웃었다.

—소 머슴 살러 갔다가 중이 됐지.

심우尋牛, 견우牽牛와 이어지는 어떤 이미지가 스님의 머리 위로 섬광처럼 나타나는 듯했다. 아아, 눈이 두 자 가웃 내린 설악산 백담사

만해마을에서 소몰이꾼 하나를 나는 만났느니라.

나는 그 후 서울에 돌아와서 〈백담사〉라는 시를 또 한 편 쓰게 되었다. 이 작품은 나의 일곱 번째 시집《손님》(황금알, 2006)에 실려 있다.

禪定에 든 스님 손바닥에
쉬파리 한 마리가
앞다리 싹싹 비비며 쉬슬고 있다
동자승이 파리채 들고 꼬나 볼 때
아서 아서
부처님이 금빛 손가락 치켜든다
그 사이 恒河沙만한 시간이 흘러가서
銀河水 물녘에 물결이 좀 인다
목숨 건진 쉬파리가
天竺 너머 西方淨土까지
파리똥 한 번 싸지 않고
光速보다 빠른 속도로 날아갔다가
이내 되돌아와서
스님의 손바닥에 내려앉는다
百潭溪谷 물소리에 놀라
비오비오 솔개가 운다
— 오탁번, 〈百潭寺〉

3

백운 장터로 칼국수를 먹으러 나갔다가 이발소에 들러서 삭발을 했다. 해마다 여름철에 삭발을 했었는데 올해는 아예 한겨울에 삭발을 했다. 세상이 좀 귀찮다. 머리도 귀찮고. 내가 이 나이에 누구한테 잘

어머니 조상彫像

보일 것도 없고 하니 편한 대로 머리나 홀랑 깎아 버리자. 무슨 보이지 않는 큰 결심을 한 것도 같은데 나도 그게 무슨 결심인지 짐작이 안될 만큼 아직 그놈은 형태가 갖추어지지 않았다. 초음파로 촬영을 해 봐도 겨우 올챙이 비슷하게나 보이는 태아처럼 나의 영혼과 의식 속에서 꼼지락거리는 그 결심을 나도 정말 모르겠다.

삭발한 모습을 거울 앞에 서서 보니 내 꼴이 참담하고 혹심하다. 그래 이게 바로 나야. 까불지 마, 이놈아! 나는 나에게 욕을 했다.

어젯밤 원서헌에도 눈이 5센티미터 정도 내렸다. 외등을 다 켜놓고 눈 내리는 겨울밤 허공을 바라보니까 마음이 나도 모르게 설레었다. 사택 앞의 주목과 향나무 가지에 내린 눈이 아침까지도 그 빛나는 모습을 자랑하고 있더니 해가 뜨고 기온이 오르자 이내 녹아 버렸다. 올 겨울에는 눈다운 눈이 오지 않아서 영 시골 풍경이 황량했었는데 눈이 내리자 교실 앞의 소나무들도 설송雪松의 이미지를 남김없이 토해 냈다.

나는 오늘 아침 나의 어머니를 다시 만났다. 교실 현관 옆 잔디밭에 세운 나의 어머니 조상彫像을 아침저녁으로 가까이 가서 바라보는 나였지만 오늘 아침은 마치 살아계신 어머니를 뵌 것처럼 느껴졌다. 내가 아침에 뜰로 나가서 어머니의 조상을 보았을 때 어머니도 생전의 모습 그대로 백발을 하시고 나를 바라보시는 게 아닌가. 밤새 내린 눈이 어머니의 이마 위에 그대로 남아 있어서 청동으로 만든 조상彫像이 아니라, 어머니의 백발만은 순은純銀으로 따로 만든 것처럼 보였던 것이었다.

아아, 나의 어머니!

햇빛이 더 퍼지자 어머니의 이마 위에 있던 눈이 녹아서 흘렀다. 찬비와 찬눈을 맞으며 나를 기르실 때의 어머니를 다시 뵌 듯 가슴이 저려 왔다.

원서헌의 겨울이 마냥 깊어만 간다. 찬바람도 세차게 불어서 소나무에 달아놓은 풍경이 애타게 울고 있다

아홉.

너무 좋아 미울 정도다

1

나는 원래 대학교수를 평생의 직업으로 하면서 우리말과 글의 짜임새나 시와 소설의 그렇고 그런 뜻을 강의해 오면서도 일종의 반교수적 태도를 견지해 왔다. 도식적이고 현학적인 거짓말로 문학을 사랑하는 학생들의 영혼을 암묵적으로 압살하는 문학교실의 제도를 배척해 온 셈이다. 이런 태도가 도를 넘으면 응당 견지해야 할 교육자로서의 온전한 태도조차 망각해 버리고, 스스로 생각해도 황당하게 멋대로 처신할 때도 있긴 하였다. 예를 들면, 전날 마신 술이 덜 깨어 강의하기가 싫으면, '오늘은 날씨가 너무 화창하여 휴강'이라고 희떱게 말하고 강의실을 나와 버리는데 나의 이런 몰지각한 버릇이 학생들 사이에서는 오히려 규격에 얽매이지 않는 문학교수의 개성으로 소문이 나 있는 모양이다. 학생들은 강의를 들으러 오는 게 아니라 내 입에서 언제 이와 같이 터무니없는 휴강선언이 나올까 기대하면서 강의실에 오는 게 아닐까 하는 생각이 들 때도 있긴 하다.

그러니 자연스럽게 시를 이야기하는 이 글에서도 대학교수가 흔히 지니고 있는 딱 부러지게 논리적이고 교육적인 태도를 무시하는 입장이 은연중에 곳곳에서 눈에 띌지도 모른다. 좋은 시는 독자로 하여금 가슴을 뛰게 하고 독자에게 눈물과 웃음을 선사하여 배꼽잡게 하는 것임을 다들 모를 리 없는데, 은연중에 나쁜 시 쪽에 발 담그고 있는 시인-독자들은 남의 시, 남의 편에 속한 시는 절대로 좋다고 말하지 않는다. 오직 눈에 보이는 시단의 못된 풍습에 스스로 부화뇌동하는 일을 무슨 현명한 처세술쯤으로 생각하는 버릇이 유행처럼 번지더니 이제는 한국시단의 고질적 병폐가 돼 버린 느낌이다. 이런 병폐를 내가 일방적으로 진단하고 치료해 줄 아량은 없지만 그러나 나의 글을 찬찬히 읽는 사람들은 저도 모르는 사이에 '좋은 시는 정말 좋고 나쁜 시는 정말 나쁘다'는 숨어 있는 명제를 눈치챌 수 있을 것이다.

조선 말의 화가 양기훈楊基薰은 호가 석연石然이다. 활짝 핀 국화꽃과 그 아래에서 방아깨비를 노리는 새 한 마리를 그린 석연의 〈영모도翎毛圖〉를 보고 백련거사白蓮居士 지운영池雲英이 찬을 쓴 일이 있다. 거기에 이르기를 다음과 같이 하였다.

行其所無思 可愛可憎
余觀石然畵甚多 而此爲尤好
故人重起九原 當勸美酒一杯
아무 생각없는 듯 그린 것이 너무 좋아서 미울 정도네
석연의 그림을 많이 봤지만 이 그림이 특히 좋구나
벗을 저승에서 다시 일으켜 좋은 술 한 잔 권해야겠네

楊基薰(1843-1897), 〈翎毛圖〉

이 그림은 비단 족자에 그린 수묵화인데 크기는 120.7×31.2cm이다. 몇 년 전 고려대박물관과 한국학연구소가 기획하여 시카고대학박물관을 시작으로 미국 주요 대학을 돌며 조선 시대의 선비들이 그린 산수山水, 인물산수人物山水, 영모翎毛 · 초충草蟲, 사군자四君子 60여 점을 "The Fragrance of Ink"(조선시대 선비의 묵향墨香)라는 제목으로 순회 전시하였는데 이때 발간한 책자에 양기훈의 그림과 지운영의 찬이 나와 있다. 이 책을 가끔 파한 삼아 뒤적이다가 가애가증可愛可憎이라는 말을 볼 때마다 참 묘한 느낌이 들곤 한다. 그림이 얼마나 좋았으면 미울 정도일까. 부럽다 못해 질투심을 촉발할 지경이지만 그 미움이 미움에서 머물지 않고 이미 유명을 달리한 벗을 저승에서 불러내어 술 한 잔 하고 싶다는 백련거사의 고백은 듣도 보도 못한 예술비평의 아스라한 고도에 해당한다는 생각이 문득문득 드는 것이다.

사랑스럽지만 한편으로 밉다는 가애가증可愛可憎이라는 이 말! 그야말로 얄미울 정도로 사랑스러운 이 말을 내가 지금 이 글에서 처음 써먹는 것은 아니다. 10년도 더 전인 1996년 나는《현대시학》에 1년 동안 '시와 삶의 이야기'라는 제목으로 글을 쓴 적이 있다.

그때 천양희의 "사자별자리, 오늘밤/하늘에 봄이 왔음을 알립니다/회신바랍니다. 이만 총총"이라고 끝나는 〈왜요?〉라는 작품을 이야기하면서, "전생의 어느 여인이 아주 다급하게 기쁨에 들떠서 회신을 바라며 이와 같은 우주적 교신을 해 온 것일까. 그 이름 모를 여인은 지금 이 순간에 총총히 어느 별자리로 떠나며 황도를 따라 세차운동의 1주기(Great Year)를 통과하고 있는지도 모른다. 옛 선비가 그린 어느 영모도翎毛圖의 화제畵題에 가애가증可愛可憎이라는 말이 있다. '너무 좋다 못해 미울 정도'라는 뜻인데 시인의 이 앙큼 떠는 듯 뇌까리는 하나마나한 질문의 방식이 너무도 밉지 않은가"라고 말한 적이 있다.

또 2008년《시와사람》봄 호에 '나를 감동시킨 한 편의 시'라는 꼭지의 글을 쓰면서 이인원의 〈침묵이 가장 잘 보이는 자리〉를 다룬 적이 있다. 나는 그 글의 제목을 〈너무 사랑스러워 자못 얄밉다〉라고 달고, "이인원의 시를 읽으면서 돌아가신 어머니를 그리워하는 이의 마음에는 오로라 빛으로 비치는 '어머니'가 항성恒星처럼 존재한다는 것을 새삼 느꼈다. 조근조근 속삭이듯 남몰래 다짐하는 듯한 어조도 그 맵시가 비단결이지만, 우주 탄생의 아득한 먼지 입자인 듯 간신히 블랙홀을 빠져나온, 46억 배로 확대해도 보일까 말까 한 가녀린 빛줄기처럼 '어디선가'에서 날아와 싹을 틔우고 꽃을 딱 한 송이 피웠다가 마치 '어머니'의 한 생애를 기록하는 절대시계絶對時計인 듯 피었다가 지는, 이 작디작은 채송화 꽃 한 송이를 바라보는 시인의 눈은 너무 사랑스러워서 참말 얄밉지 아니한가? 바짝 말라붙은 배꼽자리를 점자를 더듬듯 읽다가 나는 눈시울이 뜨거워졌다"라고 토로하였다.

거미줄로 만든 잠자리채로 고추잠자리 살며시 잡듯, 약이 오른 고추보다 더 맵고 새빨간 시를 하나하나 잡아 보려는 마음가짐으로 나는 시를 읽는다. 앞뒤 안 가리고 곧이곧대로 시의 이모저모를, 나는 시치미 뚝 떼고 보이는 대로 가슴에 닿는 대로 읽어 보는 태도를 나는 늘 견지하고 있는 셈이다. 하긴 시를 읽는다는 말도 말이 안 되는 말이긴 하다. 시는 백비白碑를 보듯 무현금無絃琴을 듣듯 그렇게 보고 듣는 것이지, 읽어서 이해하는 것, 즉 독해讀解하는 것이 아니기 때문이다. 너무 좋아서 미울 정도의 맛을 지닌 시를 찾아서 갈팡질팡 떠나 보는 시적 여정旅程이 언제나 나를 손짓해 부르고 있다.

좋은 시를 읽으면 그 시를 쓴 시인이 한없이 부럽고 또 한편으로는 솔직히 말해서 은근히 배도 아프기 때문에 '사랑'과 '미움'이 교차하는 나의 독해력의 시야는 아는 사람에게는 속이 다 보이는 뻔한 풍경에 지나지 않을지도 모르겠다.

2

평론가 고형진이 《정본 백석 시집》을 펴냈다. 그는 백석 시 연구로 학위를 받은 사람으로 그 꼼꼼한 분석력은 정평이 나있고 또 시의 맥박을 진맥하는 손끝은 날카로운 시인보다도 뒤지지 않는다. 같은 학교에 근무하는 인연으로 이번에 책을 준비할 때도 가까이서 지켜보았다.

백석은 1935년(당시 24세) 8월 30일《조선일보》에 시〈정주성定州城〉을 발표하며 시단에 데뷔하였고 1936년(25세) 1월 20일 시집《사슴》을 간행하였다. 선광인쇄주식회사에서 간행한 이 시집에는 33편의 시가 실려 있고, 겹으로 접은 한지에 인쇄하여 두툼하면서도 고급스러운 느낌을 준다.

백석의 작품은 정서법과 많이 어긋나지만 당시의 상황이 1933년에 제정된 한글 맞춤법이 한창 보급되고 있었던 시기였던 점을 감안하면 어쩔 수 없는 일이었을 것이다. 또 당시의 신문이나 잡지의 편집이나 교정이 그만큼 아마추어의 수준이었다는 것을 반증해주는 일이라고 본다.

《조선일보》에 발표된 것을 (가)로 시집《사슴》에 수록된 것을 (나)로 구분하여〈정주성〉을읽어 보기로 하겠다.

(가) 山턱 원두막은 뷔엿나 불비치외롭다
헌겁심지에 아주까리 기름의
쪼 는소리가 들리는듯하다

잠자리 조을든 문허진城터
반디불이난다 파 란魂들갓다
어데서 말잇는듯이 크다란 山새 한머리가
어두운 골작이로 난다

헐리다 남은城門이

한울빗가티 훤 하다
날이밝으면 또 메기수염의늙은이가
청배를팔러 올 것이다
— 백석, 〈정주성〉(《조선일보》, 1935. 8. 30)

(나) 山턱원두막은뷔였나 불비치외롭다
헌겁심지에 아주까리기름의 쪼는소리가들리는듯하다

잠자리조을든 문허진城터
반디불이난다 파란魂들갓다
어데서말잇는듯이 크다란山새한마리 어두운곬작이로난다

헐리다남은城門이
한울빗같이훤하다
날이밝으면 또 메기수염의늙은이가 청배를팔러올것이다
— 백석, 〈정주성〉(《사슴》, 1936. 1. 20)

(가)는 1연이 3행, 2연과 3연이 4행으로 되어 있다. 띄어쓰기가 부분적으로 무시된 면은 있어도 당시의 현대시의 전반적인 형태와 많이 다르지 않은 것을 한눈에 봐도 알 수 있다. 그런데 이듬해에 나온 시집《사슴》에 수록된 (나)는 형태적으로 더 혼란스러워졌다.

《정지용시집》이 1935년에 발간되었다는 점을 감안하면 이때 이미 우리 현대시의 틀이 거의 잡혀 있었다고 볼 수 있다. 그런데 백석은 왜 처녀작을 발표한 이듬해인 1936년에《사슴》을 발간하면서 처음 발표할 때의 시 형태를 마다하고 퇴행적인 시적 형태를 취하게 된 것일까. 의도적으로 개성적인 시의 형태를 모색 실험했기 때문일까.

시의 형태는 그 의미는 물론이려니와 시의 율조를 규정하는 제일 중요한 요소라고 할 수 있다. 시집에 수록된 (나)는 각 연의 마지막 행이 현저히 길어졌기 때문에 그 부분을 읽을 때면 율조가 앞의 행보다 급할 정도로 빨라지게 된다. 이렇게 되면 시의 전체 의미와는 어긋나게 된다. 이 길어진 행을 읽을 때의 어조도 아주 빠르고 급하게 되어 아주까리 기름이 금방 쫄아들고 산새도 굉장한 속도로 비상하게 되고 메기수염 노인도 청장년 장사치처럼 청배를 팔러 달려오게 되는 것이다. 그러나 이 작품의 전체적인 분위기는 공허하고 외로운 정조가 무너진 성터를 감싸고 있는 것이다. 그러니까 경쾌하고 속도감 있는 분위기는 아예 처음부터 배제되고 있는 것이다. 참외나 수박을 수확하여 팔거나 청배를 많이 팔아서 수익을 남긴다거나 하는 재빠른 인물들은 이 시와 어울리지 않는다.

《사슴》은 '겹으로 접은 고급 한지'에 인쇄했기 때문에 시집을 제작할 때의 물리적인 여건 혹은 출판사의 편집과 교정의 능력과 수준에서 비롯된 것일지도 모른다. 1938년《조광朝光》에 〈물닭의소리〉란 제목 아래 연작의 형태로 발표된 〈꼴두기〉를 비롯한 작품들이 그 당시 한국현대시라는 지평에서 통용되었던 현대적인 형태를 취하고 있다는 점을 생각하면 더욱 그렇다.

백석 시 가운데 내가 가장 좋아하는 작품은 〈꼴두기〉이다.

> 신새벽 들망에
> 내가 좋아하는 꼴두기가 들었다
> 갓쓰고 사는 마음이 어진데
> 새끼 그믈에 걸리는건 어인일인가

갈매기 날어온다.

입으로 먹을 뿜는건
멫십년 도를 닦어 퓌는 조환가
압뒤로 가기를 마음대로 하는건
孫子의 兵書도 읽은것이다
갈매기 쭝얼댄다.

그러나 시방 꼴두기는 배창에 너불어저 새새끼같은 울음을 우는 곁에서
배ㅅ사람들의 언젠가 아홉이서 회를 처먹고도 남어 한깃씩 논아 가지고갔다는
크디큰 꼴두기의 이야기를 들으며 나는 슬프다
갈매기 날어난다.
— 백석, 〈꼴두기〉(《조광》, 1938. 10)

백석의 기막힌 처녀작 〈정주성〉은 물론이려니와 〈꼴두기〉에 나오는 '쭝얼대는 갈매기'의 그 어눌한 소리는 한국현대시사를 밝히는 백석 시의 비의秘義라고 할 수 있다. 영원히 풀 수 없는 비의, 바로 그것이다.

3

오늘 오후에 이승훈의 새 시집 《이것은 시가 아니다》(세계사, 2007)를 받았다. 그의 시를 보면 늘 그렇듯 이번에도 단숨에 다 읽었다. '단숨에 다 읽었다'라고 하면, 내 경험에 비추어 보면, 기분 좋은 것이 반에 반, 기분 나쁜 것이 반나마쯤 된다. 몇 년 동안 고심하며 쓴 작품을

단숨에 읽다니? 안 읽혀서 내팽개친 것보다야 낫지만 아무튼 기분이 썩 유쾌하지만은 않은 것이다. 그러나 이승훈이야 시에 대하여 언어에 대하여 '멸치'에 대하여 일찌감치 다 벗어나 있는 시인이니까 내가 이렇게 말해도 기분이 좋고 나쁘고가 애당초 없으렷다?

몇 달 전에 박의상한테서 이승훈이가 아파서 어디 수술을 받았다는 말을 듣고도 문안 전화도 못했다. 그래서 좀 미안하면서도, 내가 몇 년 전 입원 수술받았을 때 저도 연락 안 했으니까 피장파장이지 뭐 하면서, 차일피일하고 있다가 시집을 받고 보니 그 반가움이 또 새롭다.

팔이 저리고 손이 떨리는 것은 내가 이미 오래전에 경험한 것인데, 이승훈은 그걸 가지고도 엄살떨면서 시를 쓰고 있다. 아니, 엄살이 아닌지도 모른다. 이승훈의 가느다란 볼펜 글씨가 워낙 개미 기어가는 것처럼 볼품없게 어지럽지만 이번 시집에 쓴 글씨를 보니까 이건 아주 단추구멍 가게에서 버린 실밥 같다. '이승훈'이라고 쓴 글씨가 '디수흔'인지 '어승춘'인지 헷갈리는데, 아니나 다를까, 난다긴다 하는 세계사 편집부에서도 웃지 못할 실수를 하고 있다. 시인의 프로필 뒷면에 육필 원고가 나와 있고 그 아래 편집부에서 설명을 달았는데 "시 〈헛학〉 초고"라고 돼 있지 않은가. 헛학hot fuck? 헛학虛學? 헛학虛鶴? 남세스러운 포르노나 괜히 고상한 척하는 동양철학이나 선禪에 나오는 무슨 고매한 학술용어인가 하다가 나는 웃음을 참지 못했다.

'철학'이라고 쓴 이승훈의 글씨가 하도 엉망이니까 그만 '헛학'이 되고 만 것이었다. 그래, 철학은 허황된 학문이고 가짜 학이다. 학도 아니면서 산수화에 버젓이 등장하여 고고한 선비랍시고 뽐내던, 뱀과 개구리를 잡아먹으며 물똥 내갈기는 왜가리 같은 놈이 바로 철학이 아니고 무엇이랴!

다음은 이승훈의 〈기차〉라는 시인데 이게 좋은 시가 아니라면 이 세상에 좋은 시는 따로없다. 그런데 이승훈은 정작 이 시가 참 좋은 시라는 것을 정말 모르고 있다. 시간의 상대성 같은 어려운 말은 그만두기로 하자. 이 시의 등장인물인 '선생'과 '제자'는 아스라한 은하계 너머로 달려가는 초시공超時空의 기차에 동승하고 있는 것이다.

> 기차가 지나가지 않는군 이상해 언제나 의자에서 일어나 창가에 서면 기차가 지나갔지 난 4층 연구실 창가에 서서 말한다 제자들이 들른 봄날 저녁 언제나 그래 내가 창가로 가면 기차가 지나갔어 그런데 지금은 왜 지나가지 않을까? 그럼 기차가 철길에 정지해 있다가 선생님이 창가로 가면 움직인다는 거야요? 한 제자가 묻는다 아니 의자에서 일어나 창가로 가면 문득 기차가 지나갔어 그런데 오늘은 지나가지 않는군! 난 창가에서 돌아와 의자에 앉는다 봄날 저녁
> — 이승훈, 〈기차〉

지금 이 글은 쓰는 시간이야말로 봄날 저녁이다. 글 쓰고 글 이야기하면서 밥 먹고 사는 거야 그나 나나 마찬가지이지만, 나는 소설도 쓰니까 이승훈만큼 시에만 전념을 못했기는 했어도 그 파장이나 궤도나 수사가 약간 다르면서도 시에 대한 외고집이나 시에 대한 무념무상은 어차피 다 같을 수밖에는 없다. 이승훈은 혼자서 이상李箱 이후의 시적 정신병자라고 자처하면서 스스로 주눅 들고 싶은 모양이지만, 그래서 혼자 정신적 폐허에 낙오된 절대절명의 운명이고 싶겠지만, 과연 그럴까. '이것은 시가 아니다'라고 외치는 것이야말로 '이것은 시다'라고 외치는 것보다 더 시의 정체성에 대한 육화된 발언이라

는 것을 이승훈이가 모른다고는 아무도 생각하지 않는다.

시의 본질을 강조하는 시인과 평론가들이 많은 것은 웃기는 일이라고 독설을 하면서 그는 아예 서정시를 전면적으로 부정하는 폭언도 서슴지 않는다. 시집 뒤에 놓인 시론 〈누가 코끼리를 보았는가〉라는 글에 다음과 같은 말이 나온다.

> 시 따로 놀고 인생 따로 노는 위선자들은 순수도 서정도 폭력이라는 것을 모르고 이 시대 우리 시가 갈 곳이 없다는 것을 모른다. 하기야 이런 인간들이 어디 시인들뿐이랴? 선禪 공부를 한다는 교수, 시인들 가운데도 가짜들이 많고 물론 나도 가짜이지만 나는 최소한 내가 가짜라는 건 안다.
> — 이승훈, 〈누가 코끼리를 보았는가〉 부분

'최소한 내가 가짜라는' 걸 아는 이승훈은 대단하다. 그러나 자기가 쓴 시가 시의 본질과 육화된 알짜 서정시라는 것을 모르는 이승훈은 바보다. 아니, 바보인 척 하는 위악자僞惡者이다.

나도 지난해 〈기차〉라는 시를 쓴 적이 있다. 기차를 직접 보지도 못했으면서 산 너머에서 희미하게 들려오는 기차소리를 듣고 기차 그림을 괴발개발 그리는 시골 아이들이 등장하는 나의 〈기차〉는 이렇다.

> 할머니가 부산하게 비설거지하고
> 외양간 하릅송아지도 젖을 보챌 때면
> 저녁연기가 아이들 복숭아뼈 적시며
> 섬돌 아래 고샅길로 낮게 퍼졌다
> 숙제 끝내고 토끼풀도 다 뜯어다주고

汽車

할머니가 부산하게 비설거지하고
외양간 하릅송아지도 젖을 보챌 때면
저녁연기가 아이들 복숭아뼈 적시며
섬돌 아래 고샅길로 낮게 퍼졌다
숙제 끝내고 토끼풀도 다 뜯어다주고
심심해서 사물사물해졌을 때
산 너머 기차소리가 들려오면
몽당연필에 마분지 공책 들고
아이들은 앞산 등성이로 달려갔다
까치발 암만해도 기차는 보이지 않고
두엄더미 지렁이울음처럼
기차소리만 치치포포 희미하게 들렸다
기차를 한번도 본 적이 없지만
귀를 모으고 기차소리를 들으며
재바르게 기차 그림을 그렸다
여물통 같은 기차, 달구지 같은 기차!
개다리소반 같은 기차, 앉은뱅이책상 같은 기차!
아이들은 기차소리를 그리며
멀고먼 나라로 가는 기차표를 끊었다
~~기차표를 손에 쥐고~~
아득한 우주의 구름바다 건너듯
저녁연기 밟으며 돌아올 때면
깜깜해진 비구름이
빗방울 후둑후둑 흩뿌리며
개찰하듯 기차표에 ~~총총 구멍을 냈다~~

〈기차〉 초고

심심해서 사물사물해졌을 때
산 너머 기차 소리가 들려오면
몽당연필에 마분지 공책 들고
아이들은 앞산 등성이로 달려갔다
까치발 암만해도 기차는 보이지 않고
두엄더미 지렁이울음처럼
기차소리만 치치포포 하릿하게 들렸다
기차를 한번도 본 적이 없지만
귀를 모으고 기차소리 들으며
재바르게 기차 그림을 그렸다
여물통 같은 기차, 달구지 같은 기차!
개다리소반 같은 기차, 바소쿠리 같은 기차!
아이들은 기차소리를 그리며
멀고먼 나라로 가는 기차표를 끊었다
손에 쥔 기차표 하뭇해하며
아득한 미리내 여울 건너듯
저녁연기 밟으며 돌아올 때면
깜깜해진 비구름이 빗방울 흩뿌리며
쏭당쏭당 개찰하듯 기차표를 적셨다
— 오탁번, 〈기차〉

나는 이 시를 그냥 막연한 공상으로 쓴 게 아니라, 충주에 사는 문근식 시인의 아내 이현복 씨에게서 들은 말을 모티프로 해서 쓴 작품이다. 두 아들의 엄마인 이현복 씨는 아직 등단은 안 했지만 어쩌면 시인보다도 더 오묘한 시적 체험과 상상력을 지닌 사람이다. 그가 어느 날 시골 초등학교에 다닐 때의 이야기를 했다. 시골에는 기찻길이 없으니까 아이들은 모두 기차를 한 번도 본 적이 없었다. 하지만 산 너머에서 기차소리가 들려오면 기차를 본 적도 없는 아이들이 산등성이로 올라가서 작대기로 땅바닥에다가 기차 그림을 저마다 그리며 신나게 놀았다고 했다. 보지도 못한 기차를 소리만 듣고 그렸으니 그 그림이야말로 괴발개발 제멋대로였다. 이 이야기를 듣고 나는 초등학교 6학년 때 박달재 너머 봉양역에서 기차를 처음 보고, "아!"하고 입을 딱 벌렸던 어린 날의 기억이 되살아났다. 소달구지나 자동차보다 커봐야 몇 배 클 줄 알았지 기차가 정말로 그렇게 기다랗고 클 줄은 꿈에도 몰랐던 나는 너무너무 놀랐다.

그 후 몇 달이 지났는데도, 기차그림을 그리는 아이들의 천진한 모습이 꿈속에서 자꾸만 나타났다. 그 아이들은 초등학교 다니던 나의 모습과 꼭 닮았다는 생각이 들었다. 이 시의 작자는 나이지만 그 원작자는 충주 이현복 씨이다.

나의 시 〈기차〉에 나오는 아이들이나, "그럼 기차가 철길에 정지해 있다가 선생님이 창가로 가면 움직인다는 거야요?"라고 묻는 '제자'나, "의자에서 일어나 창가로 가면 기차가 지나갔어"라고 말하는 '선생'이나, 모두 우리 민족이 운명으로 껴안고 있는, 서정시의 눈물겨운 광대들이다. 그런데 그 광대 중에서 '선생' 광대가 제일 웃긴다, 눈물겹게!

이승훈의 시 한 편을 더 읽어 보자. 앞의 〈기차〉에 나오는 '제자'도 그렇거니와 다음의 시에 나오는, 멸치 사러 갔다가 온 '동옥'이라는 학생도 참으로 오랜만에 만나는 오묘한 시적 인물이다. 이런 시적 서사敍事와 캐릭터를 모티프로 하여 씌어지는 시가 바로 좋은 시다. 너무 귀여워서 흰 손목을 꽉 깨물어 주고 싶은 마음이 들다가도, 이런 제자를 둔 이승훈이, 물론 상상력 속에서 몽상과 몽정으로 조작해 냈겠지만, 그래도 정말 부러워서 미운 생각이 앞선다.

제자들과 함께 들른 인사동 어느 술집 그 집에도 멸치가 없었다 동우, 동옥, 경아, 지선 등등이 탁자에 둘러앉았다 멸치가 없군! 내가 말하자 동옥아 네가 나가 사와! 동우가 시키자 동옥이가 말없이 일어나 나갔지 그러나 아무리 기다려도 오지 않고 이상하군 동옥이가 강릉으로 간 거 아니야? 아니 멸치 사러 순천으로 갔나? 내가 말했지 순천은 그의 고향이다 한참 지나 동옥이가 들어온다 동옥아 너 강릉까지 갔다 온 거야? 누군가 물었지만 그는 말없이 주머니에서 멸치를 한 주먹 꺼내놓는다 그리고 낮은 목소리로 말을 꺼낸다 선생님 멸치 파는 가게가 없어 한참 헤매다 어느 술집엘 들렀어요 그 집엔 멸치가 있다는 거야요 그래서 맥주 한 병과 멸치를 달라고 했죠 맥주만 마시고 돌아올 때 멸치를 주머니에 넣고 왔어요 모두들 하하하 즐겁게 웃던 밤
— 이승훈, 〈모든 게 잘 되어간다〉

2부

줌렌즈에 비치는 말의 그늘

하나.

一讀 二好色 三飮酒

1

당唐나라의 명황明皇이 태액지太液池에 피어 있는 연꽃을 감상하며 연회를 베풀다가 곁에 있는 양귀비楊貴妃를 가리키며 말했다는데서 유래된 해어화解語花, 즉 '말을 아는 꽃'이라는 말은 귀엽고 요염하게 생긴 기생妓生을 의미한다. 그래서 이능화는 그가 쓴 기생사妓生史의 책 이름을《조선해어화사朝鮮解語花史》라고 하였다. 우리나라 기생 중에서 '말을 아는 꽃' 가운데 으뜸은 아무래도 박연폭포와 화담선생과 더불어 송도삼절松都三絶로 일컬어지는 황진이黃眞伊가 아닐까 한다. 그 미모 때문만이 아니라 황진이가 남긴 몇 편의 시조는 그야말로 언어로 이룬 그림이요 언어로 짠 음악이기 때문이다.

나는 어느 글에서 "끝동도 날렵한 회장저고리에 남색치마를 입은 황진이가 9첩 반상기飯床器를 먹감나무 소반小盤에 받쳐 들고 연보蓮步걸음으로 오는 게 빤히 보인다"고 언젠가 말한 적이 있다. 그때는 무심결에 말해 놓고 그 후 곰곰 생각해 보니 이미 오래전부터 나의 무의식의 지평에는 황진이를 짝사랑하는 슬픈 자아가 싹트고 있었다는 느낌이 든다.

나는 평소에 한국 현대시사는 마땅히 황진이의 〈동지冬至달 기나긴 밤〉에서 그 출발점을 찾아야 한다는 엉뚱한 소리를 잘했다. 현대시사라는 것은 현대적인 시의 발자취라는 뜻이지 시기적으로 개화기 이후의 통시적인 현대만을 뜻하지는 않는 것이다. 〈서동요〉나 〈정읍사〉보다도 더 낡고 오래된 정서를 지금 21세기에 살고 있는 시인이 그대로 답습한다면 그것은 현대시가 될 수 없는 것이다. 이것은 꼭 언어의 외형적인 현대성만을 가지고 하는 말이 아니다. '현대적'이라는 말의 당위적 의미는 물론 미래지향적인 것을 그 내면에 깔고 있는 것이므로 새로운 시도, 새로운 인식이라는 실험정신을 그 모태로 해야만 진정한 현대성이 구현될 수 있는 것이다. 물론 이러한 새로운 시도와 인식은 언어구조 속에 수렴되어야 한다.

20여 년 전 외국 대학에 객원교수로 1년간 가 있을 때 그 대학 영문과의 '현대영시론' 강좌가 세익스피어의 소네트에서부터 시작되는 걸 보고 놀란 일이 있었다. 그러나 가만히 생각해 보니까, 모든 고전은 그 현대적인 의의 때문에 고전이 되는 것이 너무나 당연하다는 생각이 드는 것이었다. 세익스피어의 작품이 극소수 연구자들만의 텍스트로서의 의미가 있는 것이 아니라 그것을 현대인이 어떻게 읽고 즐기느냐는 데서 그 존재 가치가 드러나는 것이 아닌가.

지금도 그렇지만 그 당시의 한국 풍토에서는 저마다의 전공 분야가 서로 넘볼 수 없는 철옹성을 쌓고 배타적인 고립성을 학문의 독창성인 양 착각을 하고 있었다. 국어학 전공자는 문학을 아예 도외시하고 국문학 전공자는 어학을 아예 외면하면서 고립적이고 배타적인 위선의 탈을 쓰고 있는 꼴이었다. 일석 이희승 선생이 문법학자이면서 훌륭한 시조시인이라는 점과 가람 이병기 선생 또한 뛰어난 고전문학자이면서 시조의 대가였다는 사실을 애써 외면하고 있었던 것이다. 그러니 시를 모르는 사람이 고전작품을 가르치고 문법을 가르치는 형국이 되었으니 오늘날의 대학 풍토가 황폐해진 것도 당연한 귀결일 것이다. 향가나 고려가요 그리고 춘향전을 연구하는 사람이 정작 문학작품이 지닌 언어의 결과 그것이 빚어내는 맛을 도통 모른다는 것은 정말이지 말도 안 되는 것이다. 마찬가지로 현대문학을 연구하는 사람들이 고전작품에 대한 이해를 소홀히 하면서도 부끄러워하지 않고 외국에서 무분별하게 들어온 생뚱맞은 이론만을 금과옥조로 삼는 것도 정말 언어도단의 야만성인 것이다. 이런 사람들일수록 한국 현대시사의 첫 출발점을 황진이의 작품에서 찾아야 한다는 소리를 듣고는 혼비백산할지도 모른다.

나는 젊은 시절에 양주동 선생의 《고가연구古歌硏究》나 박병채 선생의 《고려가요어석연구高麗歌謠語釋硏究》를 읽으면서 시적 상상력의 자극을 받고는 했다. 나의 등단작인 〈순은이 빛나는 이 아침에〉나 〈굴뚝소제부〉 그리고 〈라라에 관하여〉도 알게 모르게 이런 상상력의 테두리에서 나온 작품이라고 할 수 있다. 시를 이론적으로 쪼개어 난도질한 글을 읽게 되면 시 자체가 혐오스러워지는 경험을 많이 하게 된다. 그러나 오히려 식물도감이나 곤충도감 그리고 천체물리학이나 고고학 분야의 책을 읽으면 그 내용을 잘 알지 못하고 그냥 지레짐작 시늉밖에는 못하면서도 의외로 나의 시적 상상력의 단서端緖를 점화시키는 동력을 발견할 때가 많다. 그리고 고향의 들판이나 시장 골목에서 만나는 장삼이사 김지이지에게서 나는 빼어난 시인의 진면목을 발견할 때가 많다. 나는 그들에게 경배드리는 심정이 되어 그들이 무심결에 내뱉는 말을 기록하는 속기사速記士에 지나지 않는다는 생각을 할 때가 많다.

> 冬至ㅅ돌기나긴밤을한허리를버혀내여
> 春風니불아래서리서리너헛다가
> 어론님오신날밤이여든구뷔구뷔펴리라
> —황진이, 〈冬至ㅅ돌기나긴밤을〉

《진본 청구영언珍本青丘永言》에 실려 있는 황진이의 이 작품은 이미 두루 알려져서 새삼 이야기하기가 뭣하기는 하다. 하지만 지금까지 이토록 빼어난 시를 본 적이 없다는 나의 고백은 공연한 허드렛말이 아니다. 황진이의 이 시조는 물론 연시에 속한다. '춘풍니불'이라는 말에서 알 수 있듯 은근하면서도 한편으로는 노골적인 색정色情이 묻어나고 있다. 이 시의 기막힌 멋은 동지冬至 달의 긴 밤을 한 허리 뚝 베어낸다는 말에서 찾을 수 있다. 춘풍春風은 방의 실내온도나 이불 속의 온기를 말하는 게 아니라 바로 사랑하는 사람끼리 나누는 사랑의 체온이다. 이전의 고려가요는 음사淫辭가 지나쳐서 말이 지니는 결을 너무 노골적으로 드러낸 경우가 있었지만 황진이의 시적 언어는 절제와 압축 속에서 오묘한 효과를 발휘하고 있는 것이다. 님을 그리워하면서 잠 못 이루는 기다림을 이불 속에 넣어 서리서리 정돈해 놓았다가 굽이굽이 펴는 구체적인 이미지의 변용을 보라. 그것은 기다림과 그리움이 절절히 묻어나는 만리장서萬里長書일 수도 있고 님과 동침할 때만 펴는 비단 금침일 수도 있다. 또는 남녀합궁의 신비스러운 황금분할의 묘리일 수도 있다.

유교적 질서와 규범에 얽매어 있던 조선 시대 지배계급 내에서도 알게 모르게 자유인의 근대적 사고가 꿈틀거리고 있었는지도 모른다. 임제林悌가 황진이의 묘 앞에서 읊었다는 "청초青草 우거진 골에 자난다 누었는다 홍안紅顔은 어데두고 백골白骨만 묻혔는다 잔盞잡아 권할이 없으니 그를 설허하노라"를 보더라도 일반 속유俗儒들과는 다르게 살다간 자유 지향의 선비들이 있었음을 알 수 있다.

황진이의 이 시조는 소월素月의 〈진달래꽃〉과 꽤 재미있을 정도로 서로 닮아 있다. 하나는 동짓달 기나긴 밤의 한 허리를 베어내고 다른 하나는 영변 약산의 진달래꽃을 한 아름 따온다. 둘을 비교해 보며 어느 작품이 더 현대적인지 생각해 보자.

나보기가 역겨워
가실때에는
말업시 고이 보내드리우리다

寧邊에 藥山
진달래쏫
아름따다 가실길에 뿌리우리다

가시는거름거름
노힌그쏫츨
삽분히즈려밟고 가시옵소서

나보기가 역겨워
가실때에는
죽어도아니 눈물흘니우리다
— 김소월, 〈진달내쏫〉

이 둘은 오히려 시대가 뒤바뀐 것 같은 인상을 준다. 사물에 대한 인식의 높이나 폭으로 본다면 황진이의 시조가 소월의 시보다 한결 수준이 뛰어난 것 같다. 산에 핀 진달래꽃을 따다가 가시는 님의 발밑에 뿌리겠다는 소월의 시적 상상력은 평면적이고 고루해 보이지만, 그래서 저 수로부인이 절벽에 핀 꽃을 가리켰던 〈헌화가〉의 멋보다도 뒤처지지만, 동짓달 긴긴 밤의 한 허리를 뚝 잘라내어 따듯한 이불 속에 넣었다가 님이 오시면 펼치겠다는 황진이의 시적 상상력은 지금 오늘의 상황으로 대치해 놓아도 마냥 참신하게 느껴지는 것이다. 언어의 굴절과 이미지의 전환이 신기할 정도로 무쌍無雙하고 새롭다. 소월의 〈진달래꽃〉보다도 더 현대적인 황진이의 작품이라고 할 수 있다.

기생은 봉건적인 조선 시대에 살면서도 어쩌면 '현대'를 살아갔던, 원하든 원하지 않았든 분방하고 개방적인 삶을 살아야 했던 운명을 지녔다고도 할 수 있다. 서녀庶女 출신이거나 말 못 할 곡절 때문에 기생이라는 기막힌 신분이 되었지만 권번券番이 생겨서 체계적으로 기생을 교육한 것을 미루어 보면 화류계花柳界의 작부나 창녀하고는 그 수준이 달랐고 그중에서는 뛰어난 재주로 시서화詩書畵는 물론이요 가무를 잘하는 기생이 있었던 것이다. 송강松江 정철鄭澈은 진옥眞玉이라는 기생첩을 두었는데 어느 날 넌지시 시 한 수로 수작을 걸었다.

옥이 옥이라커늘 燔玉만 여겼더니
이제야 보아하니 眞玉일시 분명하다
내게 살송곳 있더니 뚫어볼까 하노라

이러한 노골적인 음사를 듣고 진옥이 화답을 했다.

鐵이 鐵이라커늘 섭鐵만 여겼더니
이제야 보아하니 正鐵일시 분명하다
내게 골불무 있으니 뇌겨볼까 하노라

이쯤 되면 입에 담기 거북한 음사淫辭요 눈여겨볼 수 없는 춘화春畵 같이 생각되지만, 시를 읽는 천진한 눈으로 보면 이것이야말로 우리 말의 결을 기막히게 살린 살아있는 '시창작교실'의 멋진 화답이요 풍경이 아닌가. '말을 아는 꽃'을 앞에 앉혀놓고 미주美酒를 마시는 송강松江의 모습이 아련히 떠오르는 듯하다.

추사秋史 김정희金正喜가 제주 유배에서 풀려나 강상江上에 머물던 시절에 쓴 현판 중에 서첩으로도 전해지는 재미있는 작품이 있다.

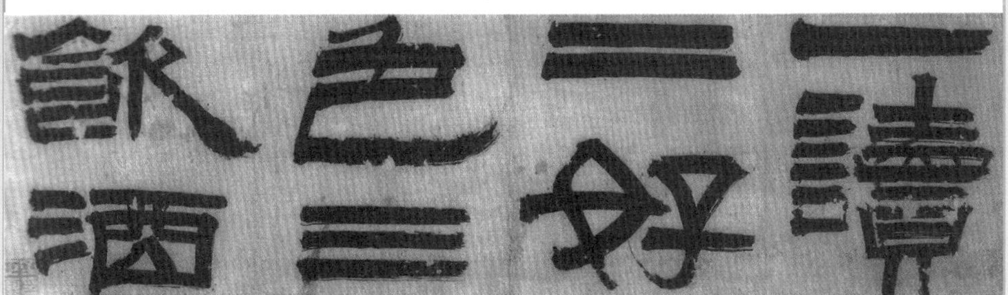

칠십이구초당강상 시절의 秋史 金正喜 선생

一讀 二好色 三飮酒

첫째는 독서요 둘째는 섹스요 셋째는 술이라는 이 말은 원래 청淸나라《소대총서昭代叢書》에 나와 있는 것인데 추사秋史가 이 글을 현판으로 쓴 것을 보면 그가 전형적인 고지식한 샌님이 아니라 서예에서 평생을 추구했던 '괴怪'라고 할 정도의 새로움에 대한 갈구가 생활 전반에 걸쳐서 강했다는 짐작이 든다.

추사의 이 글을 시창작교실의 급훈級訓으로 삼아 현판을 만들어 걸어야겠다는 생각이 문득 든다. 색色이 어디 꼭 여색女色뿐이랴. 불교의 색色과 공空은 아니더라도 빛깔과 모양이 있는 삼라만상은 시를 쓰는 이에게는 영원한 스승이다. 독讀은 막연한 관념이요 호색好色은 인식이요 음주飮酒는 확고한 실천이기 때문이다. 색色은 좌우를 거느리고 전후를 이어주는 언어의 맥락이요 혈맥인 것이다.

2

학교에서 강의를 하다가 학생들의 질문을 받고 긴가민가 할 때면 교실에서 지금 막 텍스트로 올라와 있는 작품을 쓴 시인에게 직접 전화를 걸 때가 있다. 지난 학기에 강연호의 〈겨울의 빛〉을 읽을 때였다. 학생들과 이 시에 나오는 "우듬지에 겨울 햇살이 이명처럼 매달려 있다"라는 애매한 표현을 가지고 이야기하다가 아예 시인에게 직접 전화를 해서 '이명'이 무슨 말이냐고 물은 적이 있다.

강연호의 대답은 간단했다. '이명耳鳴'이라는 것이었다. 그의 대답은 간단했지만 학생들에게 알아듣기 쉽게 전달해 주는 것은 간단하지가 않았다. 겨울 햇살이 우듬지에 이명처럼 매달려 있다는 이 희한한 이미지는 개인의 체험과 고도의 상상력이 뒷받침되지 않으면 이해하기가 난감한 것이다. 아니, 완전히 이해할 수는 도저히 없는, 그냥 어렴풋이 짐작할 수밖에 없다는 점을 이야기해 주게 된다. 나는 강연호의 이 짜릿하면서도 괴상한 이미지의 참 맛을 감지하고는 있었지만 학생들에게 시시콜콜 다 말해 주기도 싫고 해서 대부분의 경우에는 입을 다물어 버린다.

> 우듬지에 겨울 햇살이 이명처럼 매달려 있다
> 초록이 없으므로 햇살은 더 이상 빛나지 않는다
> 나무는 제 발치께를 우두커니 내려다본다
> 발로 쓸어모으는 기억은 누구에게나 허전한 법이다
> 한때 웅숭깊었던 그늘의 넓이를 가늠하며
> 나무는 체온계를 문 아이처럼 생각에 잠긴다
> 텅 빈 고요가 압박붕대에 묶인 허리춤을 더듬는다
> 동그랗게 말린 이파리 몇 장이 마저 떨어져
> 이미 탕진한 삶을 둔탁하게 덧칠한다
> 저 잎들이 움켜진 허공조차 내 몫이 아니었구나
> 바람도 없는데 나무는 진저리친다
> 나뭇잎 대신 이명의 햇살이 떨어져 내린다
> 그늘이 있던 자리를 비춘다 배추 속같이 환하다
> 나무를 지탱하는 힘은 이제 고요가 아니다
> — 강연호, 〈겨울의 빛〉

이 시에 나오는 "나무는 체온계를 문 아이처럼 생각에 잠긴다"와 "텅 빈 고요가 압박붕대에 묶인 허리춤을 더듬는다"가 지니고 있는 유기적 관련성을 눈치채는 것은 시 읽기에서 끝나는 것이 아니라 시창작의 요체를 스스로 깨닫는 것과도 같다. 겨울나무의 앙상한 모습이 의인화되면서 벼랑과도 같은 우리 생애의 진실을 순간적으로 짚어 내는 놀라운 시안詩眼 앞에서는 그 누구도 시를 외면할 수가 없을 것 같다. 이 시에서 가장 효과적인 표현을 고르라면 학생들은 "나무는 체온계를 문 아이처럼 생각에 잠긴다"와 "배추 속같이 환하다"를 꼽았다. 그런데 이제는 "배추 속같이 환하다"가 무슨 뜻이냐고 묻는 학생들이 늘어난다. 배추 속을 자세히 본 적도 없고 김장을 담근 적도 본 적도 없이 인스턴트 음식에 입맛이 든 요즘 학생들에게는 이제 '배추 속' 같은 어휘도 각주脚註 달아서 풀이해 줘야 하는 세상이 됐다는 씁쓰레한 생각이 들기도 한다.

다음의 〈남포동바다〉는 벌써 오래전에 내 강의를 수강했던 학생의 작품이다. 이 학생은 시창작 연습을 본격적으로 한 것도 아니고 또 시인이 되겠다는 욕망도 없는 평범한 학생이었다. 그런데 그가 대학신문사에서 모집한 전국대학생 문예작품 현상공모에서 당선을 했다. 〈남포동바다〉가 바로 그 작품이다. 서툰 솜씨이지만 시가 지녀야 할순정純正의 핵심에 접근하고 있는 작품이다. 내가 "제법이다"라고 말하니까 그 학생은 수줍어하면서도 "어린아이의 시선으로 사물을 바라보면 누구나 시인이 된다고 하셨잖아요?" 했다. 그렇다. 나는 이 말을 그때나 지금이나 수도 없이 되풀이한다.

바다는 늘,
한 가지 감정과 풍경만을 지닌 것은 아니다.

지친 해가 잠자리를 준비하는 분홍빛 이불 틈으로
빈 몸으로 돌아오는 조각배의 상처난 언저리,
그 안에서 낡은 닻을 거두며 밧줄을 던지는
작은 어깨근육의 남자가
담담하게 바라보는 저물녘 바다와
멀리서 가끔 찾아와
찾아온 거리보다도 더 먼발치께로
그리웁게 바라보는 나의 바다 사이에는
부지런한 헛손질로도 결코 만질 수 없는
깊은 거리가 있다.
단단한 부리로 정확하게 먹이를 겨냥하던
갈매기들의 재빠른 날갯짓 소리가 그칠 즈음에
아기 문어도 길바닥을 헤매어 꿈결속 바다로 향하는
부산, 남포동 자갈치 시장.
밀리는 대로 말없이 밀려주는 가난한 사람들이 숨긴
무서운 소금 냄새와
억센 사투리가 가볍게 튕겨서 부서뜨리는 하루의 부대낌이
나의 내부 안에서 각기 다른 바다의 물결처럼 번지듯
젖은 밤거리에 잦아드는 불빛들의 안식이
조금씩은 다른 느낌의 색깔로 숨들을 쉰다.
사람들은 누구나 바다와 같이
한가지 슬픔과 기억 때문에 외로워하는 것은 아니라고 생각하며
캄캄한 어둠의 길목으로 되돌아서는 나의 내력 위로
검은 비닐 봉지의 겉껍질처럼 불투명해지는 바다의
잠자는 피부가
또 다른 슬픔의 내용들을 하나씩
정성껏 포장을 한다.
— 정경애, 〈남포동바다〉

현대시 교실에서 오가는 꾸밈없는 이야기들을 혼자서 차근차근 듣다가 이 학생은 저도 모르는 사이에 시창작의 요령까지를 스스로 터득했던 것일까. 이미지의 개념과 종류를 이론적으로 이해할 뿐 막상 앞에 놓인 시작품이 좋으냐 아니냐 하는 문제에는 자기의 의견을 내놓지 못하고 그저 남이 해놓은 해석을 따라가는 데 만족하는 학생이 아니라, 시가 지니고 있는 요소를 시인의 시선으로 돌아가서 이해하려는 학생은 시라는 장르의 이론적 배경은 물론 시창작의 과정까지도 유추할 수 있는지도 모른다.

"아기 문어도 길바닥을 헤매어 꿈결 속 바다로 향하는/부산, 남포동의 자갈치 시장"이라는 귀엽고도 눈물겨운 이미지가 어떻게 난생 처음 시를 써본 학생에 의하여 태어나게 된 것일까.

이 학생의 고향은 부산이 아니다. 친구 따라 부산에 놀러 갔다가 자갈치 시장에 처음 가 보았다고 했다. 그러니까 이 학생은 자갈치 시장의 떠들썩하고 비린내 나는 광경을 생애 최초인 '아기의 눈'으로 보았던 것이다. 써 나가다가 가끔씩 행갈이를 하고, 이것이 시가 되는지 어떤지 확신도 없이 그냥 천진스러운 마음으로 느낀 것을 솔직하게 썼던 것이다. 이 학생은 졸업 후 지금 어느 여고에서 국어교사로 근무하고 있다. 이렇게 아직 태어나지 않은 시인들이 진정한 시인인지도 모른다. 이 시는 내가 엮은《현대시의 이해》라는 책에 기성시인들의 작품과 함께 나란히 실려 있다.

3

미쳐야 미친다고들 하는데 이번에 시집《도장골시편》(천년의시작,

2007)을 낸 김신용 시인도 아마도 이런 경지에 와 있는 모양이다. 그렇지 않고서야 '도장골'이라는 고향도 아닌 농촌 마을, 어떻게 흘러가서 몸담고 있는 농촌의 폐가와 잡초와 망가진 이웃과 고라니와 두꺼비와 감자밭의 모습을 이토록 절실하게 그릴 수 없을 것이다. 먼빛으로 오래전에 인사를 한두 번 나눈 사이여서 나는 그의 구체적인 삶의 내력이나 온몸으로 떠안은 것으로 짐작되는 굴절屈折과 신산辛酸도 아는 게 없다. 이번 시집을 읽으면서 그의 시에 번지는 도저한 서사성과 이것을 아슬아슬하게 시의 매듭으로 엮어내며 눙치는 어법이 가히 일품이라는 느낌이 들었다. 신현정과 김사인이 그렇듯 김신용도 그 어떤 형식이나 내용에 얽매이지 않으면서도 우리 현대시의 가장 핵심적인 요체를 밀고 나가고 있다는 판단이 갔다.

나는 그의 시집을 읽으면서 한숨을 몇 번이고 내쉬어야 했다. 그 이유는 우선 첫째로 느적느적 이어지다가 이내 끊어질 것 같은 작품의 어조가 나를 자꾸 숨막히게 만들었고 또 하나는 작품들이 하나같이 길어서 시력이 약해진 내가 쭉쭉 따라 읽기가 만만치가 않아서였다. 또 한 편 한 편을 읽을 때마다 공감이 가는 구석이 자꾸 나오는 바람에 '허, 참', '그것, 참' 하는 소리가 나도 모르게 나왔기 때문이다.

내가 영화감독이라면 나는 김신용의 이번 시집 맨 앞에 놓인 〈재봉틀〉을 가지고 멋진 영화를 만들고 싶다. '풀밭 위의 재봉틀'이라는 이름으로 영화를 만들면 모르긴 몰라도 칸 영화제에서 작품상도 받을 수 있을 것 같다. '풀밭'과 '재봉틀'이라는 그야말로 말도 안 되는 끊어진 매개물을 제시하고 있는 이 영화는 그 돌발성突發性 때문에 초장부터 어필할 수 있을 것이다.

이러한 이질적이고 상호 배타적인 것들이 어떻게 서로 조응하고 밀쳐내는가를 '남자-여자-맹인안내견-풀밭-수의壽衣-나비'로 앵글을 돌려가며 영화를 찍는다면 배경음악이나 대사가 도무지 없는 무성영화라 해도 관객들에게 큰 감동을 줄 수 있을 것이다. 이렇게 비유적으로 하는 말의 뜻을 다 알 것이다. 그만큼 김신용의 시는 수많은 장면을 생생하게 제시하기 때문에 시의 세밀한 리얼리티가 왜 중요한지를 말해 주고 있다는 점이다. 관념이나 이념, 헛된 사유를 내세우는 작품과 비교해 볼 때《도장골시편》의 독창성은 더욱 두드러진다.

> 풀의
> 옷은, 풀잎이듯
> 태우면 고운 재의 粒子만 남는, 눈길 거두고
> 몸 일으킨 맹인안내견, 목줄 내밀어 새로 이삿짐을 푼 집의 방으로
> 다시, 나를 데려갈 것이다
> 풀밭 위에
> 놓여있는 재봉틀 한 대,
> 황혼을 이끌고 온 해거름의 일꾼처럼, 순한 눈망울을 껌벅이며
> 마당 가에
> 앉아 있는, 내 晩婚의
> 텃밭.
> — 김신용, 〈재봉틀〉 부분

이숭원이 쓴 해설을 읽다가 나는 깜작 놀랐다. 그는 이미 정평이 나 있는 최고 안목을 지닌 평론가이니까 시집에 수록된 작품을 정확하게 꿰뚫어 보는 것은 당연하지만, 객관적이고 논리적이어야 할 평론

의 문체를 짐짓 눈감고 생생한 육성肉聲으로 시인에게 축복을 보낸 말이 눈에 띄었기 때문이었다.

공중을 나는, 그 새들의 눈에 가장 잘 뜨일 수 있도록
그 날개를 가진 새들만 다가올 수 있도록
열매의 彩色을 운영해왔을 열매
營實이라는 이름의 열매

새의 날개가 유목의 천막인 열매
새의 깃털 속이 꿈의 들것인 열매

얼마나 따뜻하고 포근했을까, 그 유목의 천막에 드는 일
새의 腹部 속에 드는 일
남의 눈에는 囹圄 같겠지만, 전락 같겠지만
누구의 배고픔 속에 깃들었다가 새롭게 싹을 얻는 일, 뿌리를 얻는 일
그렇게 새의 먹이가 되어, 뱃속에서 살은 다 내어주고 오직 단단한 씨 하나만 남겨
다시 한 생을 얻는 일, 그 천로역정을 위해
산비탈의 가시덤불 속에서 찔레 열매가 빨갛게 타고 있다
대합실의 무쇠난로처럼 뜨겁게, 뜨겁게 익고 있다.
— 김신용, 〈영실營實〉 부분

영실營實은 바로 찔레열매를 말하는데 이승원은 이 작품을 자세하게 분석하면서 "새의 날개가 유목의 천막인 날개/새의 깃털 속이 꿈의 들것인 열매"라는 표현을 놀라워하면서, 다음에서 보는 바와 같이 "시인의 상상력에 축복 있기를"이라고 말했던 것이다.

김신용 시인은 자연현상을 반드시 삶의 국면과 연결지어 생각하고 거기서 생의 예지를 발견해 낸다. 찔레가 새의 부리를 통해 뱃속으로 들어가 소화가 된 다음에 "살은 다 내어주고 오직 단단한 씨 하나만 남겨/다시 한 생을 얻는" 그 천로역정天路歷程의 힘겨운 변화 과정에 대해 시인은 경탄하고 있다.

이 부분의 표현 방식은 참으로 놀랍다. "새의 날개가 유목의 천막"이고, "새의 깃털 속이 꿈의 들것"이라니! 이러한 시행을 창조한 시인의 상상력에 축복 있기를. 유목의 천막을 펄럭이며 새는 날아가고 꿈의 들것에 실려 찔레 씨앗은 새로운 곳으로 유랑해 간다. 새의 뱃속에 갇혀 이주해 가는 것이 남이 볼 때는 갑갑한 영어囹圄 같지만 찔레의 입장에서는 생명의 영토가 확장되는 것이므로 "따뜻하고 포근"한 일이다.

— 이숭원, 〈찔레 덤불 속에 피어난 상생相生의 꽃〉 부분

이처럼 해설을 쓰는 평론가로부터 진짜 축복을 받아야 정말 좋은 시가 아닐까. 마지못해 인사삼아 건네는 듣기 좋은 말이 아니라 진정에서 우러나오는 축복을 받을 수 있는 시인이 곁에 있다는 것은 더없이 기쁜 일이다.

시집 뒤표지에 짤막한 추천의 글을 쓰면서 시인 천양희는 "시를 읽는 내내, 일생을 부레 같은 구근을 매달고 살아온 그가 떠올라 빛의 고통 같은 그의 시를 두 손으로 받는다"고 했다.

두 손으로 받는 시집! 김신용에게 축복을 보낸다.

둘.

‘자네가 꺼낸 줄 알았네’

1

며느리와 사위를 보고 손녀까지 본 지금의 내 팔자야 그럭저럭 평안한 신세로 한평생 마지막 라운드에 도달해 있는 셈이지만 그러나 날이 갈수록 고즈넉해지기만 하는 것을 보면 그냥 저물녘 노을을 바라보며 뒷짐 지고 사는 노야老爺로서의 여유가 그저 좋은 것만은 아닌 것 같다. 질풍노도와 같은 열정으로 사랑과 그리움에 마음 졸이던 지나가 버린 세월이 문득문득 그리워지는 걸 보면, 어린 자식 키우면서 웃고 떠들며 지지고 볶던 젊은 시절이 그중 행복했었다는 생각이 든다.

누구나의 자식들도 다 그렇겠지만 나의 어린 자식들도 아직 태어나지 않은 빼어난 시인이었고 나는 그들의 느낌을 받아 적는 사람에 불과했었다는 생각을 종종 할 때가 많다. 이제 아들과 딸이 혼인하여 각각 제 집에서 살고 명절이나 생일 또는 어버이날에 무슨 행사처럼 모여서 밥이나 먹는 처지가 되고 보니, 아무리 손녀가 귀엽다고 해도 제 자식만큼 만만해지지가 않아서 고놈 앞에서는 담배도 못 피우고 혹시 내 몸에서 늙은이 냄새나 나지 않을까 은근히 신경이 쓰이니, 아들 딸 기저귀 갈아 주면서도 담배를 피워 물고 장난삼아 아이에게도 한 모금 빨게 해서 캑캑거리는 모습을 귀여워하던 그 시절이 아련히 떠오를 때가 많다.

사람의 몸은 71%의 물과 18%의 탄소, 4%의 질소, 2%의 칼슘, 2%의 인, 1%의 칼륨, 0. 5%의 나트륨, 0. 4%의 염소로 이루어져 있으며 그밖에 스푼 한 개 분량의 여러 가지 희귀원소, 즉 마그네슘, 아연, 망간, 구리, 요오드, 니켈, 브롬, 불소, 규소를 함유하고 있다고 한다. 또 극소량의 알루미늄, 코발트, 몰리브덴, 바나듐, 납, 주석, 티탄, 붕소도 함유하고 있는 화학적 구조물이다. 그러면서 동시에 이러한 구성물질들이 적절하게 배합되어 평형을 이루면서 '사람'이라는 훌륭한 건축물을 이루고 있다. 이러한 화학적 분자들은 다시 원자, 미립자, 쿼크, 진공으로 이루어져서 화학적인 힘과 인력과 전자의 힘에 의하여 교묘하고도 완벽하게 결합되어 있다.

선분을 가장 아름답게 나누는 황금비, 즉 '1. 618033988 :1'은 물체에 신비한 힘을 부여함으로써 훌륭한 건축과 회화와 조각을 이루는 마술적인 수이다. 황금비에 의하여 솔로몬 신전이나 파르테논 신전이 건축되었으며 이 비율을 지키지 않고 지어진 건축물은 결국은 붕괴되고 만다. 사람의 몸은 수명이 있어서 삶을 다하고 나면 다시 자연으로 돌아가 화학적 요소로 분해되어 버리지만 그 오묘함은 건축물의 아름다움과 장구한 수명을 지탱해 주는 황금비보다 더 기막힌, 신이 내려준 절세의 미학이다. 아무리 완벽한 황금비에 의하여 지은 건축물이라 해도 숨을 쉴 수도 없고 사랑을 할 수도 없지만 사람의 몸은 시시때때로 희로애락을 느끼고 속삭이기 때문이다. 우리가 죽고 나면 화학적 분자로 흩어지는 몸의 요소들은 산으로 바다로 날아가서 다른 동식물에 흡수되어 윤회를 거듭하기도 하지만 어떤 것들은 아예 태양계를 벗어나서 다른 항성으로 날아가기도 하고 우리 은하계가 아닌 멀고먼 우주의 다른 은하로 우주여행을 하게도 될 것이다. 그러니까 우리가 밤하늘에서 바라보는 별은 그 별 속에 우리의 아득한 할머니와 할아버지의 눈썹과 젖가슴과 수염과 배꼽의 원형질原形質이 스며들어 반짝이고 있는 것일지도 모른다.

우리가 흔히 나를 무시하는 상대방에게 '나를 물로 보냐?'는 말을 하지만 이 말은 상대방의 말을 부정하고 반발하는 의미를 뛰어넘어, 어쩌면 그렇게 나를 가장 정확히 이해하고 인식하느냐고 질문하는 것과 다르지 않다. 사람의 몸은 71%가 물로 되었으니까 누가 누구를 '물'로 보는 것은 너무나 당연한 통찰에 해당되는 것이 아닌가.

우리 몸이 이처럼 물로 이루어져 있기 때문에 땀과 오줌이나 똥 같은 배설물을 통하여 몸을 순환한 물은 밖으로 내보내고 새로운 물을 끊임없이 보충해 줘야 한다. 60년대 대학 다닐 때 어느 교수가 강의실에서 유럽에 다녀온 이야기를 하면서 불란서에 가니까 물도 돈을 받고 팔더라는 말을 했을 때 나는 속으로 거짓말도 참 잘 한다고 생각했었다. 대동강 물을 팔아먹었다는 봉이 김선달은 이제 희대의 사기꾼이 아니라 선견지명이 있는 벤처기업가의 표상이 되었다고 할 수 있다. 물론 환경오염 때문이기도 하지만 산 좋고 물 좋은 우리나라도 이제는 물을 돈 내고 사 먹어야 되는 처지가 되었다. 물장사할 팔자라는 게 화류계 술장사만 뜻하는 게 아니라 이제는 가장 번창할 수 있는 미래산업의 하나로 새로운 경영 마인드를 천부적으로 타고난 사람을 지칭하는 말이 된 셈이다. 사람 중에는 물로 된 놈이 아닌 놈은 한 놈도 없으니까 물장사는 날이 갈수록 번창하고 또 번창할 사업이 될 것이다.

사실은 지금 여기의 글감은 너무도 그 테두리가 넓은 '물'이 아니라 범위를 좁혀서 지린내 나는 '오줌'에 관한 것이다. '오줌'은 이미 내가 〈작은 어머니〉라는 시에서 "안질이 나서 눈곱이 심할 때/작은어머니가/솨솨솨 요강 소리 그냥 묻은/당신의 오줌을 발라주면/내 눈은 이내 또록또록해졌다"라고 쓴 적이 있다. 오줌이 신진대사 후의 더러운 찌꺼기만이아니라 그속에는 사람의 병을 치유하는 신비한 요소가 들어 있다는 것이 단순한 민간요법이 아니라 과학적으로도 근거가 있다는 이야기를 후에 알았지만 어린 시절 냄새나는 오줌을 안질이 난 눈에 발라 주면 싫다고 앙탈을 부리곤 했었다. 그러나 그것이 작은어머니가 조카에게 베푸는 한없는 사랑이었다는 것을 나는 철이 들어서야 알게 되었던 것이다. 그래서 내가 지금 이야기하려는 '오줌'이 그냥 단순한 오줌이라기보다는 좀 묘하기는 한 오줌이라고 할 것이다.

앞에서 어린아이들이 참말 빼어난, 아직 태어나지 않은 시인이라는 말을 확신에 찬 어조로 했는데 이는 내가 직접 경험한 일에서 연유한다. 내 아들이 유치원에 갓 입학한 봄날이었다. 주말이면 집에서 쉬면서 아이들과 노는 게 내 일과였다. 골목에서 아이들과 구슬치기를 하면서 놀던 아들이 오줌을 누려고 몇 번씩 현관문을 열고 신발을 벗어 내던지면서 드나들곤 했다. 그때 나는 티브이에서 바둑 프로그램을 시청하고 있었는데 꼭 생쥐 풀방구리 드나들 듯하던 아들 녀석이 이렇게 말하는 것이었다.

— 아빠! 아빠! 예쁜 여자애 보면 왜 쉬가 마렵지도 않은데 꼬추가 커지나?

나는 이 말을 듣고 정신이 다 아득해졌다. 속으로 우습기도 하고 놀랍기도 했다. 훗날 나는 이때의 일을 되살려 〈꽃모종을 하면서〉라는 시를 썼다. '꽃모종'이라는 장치를 한 것은 그때 내 아들의 천진스러운 모습이 그렇게 하라고 시켰다. 내 어머니가 살아생전 손자를 잠재울 때면 늘 꼬추를 만져보면서 '쉬하고 온나' 하시던 말씀이 눈물겹게 떠올랐던 것이다. 잠자다가 오줌을 쌀까 봐 어린 손자의 부자지를 쓰다듬으면서, 의식적이든 아니든 간에 바로 고놈의 꼬추가 집안의 혈통을 이어나가는 가장 핵심적인 요체라는 것을 어머니는 은근히 확인하고 또 확인하고 싶었는지도 모른다. 그래서 나는 '할머니-아들-손자'로 이어지는 시적 맥락을 마련하면서 '꽃모종'이라는 소도구를 장치하였다. '어린 시인'의 정서를 지녔던 내 아들이 아니었더라면 그냥 상상력으로는 이런 시를 도저히 쓸 수 없었을 것이다.

> 따뜻한 봄날 꽃밭에서 봉숭아 꽃모종을 하고 있을 때 유치원 다니는 개구장이 아들이 구슬치기를 하고 놀다가 헐레벌떡 뛰어 들어왔다 모종삽을 든 채 나는 허리를 펴고 일어났다 아빠 아빠 쉬도 마렵지 않은데 왜 예쁜 여자애를 보면 꼬추가 커지나? 아들은 바지를 까내리고 꼬추를 보여 주었다 정말 꼬추가 아주 골이 나서 커져 있었다
>
> 꼬추가 커졌구나 얼른 쉬하고 오너라 생전에 할머니께서 하루에

도 몇 번씩 손자에게 말씀하시던 일이 생각나 나는 목이 메었다 손자의 부자지를 쓰다듬으시던 할머니는 무너미골 하늘자락에 한 송이 산나리꽃으로 피어나서 지금도 손자의 골이 난 꼬추를 보고 계실까

오줌이 마렵지도 않은데 예쁜 여자애 알아보고 눈을 뜬 내 아들의 꼬추를 만져보며 나는 정신이 아득해졌다 그럼 그렇구말구 아빠 꼬추도 오줌이 마렵지 않아도 커질 때가 있단다 개구장이는 내 말을 듣고 고개를 갸우뚱거렸다 그리고는 아무 일 없었다는 듯 구슬소리 영롱하게 짤랑대면서 골목으로 달려 나갔다 조그만 우리 집 꽃밭에 봉숭아 꽃모종을 하려고 나는 다시 허리를 구부렸다

— 오탁번, 〈꽃모종을 하면서〉

시인은 갓난아기의 시선을 회복하는 일에 전심을 기울여야 한다는

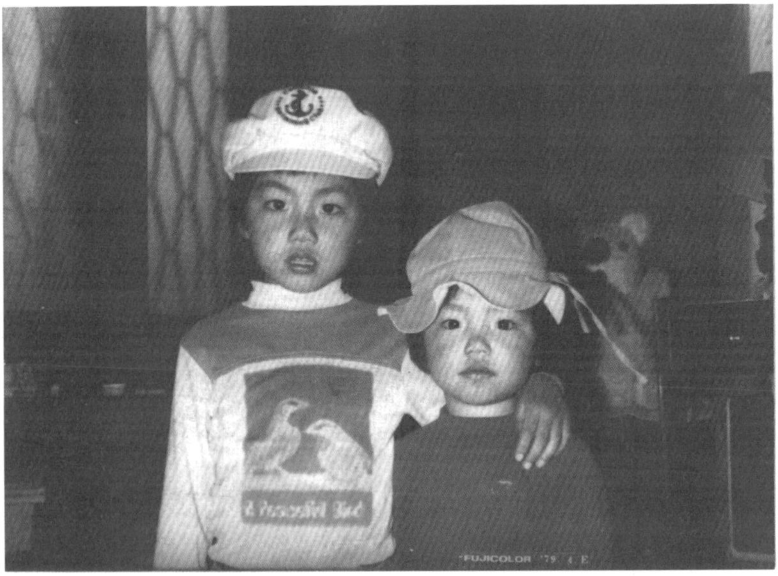

개구장이 아들 정록과 딸 가혜(1978)

말은 오늘 내가 처음 하는 말은 물론 아니다. 말을 배우기 전 어린 아기가 맑은 눈빛으로 바라본 세계를 기억해 내어 재생할 수 있어야 되겠지만 나이가 들수록 공연한 선입견이나 관습에 얽매여 진짜 느낀 대로 보지 못하고 남이 말해 놓은 것을 그대로 베껴 쓰는 일은 그것에다가 아무리 그럴싸한 겉치장을 했다고 해도 결코 시가 아니다.

시를 쓰려면 제재에 대한 해박한 지식이나 이해가 필수적이지만 그건 부차적인 것이고 실제로는 그 사물을 어린 아기가 봤을 때 어떻게 보았을까를 유추해 내는 일이라고 할 수 있다. 탯줄을 끊고 첫 울음을 울던 때는 물론, 옹알이, 뒤집기, 기어가기, 따로따로하기, 걷기 등 이제는 까맣게 생각나지 않는 그때의 느낌과 시선을 어떻게 회복한단 말인가. 이건 도저히 불가능한 일이다. 그러니까 말을 배우지 못한 어린 아기의 옹알이나 몸짓에서 언어를 읽어 내고 시가 뭔지 통 모르는 아이들이 본 대로 느낀 대로 하는 말을 들을 수 있어야 되는데, 무엇보다도 중요한 것은 마주보는 사물에 관하여 늘 신선한 시선을 지녀야한다는 것이다. 무의식의 밑바닥에서 올라오는 황당한 꿈이나 판타지가 시에서 중요한 요소가 되는 것도 이 때문일 것이다.

내가 대학 1학년이었을 때니까 그야말로 호랑이 담배 피울 때쯤 되는 먼 과거에 나는 친구들과 처음으로 제주도에 갔었다. 나는 내륙지방에서 성장하였으므로 바다를 직접 본 적이 거의 없었다. 물론 그전에 인천 송도 해수욕장에는 한 번 갔다 온 적이 있지만 높은 산 위에서 바다를 본 적은 한 번도 없었다. 서귀포로 가기 위해서 그때 막 임시로 개통이 된 한라산 횡단도로를 올라가다가 앞길을 가로막고 비킬 줄 모르는 망아지들 때문에 자동차가 멈췄을 때였다. 차에서 내려

제주항을 바라보면서 친구와 나는 오줌을 누고 있었는데 그때 내 눈에 이상하게 생긴 구름이 하늘가에 보였다. 해무가 약하게 낀 날씨였다. 구름의 모습이 참 이상한 마름모꼴같이 보인다고 친구에게 말했더니 그는 대뜸 이렇게 말하는 것이었다.

— 이상하긴, 뭐가? 배잖아.

그 말을 듣는 순간 내 눈에 이상한 구름으로 보였던 것이 차츰차츰 아래로 내려오더니 제주항 앞 바다에 떠 있는 배가 되는 것이었다. 꼭 요술에 홀린 것 같았다. 그후 곰곰이 생각해 보니 그 친구는 장흥 바닷가에서 성장하였고 나는 내륙에서 성장하였기 때문에 그는 관습대로 바다와 배를 보았던 것이고 나는 생전 처음 보는 시선으로 바다와 배를 보았던 것이다. 내 눈에는 바다에 떠 있는 배가 꼭 궁륭穹窿의 하늘에 이상한 모습으로 떠 있는 구름으로 보였던 것이다.

그때 미당 서정주가 〈추천사鞦韆詞〉에서 "향단香丹아 그넷줄을 밀어라/먼 바다로/배를 내어밀듯이/향단香丹아"라고 한 것이 문득 떠올랐다. 그네가 그리는 궤적을 생각한다면, '먼 바다'는 바로 내가 한라산 중턱에서 바라보았던 제주항 앞바다와 동일한 것이다. 바다는 이상한 모습의 구름들이 떠 있는 궁륭의 하늘로 순간적으로 내게 보였던 것이다. 미당이 〈행진곡行進曲〉에서 '멀리 서 있는 바닷물'이라고 표현한 것은 어떻게 이해하여야 할까. 미당은 고창 바닷가에서 성장했으므로 누구보다도 바다에 관한 고정적인 관념에 얽매일 수밖에 없을 텐데, 어떻게 바다를 생전 처음 본 사람마냥 '서 있는 바다'라는 언어도단의 비유를 떠올린 것일까.

멀리 서 있는 바닷물에선
난타亂打하여 떨어지는 나의 종소리.
—서정주, 〈행진곡行進曲〉 부분

미당의 천재성은 이와 같이 관습을 뛰어넘는 시적 상상력, 즉 어린아이의 시선을 순간적으로 회복하는 마술과도 같은 능력에서 비롯되었던 것이다.

내륙지방에서 성장한 정지용은 〈바다〉에서 해협海峽이 천막天幕처럼 퍼덕인다고 기막힌 이미지를 만들어내었다. 바다에 관한 관습적인 이해가 없기 때문에 시인은 마치 어린아이와도 같이 파도치는 해협을 보면서 장날 장터에서 펄럭이던 푸르딩딩한 천막의 모습을 떠올렸던 것이 아니었을까.

2

내가 있는 대학의 강의 책임 시간은 매 학기당 두 과목 6학점이다. 학부 한 과목과 대학원 한 과목을 하면 딱 맞는데 벌써 여러 해 전에 대학원 강의는 손을 떼었으므로 어떤 학기는 학부 과목만 두 개를 맡게 되는 경우도 있다. 2학기에 내가 늘 맡는 강의는 '문예창작교육론'이다. 10년 전만 해도 각 학과의 학생들이 많이 수강신청을 했는데 그 수가 점점 줄어들더니 지난해는 서른 명도 채 안 되었다. 창작론이니 뭐니 하는 것이 요즘 학생들한테는 고린내 나는 것쯤으로 치부되는지도 모른다.

책임 시간이 모자란다고 이제 와서 손 끊은 지 오래되는 대학원 강의를 다시 손 댈 수도 없어서 학부 과목을 하나 더 맡아야겠다고 고민을 하고 있는데 학과장이 마침 전화를 했다. 정년을 1년 남긴 교수는 한 학기에 한 과목만 맡으면 된다는 반가운 소식이었다. 무거운 짐을 지고 있다가 내려놓은 것 같은 홀가분한 기분이었다.

내가 대학원 강의를 손 뗀 것은 그 까닭이 다 있다. 몇 년 전 마지막으로 내가 했던 강의가 '현대문학사'인지 '현대시론 특수과제연구'인지 생각이 잘 안 나지만, 종강 때의 광경은 또렷이 생각난다. 3-4주 동안은 과목의 개요을 강의하고 학생 하나하나에게 과제를 부여하여 발표를 시키는 세미나 형식의 강의였다. 그때 나는 학부 2, 3학년 강의보다도 도통 재미가 없어서 학기 내내 고전을 하였다. 드디어 종강이 되어 과제발표 때 지적받은 사항을 참고하여 최종적으로 수정 보완된 학기말 리포트를 제출하라고 지시하고, 뭐 할 말 없나? 하고 말했다. 그랬더니 학생들이 나를 그냥 빤히 쳐다볼 뿐 아무 말도 하지 않는 바람에 좀 머쓱해져서 나는 강의실을 나왔다. 뒤통수가 따끔따끔한 게 아니라 이마가 허전하다는 생각이 문득 들었다.

학생들이 종강파티하자는 말을 끝내 하지 않았던 것이다. 대학원이 취직시험 공부나 수험생의 입시공부 같은 딱딱한 것만을 배우는 곳인 줄 아는 녀석들이라는 씁쓰레한 생각이 들었다.

그후 나는 대학원 강의에서 손을 떼었다. 종강파티 술을 못 얻어 마셨기 때문이라고 누구한테 대놓고 말할 수도 없었지만, 사실이 그랬다. 강의 시간 중에 다 못한, 인간미 묻어나는 이야기를 종횡무진으로 하면서, 교수는 학생을 학생은 교수를 진짜로 서로 이해하게 되는 시공이 종강파티이지 허드렛말이나 하고 노래나 부르는 게 종강파티는 아니다. 강의실에서 못 다한 이야기를 솔직 담백하게 나누는, 그래서 평소에는 뜨악했던 교수와 학생 사이에 있는 정 없는 정이 새록새록 피어나는 자리가 바로 종강파티가 아닌가.

나에게는 벌써 오래전에 있었던 종강파티에 대한 잊지 못할 추억이 하나 있다. 그때 '문예창작교육론' 강의를 종강할 때 학생 대표가 청평댐으로 1박 2일 종강여행을 가면 어떻겠느냐는 이야기를 했다. 그때야 지금에 비하면 나의 주량도 말술이었으니까 종강을 하게 되면 학교 앞 호프집으로 50여 명을 데리고 가서 술을 마시곤 할 때였다. 술값은 주로 내가 냈지만 학생들한테서도 5천원 정도는 회비를 받게 했을 것이다. 1박 2일 종강여행? 좋다마다. 나는 학생들보다 더 즐거워했다.

청평댐 가에 차를 세워놓고 배를 타고 강을 건너 어느 산장으로 갔다. 11월 말이어서 밤이 되자 제법 한기가 느껴질 정도로 기온이 내려갔다. 산장은 바로 청평 호숫가에 있었는데 큰 방에 자리를 잡고 앉아 모두들 집에서 가져온 술병을 꺼내 놓았다. 자기 집에서 가장 좋은 술 한 병씩을 반드시 가져오라고 지시를 내렸기 때문에 안동소주에서부터 코냑, 위스키, 와인 등 학생들이 가져온 술병 서른 몇 개가 방 한가운데 쌓였다. 그때 그 많은 술을 몽땅 마시면서 무슨 이야기를 그토록 재미있게 나누었는지는 하나도 생각나지 않지만 그때의 따뜻했던 분위기와 웃음소리는 아직도 생생하다. 그런데 술을 한동안 주거니 받거니 하면서 보니까 남학생 두 명이 술을 마시지 않고 몸을 사리는 눈치였다. 그들은 복학생인데 어쩌다가 학교 앞 술집에서 만났을 때는 소주건 맥주건 사양 않고 마시던 학생이었다. 내가 꾸중하는 말투로, 야, 임마! 왜 몸을 사려? 하니까 그들의 대답이 날 정말 취하게 만들었다.

— 선생님 당번이에요.

내가 무슨 말인지 못 알아듣는 시늉을 했더니, 그들의 말이 걸작이었다.

—선생님 과음하시고 사고 치면 안 되잖아요.

순간적으로 정신이 아득해졌지만, 속으로는 너무 감동해서 눈물이 날 정도였다. 교수가 과음하고 무슨 사고라도 칠까 봐 아예 당번을 정해서 나를 보호하고 있다니! 아무렴, 이런 녀석들을 가르친다는 게 내 인생의 지복이로고.

자정이 지나자 나도 더는 마실 수 없게 취해서 그냥 방바닥에 모로 누었다. 좀 전에 내 당번이라고 했던 학생들이, 선생님 방은 따로 있다면서 나를 부축해서 일으키더니 산장 위의 조그만 황토방으로 데려갔다. 미리 군불을 때어서 방이 후끈후끈 했다. 나는 그날 밤 정말 잘 잤다.

학부생들과도 이렇게 멋진 종강파티를 했었는데, 대학원 학생들이 종강하는 날 교수한테 술 한번 마시자는 소리도 못하고 제풀에 주눅들어 기가 꺾여 있다니, 참으로 알다가도 모를 일이었다. 대학이 죽은 지식인의 사회라고 생각하는 사람에게는 대학 캠퍼스가 적막한 공동묘지에 불과하다.

이달 초 내가 있는 대학의 대학신문에 언론학부 교수가 쓴 아주 재미있는 칼럼을 읽은 적이 있다. 혼자 보기가 아까워서 여기에 옮겨 적는다.

> 60년대 이야기다. 당시 우리 학과는 신설한 지 몇 년 되지 않아 교수님이 한 분이셨다. 그 선생님께서 여러 과목을 맡으셨기 때문에 우리는 선생님을 강의실에서 자주 뵐 수밖에 없었다. 교재조차 없는 과목이 대부분이던 시절이어서 강의 내용이야 지금 생각하면

그리 충실한 편이 아니었다.

그러나 우리는 모두 선생님을 존경하고 따랐다. 선생님의 大人다운 풍모 때문이었을 것이다. 우리는 그 시절에 그 선생님에게서 지식을 배운 것이 아니라 사실은 사람다움을 배우고 있었다.

선생님을 좋아했기 때문에 우리 학과 학생들은 학기가 끝나면 한데 모였다가 선생님 연구실로 가서 인사를 드린 후에 귀향했다. 개강을 할 때도 함께 모여 연구실로 인사를 드리러 가는 것이 상례였다. 물론 방학 중에는 모두가 두어 통씩 선생님께 문안 편지를 드렸다.

지금도 그렇겠지만, 방학이 되거나 개강을 할 때 선생님께 인사를 드리고 밋밋하게 헤어지는 것은 아니었다. 으레 교문 앞 막걸리 집으로 몰려가 술판을 벌였다. 선생님도 그걸 아시는지라 가끔은 뒤늦게 술자리에 오시어 함께 어울렸다가 술값을 내고 가곤 하셨다.

아마 3학년 1학기 말 어느 날이었나 보다. 그날도 우리는 선생님께 방학 인사를 드리고 나서 학교 앞 술집에 가서 술을 퍼마셨다. 그날 따라 학생들 수도 많고 분위기도 좋아 막걸리를 꽤나 마셨다. 술이 거나해지자 학생들이 선생님을 모시자고 했다. 선생님께 전화를 드렸더니 곧 술집으로 오셨다.

그날 선생님은 마치 작심이라도 하신 듯이 학생들과 1대 1 대작을 시작하셨다. 학생들 수가 열대여섯에 이르렀는데 선생님은 그 많은 학생과 한 잔씩 주고 받으셨다. 그런 뒤에도 악동들은 선생님을 가만두지 않았다. 여러 학생이 다투듯이 선생님 앞에 다가가 권커니 잣거니 법석을 떨었다. 선생님은 원래 막걸리 한 말을 마신다고 소문난 '말술'이셨는데 아마 그날 한 말을 족히 비우셨을 게다.

한참이 지나자 대취하신 선생님께서 자리에서 일어서셨다. 댁으로 가시려는 걸로 알고 얼른 선생님을 부축했다. 다른 친구 한 녀석이 선생님 부축을 거들었다. 술집 바깥으로 모시려는데 선생님께서 말씀하셨다.

"아냐, 화장실로 가세."

당시 술집의 화장실이라야 드럼통 위에 널빤지 두 개를 얹어 놓은 것이 고작이었다. 드나드는 학생은 많고 청소차는 한 주일에 한 번 올 듯 말 듯한 시절이어서 통은 항상 가득 차 있게 마련이었다. 그 지저분한 곳으로 선생님을 모신다는 게 썩 내키지 않았다. 친구도 같은 생각을 하고 있었던 모양이다. 그가 얼른 부엌으로 가더니 세숫대야를 들고 왔다. 녀석은 대야를 선생님 앞에 받치고 말했다.

"선생님, 여기다 보십시오."

그러나 선생님은 가만히 서 계실 뿐이었다. 잠시 후에 보니 선생님 바지 앞이 축축이 젖어 있었다. 대야가 아니라 바지에 실례를 하신 것이다. 선생님은 민망하셨던지 나에게 말씀하셨다.

"난 자네가 꺼낸 줄 알았네."

이미 돌아가신 지 오래지만 그 시절을 생각하면 그날 선생님의 뜻을 헤아려 꺼내드리지 못한 것이 한스러울 따름이다.

지금은 내가 정년을 눈앞에 두고 있다. 학생 시절이 엊그제 같은데 벌써 사십 몇 년이 흘렀다. 세월 흐른 것보다 더 많이 변한 것은 교수와 학생의 심리적 거리다. 그 시절에는 학생 곁에 선생님이 계셨고 선생님 곁에 학생이 있었는데 지금은 꼭 그런 것 같지가 않다. 하기야 우리가 잃어버린 것이 어디 그뿐인가.

— 김민환, 〈우리가 잃어버린 것들〉(《고대신문》, 2007. 5. 6)

교수와 학생, 교수와 교수, 학생과 학생의 인간적인 관계가 다 허물어진 대학은 더 이상 대학이라고 부를 수도 없을 것이다. 대학에서 담당하는 교육은 세부전공만이 아니라 전인적全人的 교육이 더 중시되어야 한다. 축적적인 지식이나 사회진출 방법이나 처세술을 전수하는 곳이 아니라, 낭만과 정열이 빛나는 곳이 바로 대학 캠퍼스인 것이다. "자네가 꺼낸 줄 알았네"라는 옛 스승의 말씀을 회상하면서 글쓴

이가 말하고자 한 바도 바로 이런 것이 아니었을까.

워낙 술을 많이들 마시는 대학이라고 소문이 나기도 했지만 나도 학생시절부터 이날 입때까지 어지간히 술을 마셔온 셈이다. 지훈 선생은 〈주도유단酒道有段〉이라는 글에서 술 마시는 풍류를 열여덟 단으로 나눈

장남(조광렬)이 그린 조지훈 선생

적이 있는데 나는 겨우 중간급인 학주學酒(술의 진경을 배우는 사람), 즉 주졸酒卒에나 해당될까. 인정상 조금 높여 부르면 기주嗜酒(술의 진미에 반한 사람),즉 주객酒客에나 겨우 턱걸이 할까 말까이지, 주선酒仙이나 주현酒賢의 경지에 이르려면 불철주야 더욱 분발해야 할 것 같다. 정년이 1년밖에 안 남았으니 그 안에 승단昇段을 해야 할 텐데, 요즘 혈압과 혈당이 만만치가 않으니 참 걱정이다.

다음 시는 내 공책에 쓰여 있는 시의 초고草稿이다. 좀더 손 볼 데가 있을 것 같아 발표를 미루고 있는데, 오늘 이 글이 '오줌'에서 시작하여 '술'까지 흘러왔으니, 이 두 가지가 들쑥날쑥하는 내용이기도 하니까 한 번 살며시 엿볼 수도 있을 것 같다. 만삭이 된 젊은 엄마가 CT 촬영한 태아의 흐릿한 사진을 보듯 그렇게!

사랑방 툇마루 끝에 묻혀있는 오줌독에는 처마에서 떨어진 벌레

들과 빠져 죽은 쥐새끼도 둥둥 떠 있었다 거기다가 오줌을 눌 때마다 나는 무서워서 오줌을 시원하게 누지 못하고 늘 잘금잘금 지렸다 어른들은 오줌을 누면서 울타리 밖으로 지나가는 아낙네와 천연스레 이야기도 나누었다 울타리와 오줌독이 너무 가까워서 오줌발이 센 어른이 오줌을 눌 때면 오줌소리가 너무 요란해서 말소리가 잘 들리지 않았다 그럴 때면 지나가던 아낙네가 울타리에 바짝 다가와서 힘차게 내뿜는 오줌발을 빤히 보면서 이야기를 나누곤 했다

잣눈이 내린 겨울이면 연날리기하다가 심심해진 아이들이 술도가 마당에서 오줌발 싸움을 하였다 누가 누가 멀리 더 세게 오줌을 내갈기나 다투며 재재불대며 뛰놀았다 내 오줌발은 늘 시원치가 않아서 기다란 !는 한번도 못 만들고 늘 꼬불꼬불한 ?만 만들어서 놀림을 받았다 술도가에서 술 마시고 나오던 홍시 빛 얼굴의 어른들도 수염을 날리면서 눈 위에다가 힘차게 오줌을 누었다 그담부터 나는 오줌이 마려워도 바로바로 안 누고 꾹꾹 참았다가 누는 버릇이 생겼다 그러면 내 오줌발도 멀리 힘차게 뻗쳤다

논두렁 밭두렁이나 고샅길은 물론 개울가나 학교운동장 어디에서나 막 오줌을 누며 자란 나는 서울에 올라와 대학을 다닐 때도 아무데서나 오줌을 잘 누었다 하숙집 골목이나 버스 정류장이 그 옛날 고향집 툇마루 끝에 묻혀 있던 오줌독인 양 보였다 술이 취한 날이면 가까이 공중변소를 두고도 가로수나 전봇대 밑에다가 오줌발을 은근히 뽐내면서 오줌을 누었다 어릴 때부터 단련한 내 오줌발이 어찌나 세었던지 어떤 때는 가로수 가지가 막 흔들리고 전봇대도 윙윙거리며 넘어질 뻔 했다 너무 센 오줌발 탓에 재수 없게 성북서 유치장에 잡혀간 날도 있긴 하지만!

그 시절 내가 눈 따듯한 오줌방울이 서울 시내 가로수를 울창하게 하고 청계천과 한강을 지나 서해바다로 흘러가서 연평도 조기떼도 새우떼 넙치떼도 다 살찌웠을 것이다 새우젓에서도 넙치찜에서도 지린내가 나고 작년 추석에 사돈집에서 보내온 굴비두름에서도 분명 지린내가 났으니까! 전봇대에 눈 오줌도 우리 통신기술을 잘 키워서 오늘날 세계에서 1등하는 아이티 산업의 밑거름이 됐을 것이다 오늘 아침 내 핸드폰에서도 그 옛날 전봇대에서 들리던 윙윙하는 전신음도 분명히 났으니까!

첫사랑 여자와 포장마차에서 술 마시고 취하면 포장마차 말뚝에다가 오줌발도 센 오줌을 시원하게 누었다 사랑하는 여자와 자살을 꿈꾸며 서로의 뜨거운 가슴을 꺼내어 참새구이처럼 안주를 삼던 아아 그 시절의 추억은 이냥 포장마차의 진동하는 지린내 속에 있다 어느 날 카페에서 술 마시다가 화장실에 갔을 때 소변기 속에 깨끗한 얼음조각이 소복하게 쌓여 있는 것을 본 일이 있다 나는 술김에 소변기의 얼음을 한 개 집어 물로 씻어서 입에 넣고 자리로 돌아왔다 뭘 먹느냐고 동행이 물었을 때 나는 내 오줌방울이라고 했다 젊은 시절의 내 오줌방울이 서해바다 동해바다 지나 아득한 북극해까지 흘러가서 빙하와 만났다가 다시 돌아왔다고!
— 오탁번, 〈오줌〉

셋.

치자꽃 향기

1

문학은 어차피 음악이나 회화보다는 덜 미래적이라고 할 수 있다. 소리나 빛깔보다 언어는 그 자체가 매우 논리적이기 때문에, 문학은 자신의 틀을 아무리 벗어나려고 해도 그 한계가 있기 마련이다. 이상李箱이 일찍이 실험했던 '미래시'는 그것이 수십 년 전의 과거의 일인데도 불구하고 아직도 가장 전위적이고 미래지향적이다. 띄어쓰기도 무시하고 쉼표 마침표도 없고 숫자를 외로 나열하고 점을 찍어 댄 이상의 시는 사실상 숨이 막혀서 아무도 다 읽을 수 없는 불가독不可讀의 것이다. 이상의 시를 꼼꼼하게 다 읽고 분석한 수많은 논문들은 애당초 다 읽으면 안 되는, 읽을 수가 도저히 없는 것을 읽은 셈이므로 가장 잘못 읽은 결과물에 지나지 않을지도 모른다. 음풍농월의 시가 주류를 이루던 당시에 이토록 탈문학적인, 요즘말로 하면 디지털적인 작품을 실험한 이상의 시간의식은 참으로 대단하다. 감정이나 정서도 이모티콘으로 나타내는 요즘 젊은이들과 이상의 시는 맥을 같이하고 있다고 할 수 있다.

그의 시가 하나의 '과거'가 아니라 이토록 미래적인 것은, 현재는 과거의 미래이면서 미래의 과거가 될 수밖에 없는, 영겁의 시간이 흘러가도 시간이 지니는 순환적인 운명 때문이라고 할 수 있다. 이러한 시간의 연속성을 하나하나 극도로 미세한 점으로 분할하여 현재형으로 포착해 내는 디지털적인 속성과도 그 궤를 같이 한다.

백석白石의 시가 당시로서도 아주 과거회귀적인 어법과 정서로 가득했지만, 오히려 오늘날에 와서도 견줄 데 없이 '현대적'인 작품으로 평가되는 이유도 문학에서는 통시적인 과거-현재-미래가 하나의 시공時空 속에서 동일한 공시성共時性을 지니게 되기 때문이다. 김기림의 작품이 당시로서는 아주 신기할 만큼 새로운 현재, 즉 미래의 문물을 다루었지만 오늘날에 와서 보면 단순하게 죽어 있는 과거만을 떠올리게 하는 것과 백석의 시를 비교해 보면, '문학'에 있어서의 '시간'은 뫼비우스의 띠처럼 영구히 계속되는 표리가 구분되지 않는 것이면서도 한편으로는 그 '시간'은 언제나 '현재'요 '미래'일 수밖에 없는 속성을 지녔다고 할 수 있다.

우리가 흔히 과거의 문학을 단순히 과거의 것으로만 생각하는 습관이 있지만 사실은 그렇지가 않다. 아득한 과거의 문학, 그러니까 우리가 교실에서 배웠던, 흔히 권선징악의 상투적인 주제를 다룬 것으로 이해했던 작품 몇몇의 창작기법은 과거가 아닌 미래의 시점에서 이해해야 할지도 모른다. 현대적인 기법과는 동떨어진 것처럼 보이지만 자세히 그 내면을 분석해 보면 디지털 시대의 상상력이 은연중 내재되어 있음을 알 수 있다. 그만큼 우리 선조들의 변화무쌍한 상상력은 지금 오늘의 시점에서 보아도 전혀 낯설지 않은 현대적인 묘미가 살아 숨 쉬는 작품을 이루고 있다고 하겠다.

인당수에 던져진 심청이가 연꽃으로 피어나서 다시 왕비王妃로 재생하는 심청전의 플롯은 보르헤스의 환상적 리얼리즘을 능가하는 수법이라고 할 수 있다. 물론 몽자류夢字類 소설들도 마찬가지이다. 심청전이나 구운몽이 지니고 있는 황당한 스토리와 플롯은 마르케스의 환상적 리얼리즘과 다를 게 없다. 아득한 과거의 시점에서도 또 앞으로 전개될 미래의 시점에서도 문학의 모습은 어차피 멀티 아트적인 것이 될 수밖에 없다. 옛 선비들이 그린 문인화文人畵는 이미 시와 그림이 하나가 된 것이었고 그림에 다른 이가 찬을 써 넣게 되면 이것은 공동작품의 성격을 띄게 되고 심지어 후대 사람이 그것을 감상하고 감정인을 찍어 놓으면 그 때문에 그 가치가 더 나가는 경우도 많았다. 이미 시서화詩書畵가 서로 어우러진 종합예술의 한 모습이었던 것이다.

어린이 그림책이나 성탄절 카드를 음악이 흘러나오고 꽃향기가 나게 만드는 일도 이제는 가능한 일이 되었으니까 문학작품도 그 소재에 따라 인접 예술의 요소를 얼마든지 차용할 수 있게 된 것이다. 디지털 문화가 급속도로 사회를 지배하게 된 오늘날 '미래'를 내포하지 않은 단순한 문학작품은 더 이상 발붙일 데가 없어질지도 모른다.

지난주 금요일 마산 창신대학에 설립된 문덕수문학관 개관 7주년 기념식이 열려서 그 대학 문창과의 초청을 받아서 다녀왔다. 그쪽 경남이 고향인 문덕수 교수가 소장도서 1만 7천여 권과 서화와 도자를 창신대학에 기증해서 문을 연 문학관인데 '현대문학의 미래'라는 주제로 내가 짤막한 강연을 하게 되었다. 나는 거기서 대강 위와 같은 요지로 이야기하면서 '현대문학의 미래'라는 테마를 나는 '미래에서도 살아남을 수 있는 문학'이라고 읽어야 한다고 했다. 무슨 작품이 미래에도 불변의 현재형으로 살아남을지는 아무도 모르는 일이다. 그러나 우리는 오늘날까지 살아남은 과거의 작품을 통하여 어떤 작품이 '미래'의 것이 될 수 있는가를 가늠해 볼 수 있을 것이다. 원시인들이 동굴에 그려놓은 교감주술적交感呪術的인 그림이나 고구려 고분벽화는 아득한 시간 저 너머의 것이지만 현대의 어느 화가도 그것을 따라잡을 수 없는 절묘한 조화를 얻고 있지 않은가.

창신대학의 이상옥 교수는 몇 년 전부터 디카시詩(dica-poem)운동, 즉 디지털 카메라로 포착하는 극순간의 사물의 심상과 시를 접목시키는 시운동을 펼쳐 신선한 바람을 일으키고 있는데 이번 행사 때 내게 주어진 테마도 그와 연관이 있는 것처럼 보였다.

우리의 눈으로 보는 사물은 제한된 시력과 시야에 한정되어 있는 모습일 뿐 그 사물의 실체와는 거리가 멀다. 현미경이나 망원경을 통해 보는 사물의 모습 그리고 X레이나 MRI를 통해 보는 우리 신체의 모습은 우리가 맨눈으로는 도저히 볼 수도 상상할 수도 없는 형상을 표현하고 있지 않은가. 앞으로의 시는 이와 같은 과학문명의 발달에 따라 디지털 시대의 특징을 담아내면서 일찍이 경험하지 못한 큰 변화가 초래될지도 모른다. 젊은 세대들에게는 이미 '편지'라는 소통 양식과 필름 사진이라는 표현 방식이 구석기 시대의 고인돌처럼 과거의 유물로 사라져 버렸고 그 자리를 문자 메시지와 이메일과 동영상이 차지하고 있지 않은가.

몇 년 전 〈홀레〉라는 시를 쓸 때의 일이다. 실잠자리는 교미를 할 때 수컷이 부속기관을 암컷 앞가슴에 연결하고 암컷은 제9마디 생식기를 수컷의 2,3마디에 연결하여 하트 모양을 만든다. 하트 모양으로 암수 실잠자리가 교미하는 모습이 너무 재미있게 보였지만 이것을 언어로 묘사하면 긴장이 느슨해져서 아예 실잠자리가 교미하는 사진을 시 속에다가 넣는 적이 있다. 나의 시가 얼핏 보면 사뭇 '과거적인 정서'를 다루는 것 같지만 사실은 그 안에 '미래'에 대한 나름대로의 전망이 곳곳에 스며 있다. 생생하고 아름다운 토박이말을 찾아내어 생명을 불어넣는 일도 언어의 화석化石을 캐내는 일이 아니라 우리 문학의 미래에 대한 전망 속에서 이루어진다고 할 수 있다. 사라져 버린 과거의 풍물을 시로 표현하면서도 그것이 우리 민족의 현재요 또 반드시 부활하는 미래가 된다는 확신을 가지고 나는 시를 쓰고 있는 것이다. 그래서 나의 시에는 디지털 시대의 풍경을 모티프로 삼고 있는 시도 있고 시 안에다가 그림이나 사진을 차용한 것도 더러 있다.

그날 문학강연을 하면서 디지털 시대의 풍경과 연결되는 내 시 하나를 소개했다. 그 작품은 경남 진영읍에서 어린이집을 운영하면서 시를 공부한다는 미지의 독자가 보낸 문자 메시지를 모티프로 한 〈꽃소식〉이라는 시였다. 핸드폰으로 문자 메시지를 주고받는 시대에 살고 있지 않았다면 이런 작품은 태어날 수가 없었을 것이다. 그날 아침에 김포공항으로 나가면서 그에게 전화를 해서 마산 창신대학에 문학강연을 하러간다는 소식을 알렸다. 그날 오후 창신대학 사회관 세미나실 입구에서 그 독자를 처음 만나 인사를 나누었다. 시인과 생면부지 독자의 만남! 이슬에 젖은 것처럼 가슴이 설레었다.

식목일 하루 전날
오후 강의 끝내고 연구실에 돌아왔는데
'삐용 삐용' 문자 메시지 신호가 왔다
"야~ 꽃잎 날린다. 구경 가자.
4/4 3:12 pm 010 *583 *130"
나보고 꽃구경 가자고?
누굴까?
나는 발신키를 딱 눌렀다

진해 벚꽃이 너무 황홀해 메시지를 보냈다며
젊은 여자가
깜짝 놀란 듯 앙가조촘 말한다
내 전화번호를 어떻게 알았느냐니까
내 시를 좋아해서 작년에 전화했던 독자란다
이름이 뭐냐니까
그냥 호호 웃는다
내 시를 좋아해서 전화하고 편지하는 독자는
팔도에 겨우 한 두 사람 꼴인데?
벚꽃 내음이 물씬 나는 목소리의
주인을 찾기 위해
그때그때 전화번호를 적어놓는
수첩을 뒤적이기 시작했다
남녘에서 날아온 뜻밖의 꽃소식이
수첩 갈피마다 피어올랐다

나는 작년 가을 〈눈썹〉이라는 시에서
이렇게 끝맺음을 한 일이 있다
　　—?를 보낸다 011-473-1305

나도 진짜 시인이 던지는 빛나는 낚시 바늘
답싹 물고 몸부림하고 싶네
어느 잡지에 난 이 시를 읽고
내 핸드폰으로 전화를 했던
바로 그 사람!
진영에서 어린이집을 하면서
시를 공부한다는 사글사글한 여자였다
택배로 진영 감 한 상자를
착불로 보내줘서
택배비 5천원을 내가 물게 한
바로 그 사람!

전화를 할까 말까 망설이고 있는데
또 문자 메시지가 왔다
"역시 시인은 다르네요!
방금 그 문자 10명께 보냈는데
선생님만 전화 주셨네요. ^ε^
4/4 3:20 pm 010 *583 *130"
자기 이름은 살짝 숨겨놓고
새물새물 웃기만 하는 이 여자에게
끝내 나는 전화를 하지 못했다
전화를 해서, — 아무개 맞지?
이렇게 말해버리면
눈부시게 핀 진해 벚꽃이
한 순간에 다 져버릴 테니까!
— 오탁번, 〈꽃소식〉

시를 읽었더니 청중들이 웃으면서 박수를 쳤다. 내 시를 좋아하는 그 독자를 청중들에게 소개했다. 그녀는 부끄러워하면서도 자리에서 일어나 인사를 했다. 사람들이 또 박수를 쳤다. 내가 좀 싱거운 데가 있어서 매순간마다 어디로 튈지 모르는 구석이 있긴 하지만, 아무튼 그날 강연은 이런 깜작 이벤트랄까 해프닝이랄까 때문에 지루하지 않게 끝낼 수 있었던 것 같다.

그날 저녁 마산 지역의 시인들과 어울려 이런저런 이야기꽃을 피우고 나서 호텔로 돌아와 커피숍에서 차를 마시고 있을 때 〈꽃소식〉의 등장인물인 '그 여자'가 다시 찾아왔다. 그는 나에게 독일제 마이제르MAYSER 여름 모자를 선물했다.

서울로 돌아와 나는《오탁번 시전집》(태학사, 2003)과 나의 일곱 번째 시집《손님》(황금알, 2006)을 우체국 택배로 그녀에게 보내 주었다. 물론 택배비 4,500원은 내가 냈다.

책을 받은 그녀가 바로 문자 메시지를 보내왔다.

— 무척산 찻집에서 시집을 읽고 있어요. 치자꽃잎을 따서 시집 갈피에 끼웠어요.

무척산舞尺山, 산 이름도 참 기막히다. 신라 시대에는 춤을 추는 악공樂工을 춤자이, 즉 무척舞尺이라고 불렀다. 지금 이 글을 쓰면서 노트북 자판을 두드리면 남녘 멀리 무척산에서 날아온 치자꽃 향기가 진하게 피어오른다. 가야금과 거문고 켜면서 춤추는 천 년 전 무척舞尺들의 춤사위도 눈에 선하다.

2

방학이 되면 나는 일종의 서음증書淫症에 빠진다. 요즘 나는 눈만 뜨면 책을 읽고 또 읽는다. 움베르토 에코의《세상의 바보들에게 웃으면서 화내는 방법》과 리처드 포티의《살아 있는 지구의 역사》, 데이바 소벨의《행성 이야기》, 안상현의《우리가 정말 알아야 할 우리 별자리》와 김미도의《연극배우 박정자》를 읽었는데 어떤 것은 전에 이미 읽은 것을 열 번째 다시읽는 책도 있다. 읽을 때마다 처음 읽는 것 같은 느낌이 드는 것은 그 책이 좋은 책이라서 그런지 그전에 읽은 게 하나도 기억에 남아 있지 않으니까 늘 처음 읽는 맛이 나는 건지 나도 잘은 모르겠으나 양쪽 다일지 모른다는 생각을 할 때가 많다. 나는 무슨 책을 읽다가 그 책을 손에서 놓으면 즉시 내용을 다 까먹는다. 머릿속에 축적되는 지식이 통 없다. 이것은 매우 불행한 일이면서도 더없이 행복한 일도 된다는 것을 나는 안다. 그래서인지 나는 요즘 들어 무념무상의 상태에 빠져있을 때가 많다. 나이도 잊고 세상만사 다 잊고 그냥 아무 생각도 없이 지내는 시간이 많다. 어떤 때는 내가 생각하는 능력을 지닌 인류가 아니라 아예 이목구비도 없는 식물이 된 것 같기도 해서, 연못을 하염없이 보고 있으면 내가 꼭 수련이 된 것도 같고 앙증맞은 어리연꽃이 된 것 같을 때가 있다.

어제 저녁에는 잠이 안 와 이화은의 시집《절정을 복사하다》(문학수첩, 2004)를 다시 읽었다. 참 좋은 시인이 내 가까이에 살고 있다는 생각이 새삼 들었다. 벌써 십 몇 년 전에김재홍 교수의 소개로 알게 된 다음부터 꼭 내 개구쟁이 누이처럼 예뻐하며 지내는 사이인데, 어떤 때는 샘도 많아 샐쭉거리기도 잘하는 '나이를 잊어버린' 천진한 시인이다. 나는 벌써 오래전 그의 두 번째 시집 해설을 쓰면서 다음과 같은 말을 한 적이 있다.

> 남성 못지않은 대담성과 여성 본유의 섬세한 정서를 극히 미묘하게 대립 충돌시키면서 유년의 추억과 현실의 왜곡을 시창작의 소재로 자유자재로 혼용하고 있다는 인상을 받았다. 비단이면 비단, 광목이면 광목 또 삼베면 삼베를 커다란 가위로 쓱쓱 잘라주면서 치맛자락을 펄럭이는 시골 장터의 포목점 여인이 풍기는 넉넉한 마음씨와, 손님으로 하여금 약간 바가지 쓰는 걸 눈치 채게 하면서도 발길을 돌릴 수 없게 만드는 특유의 '호객'과 '거래'의 기막힌 어조를 천성으로 타고난 시인이라는 생각도 들었다.
>
> — 오탁번, 이화은 시집《나 없는 내 방에 전화를 건다》(나남, 1999) 해설 부분

그에게서 포목점 여인의 모습이 왜 떠올랐을까. 독자에게 어필하는 호객呼客의 언어와 사물과 자아를 왕래시키는 거래去來의 경로가 분명하면서도 섬세하게 드러나 있는 그의 시의 특징을 은연중에 지시한 말이었지만, 손님만 바가지 쓰는 게 아니라 희떱게 바가지 씌우면서 자기도 정작 손해를 보는 시골 장터 아낙네의 모습이 바로 시인의 모습과 통하는 것은 아니었을까.

시인은 시를 써 온 지가 수십 년 되어도 언제나 '시는 무엇인가'라는 원초적인 질문 앞에 맨몸으로 서야 된다. 이화은 시인의 시집을 다시 읽으면서 나는 그가 지니고 있는 시에 대한 다부지고 앙큼한 고백을 대하고 정신이 퍼뜩 들었다. 시의 이야기가 담고 있는 내용이나 주제 때문이 아니라 작품의 구조 안에서 마냥 휘젓고 다니는 언어의 마력魔力 때문이었다. '그놈'이라고 불리는 시詩는 메기나 뱀장어처럼 진흙 속을 파고드는 동물적인 심상인 듯하다가는 이내 식물적인 상상력으로 번지는가 싶더니 다시 주술呪術과도 같은 '씨-새끼-죽음'

의 시적 공간을 창조해 낸다. 그까짓 흔해 빠진 연꽃을 보면서 어떻게 '시'의 정수리에다가 불벼락을 때릴 궁리를 다 한 것일까.

진흙 판에서 살아남으려면
신발에 묻은 흙을 털어서는
안 된다 스스로
진흙 속으로 걸어 들어가
한세상 흙탕에 뒹굴어야한다
쫙쫙 제 몸을 찢어발겨
꽃피어야한다
그놈의 씨를 받아 펑펑
그놈의 새끼를 낳아야한다
그리고 거기 뼈를 묻고
죽어버리는 것이다
오 詩여
— 이화은, 〈연꽃에 대한 한 관념〉

시에 대한 고백과 '시인'에 대한 자기성찰은 여기서 끝나지 않는다. 다음의 시를 보면 이화은 시인이 갈구하는 '좋은 시'에 대한 철저한 사랑을 이내 감지할 수 있는 것이다. 이처럼 시인은 좋은 시에 대한 탐구를 목숨 걸고 해야 한다. 괜히 무거운 주제를 짊어지다가 종당에는 시를 망실해 버리는 헛고생을 할 게 아니라, '갓 따낸 멍게처럼 탱글탱글한' 언어를 찾아가는 절망絶望 속에 투신해야 하는 것이다. 지금 이 비유는 지난번 마산에서 만났던 조은길 시인의 첫 시집 속에 있는 산문에서 인용한 것인데, 물론 그 비유의 본뜻은 생판 다르다. 조은길 시인은 배태기가 된 애완용 개의 생식기를 이렇게 기막힌 비유로 표현한 것이니까 말이다. 그러나 '좋은 시'를 꿈꾸는 시인의 상상력도 결국은 좋은 시를 회임懷妊하기 위한 갈망이라고 말할 수 있다면, 하긴, 양자가 일맥상통할 수도 있겠다 싶다.

그 아이가 다 읽고 난
시집 속에 들어가면 연필로 그린
희미한 동그라미 보인다
보일 듯 말 듯
시의 행간 어딘가에 잠들어 있을
이 시의 주인 행여 눈치 챌라
머리칼 한 오라기 흘리고 가듯
발자국이 살금!하다
아마 이 시의 솔기 어딘가에
제 마음 겹쳤던 흔적이리라
눈물 곁에 쪼그리고 앉아 쿨적거리던
제 설음의 얼룩이
이처럼 부끄럽고 둥글었던 것일까
한 눈물에
또 한 눈물을 잇대어 기운
시집 속의 시집 그 뜨거운 사슬을 빠져나오니
바깥은, 매미 소리 시퍼렇게 우거지고
여름 한 귀퉁이에
산나리 막 깨어나는 참이다
— 이화은, 〈시집 속의 시집〉

이 작품의 부제는 '현영에게'인데 '현형에게'라고 해야 맞는 게 아닐까? 내 눈에는 꼭 권현형 시인이 시집을 읽으면서 좋은 구절에다가

가는 연필로 언더라인도 하고 생뚱맞게 동그라미도 그려 넣고 하는 철없는 '아이'같이 보이니까 말이다. "시의 솔기 어딘가에/제 마음 겹쳤던 흔적"을 남기는 시집의 임자인 시인이나 연필로 그린 희미한 동그라미를 '시의 솔기'에 겹쳐지는 마음으로 읽어 내면서 〈시집 속의 시집〉을 쓴 시인이나 참으로 소중한 인연이라는 생각이 문득 들었다.

며칠 전 정윤천의 시집《구석》(실천문학사, 2007)을 받고 요즘 시집이 하도나 많이 나오니까 그저 지방에 사는 젊은 시인이 또 시집을 냈나 보다 하면서 읽어나가다가 나도 모르게 시집에 푹 빠져 버리고 말았다. 실감나는 전라도 사투리도 신기했지만 사물을 보는 관점과 사람을 이해하는 낙낙한 마음이 정겹고도 정겨워서 잔잔한 미소와 함께 가슴이 쿵 울리는 듯한 공감을 맛볼 수 있었다. 요즘 젊은 시인들은 현란한 상상력으로 너무들 끔직한 개성을 내세우는 나머지 정작 독자를 난감하게 만드는 경우를 종종 볼 수 있다. 시의 맛과 멋은 도통 모른 채 공연히 말장난에 몰두한 그런 시는 독자들을 헷갈리게 만들어서 아예 시 읽기를 포기하게 하지만, 정윤천의 작품은 누구나 쉽게 이루지 못하는 아주 특별한 낌새가 곳곳에 숨어 있어서 읽을수록 진한 맛이 배어나는 것이었다.

'천천히 와'라는 일상에서 흔하게 주고받는 말 한마디에 스며 있는 우리네 마음씨를 어쩌면 이렇게 살뜰하게 짚어 냈을까.

천천히 와
천천히 와
와, 뒤에서 한참이나 귀울림이 가시지 않는

천천히 와

상기도 어서 오라는 말, 천천히 와
호된 역설의 그 말, 천천히 와

오고 있는 사람을 위하여
기다리는 마음이 건네준 말
천천히 와

오는 사람의 시간까지, 그가
견디고 와야 할 후미진 고갯길과 가쁜 숨결마저도
자신이 감당하리라는 아픈 말
천천히 와

아무에게는 하지 않았을, 너를 향해서만
나지막이 들려준 말
천천히 와.
— 정윤천, 〈천천히 와〉

다음의 시는 어느 계간지 지난 호에서 어떤 비평을 읽다가 거기 인용된 작품을 오려 놓았던 것이다. 나는 이 시를 몇 번이나 읽어 보았다. 이런 진짜 시를 우연히 발견하고 읽을 때면 하루 종일 기분이 무지 좋다. 시를 쓴 시인과 일면식이 없을 경우에는 그 기쁨은 곱절이 된다. 눈물겹게 아름다운 작품이다. 대패밥이 든 고린내 나는 고무신을 남기고 떠난, 아홉 번 찢어진 '아버지'여, 극락왕생極樂往生하시라.

장례를 치르고 둘러앉았다. 아버지의 유품을 앞에 놓고 하품을 했다. 사나흘 뜬눈으로 보낸 독한 슬픔도 졸음을 이기진 못했다.

아무 짝에도 쓸모없는 나무상자는 관처럼 무거웠다. 어서 짐을 챙겨 떠나고 싶었다. 차표를 끊어둔 막내는 자꾸 시계를 들여다봤다. 이걸 어쩐당가, 마누라는 빌려줘도 연장은 안 빌려 준다고 해쌓더니… 엄니는 낡은 상자를 연신 쓰다듬었다.

관 뚜껑이 열리듯 연장통이 열리고 톱밥냄새가 코를 찔렀다. 술과 땀에 절은 아버지, 먹통, 끌, 대패, 망치를 둘러메고 늙은 사내가 비칠비칠 걸어 나왔다. 몽당연필을 귀에 꽂은 아버지, 대팻밥이 든 고무신에서 고린내가 풍겼다

자식 농사만은 대풍을 거두셨다. 망치는 부산으로, 톱은 서울로, 줄자는 울산, 말라붙은 먹통은 분당으로, 아버지는 그렇게 아홉 번 찢어지셨다. 가방을 뚫고 나온 이 빠진 톱날이 악어처럼 사나웠다.

— 마경덕, 〈연장통〉

넷.

고비에서 꺼낸 편지

1

시간 날 때면 인사동이나 장안평 골동품 가게에 들르곤 한다. 또 서울에서 제천 가는 길감곡 나들목 가까이 있는 앙성면 골동품 가게에도 자주 간다. 요즘은 중국의 물건들이 많이 들어와 있긴 하지만 그래도 운이 좋으면 우리나라 토종 민속품이나 아주 귀중한 골동품을 만나는 일이 있다.

작년 가을에 중국 벼루를 하나 구한 일이 있다. 단계석으로 된, 지름은 10센티미터도 채 안 되고 굽은 4센티미터 정도 될까말까 한 자그마한 원형 벼루인데 밑바닥에 박쥐 문양을 양각해 놓았고 테두리에는 냇가의 숲과 가옥이 음각돼 있는데 그림 옆에 오언절구五言絶句가 새겨져 있는 벼루이다.

幽人得天趣 竹室在山間
永懷當盛世 所樂在人和

건륭어명 벼루

'유인幽人이 하늘의 멋을 얻어/댓집이 산속에 있네/태평성세 바라는 마음/그 즐거움이 인화에 있네'라는 시 옆에는 '건륭어명乾隆御銘 신동호臣董浩'라는 벼루 주인의 낙관이 새겨져 있다.

청나라 건륭황제(1711-1799)는 재위 기간이 60년(1735-1795)이나 되는 황제로서 그의 조부 강희제康熙帝에 이어 문화적으로 가장 난숙하고 정치적으로 가장 강력한 국가를 건설하였다. '강희康熙 건륭乾隆 시대'라는 말이 있을 정도로 청나라 최성기를 이룩한 황제이다. 천산 남로를 평정하여 변경 지역에 대한 중앙정부의 지배를 강화하는 등 청나라의 세력을 중국 천하에 떨친 황제였다. 그의 시호는 순황제純皇帝이고 묘호는 고종高宗이며 별칭으로는 모든 것을 다 갖추었다고 하여 십전노인十全老人이라고도 했다. 그의 신하인 동호董浩라는 사람이 벼루에 어명을 새기고 먹을 갈아 글을 썼을 이 자그마한 벼루가 2백 년도 넘는 세월의 강을 건너와서 지금 내 앞에 있다는 생각을 할 때마다 숙연한 기분이 절로 들었다.

오래된 먹빛이 그대로 남아 어둡고도 어두운 빛깔을 하고 있는 옛 벼루를 보고 있으면, 그 벼루를 사용하던 곳이 중국이든 우리나라든 간에 몇 백 년 전 시를 쓰던 선비들의 모습이 아련히 떠오른다. 나도 지금 이글을 노트북 컴퓨터로 작성하고는 있지만 원래 글이란 붓으로 연필로 만년필로 써야 제격이다. 글쓴이의 필체만 봐도 그 글을 쓰기 위하여 겪은 고뇌와 번민이 드러나고 또 명을 재촉하면서도 한 줄의 절필絶筆을 얻기 위하여 모든 것을 바치는 절대절명의 고독이 우러나는 것인데, 요즘처럼 글을 쓰는 것이 아니라 그야말로 작성作成하는 것은 글쓰기의 정도는 아닌 것이다.

필체筆體와 글의 내용이 일체가 되는 것이 옛 선비의 오롯한 꿈이어서 시서詩書가 일체가 되고 또 그림까지 곁들여 시서화詩書畵가 혼연일치되는 것을 궁극의 목표로 삼았다. 벼루에 먹을 갈아 붓을 잡고 연지硯池에 고인 먹을 찍어 시를 쓰던 고독한 선비들은 때로는 과거를 보기 위해서 실제적인 공부를 하여 벼슬길에 나섰다가도 운이 없으면 부귀공명은커녕 당쟁黨爭의 회오리에서 희생되어 목숨을 잃거나 유배流配되어 적소謫所에서 한 많은 세월을 보낸 이도 많았을 것이다. 옛 벼루를 보고 있으면 이러한 이름 모를 선비들의 절대고독의 숨결이 손에 잡힐 듯 느껴져서 먹때가 묻은 벼루를 쓰다듬을 때마다 공연히 처연해지는 마음을 억누를 길이 없다. 다산茶山이나 추사秋史 같은 선비가 겪은 그토록 길고긴 유배생활이 주는 아픈 울림이 없었더라면 그들이 오늘날 이토록 커다란 문화적 상징이 될 수 있었을까.

지난봄 어느 비오는 날 강의를 마치고, 달리 할 일도 없고 만나고 싶은 사람도 생각나지 않아서 골동품 가게가 몰려 있는 장안평 골목을 어슬렁거리다가 우연히 들른 가게에서 이상한 골동품 하나를 보게 되었다. 좀 귀한 물건 같아 보이기는 하는데 어디에 쓰이는 것인지는 종잡을 수가 없었다. 일반 손님에게는 낱개로 판매하지 않고 대학 박물관이나 굵직한 소장가만 상대한다며 거드름을 피우는 주인은 내가 그 물건을 유심히 보자, 나를 딱하다는 듯이 보면서도 한편으로는 은근히 추켜세우는 듯한 태도로 말했다.

— 귀한 물건을 알아보는 안목이 있군요. 왕실에서 쓰던 고비예요.

'고비'는 옛 선비들이 편지나 문서를 꽂아두던 것으로 주머니나 상자처럼 만들어 벽에 걸어 두던 것인데 대개는 두꺼운 종이로 만들었다고 한다. 그런데 내가 그날 본 것은 오동나무로 만들어 십장생十長生을 기막히게 양각해 놓은, 이 세상에 있는 멋은 그야말로 부릴 대로 다 부린 명품으로 보였다. 나는 속으로 내 한 달 월급 정도는 줘야 살 수 있겠다고 생각하면서도 고비의 값을 직접 물어보지 않았다. 바로 관심을 보이고 값을 물어보면 옳다구나 하고 높은 값을 터무니없이 부르는 것을 알고 있기 때문이었다. 나는 시치미를 떼고 다른 물건에 관심이 있다는 듯이 이것저것 흥정을 하다가 짐짓 나오려고 했다. 그러다가 그냥 스치는 듯한 태도로 벽에 걸린 고비를 가리키면서 그 내력과 값을 물었다.

— 조선조 왕실에서 쓰던 고비예요. 지방 대학 박물관에서 사 가기

로 한 거예요.

나는 떼를 쓰다시피 하여 그 고비를 마침내 손에 넣었다. 주인은, 내가 귀한 물건을 한눈에 알아보았으니 이 물건의 임자는 바로 당신이라고 말하며 역시 귀한 골동품은 다 임자가 있는 법이라면서 자기는 일개 장사꾼이 아니라 귀한 골동품을 구해 놓았다가 진정한 임자가 나타나면 건네주는 역할을 할 뿐이라고 말했다. 보고 또 봐도, 폭 한 뼘 반, 높이 여섯 뼘 쯤 되는 오동나무로 만든 그 고비는 너무 황홀할 정도의 명품이었다.

고비

고비를 거실 벽에 정성껏 걸어 놓고 나는 하루에 몇 시간씩 고비를 멍하니 바라보기도 하고 가만가만 쓰다듬기도 하면서 온갖 상념에 빠져들었다. 조선 왕실에서 쓰던 것이라는 확고한 고증은 없지만 내 짐작으로는 족히 몇 백 년의 세월을 견뎌온 것으로 보이는 고비는 그것이 꼭 조선 시대의 것이 아니고 중국의 것이라고 해도 그 귀중한 가치는 줄어들지 않는다고 생각되었다. 내가 마치 어느 왕실의 고귀한 왕세자가 된 듯한 착각에 빠지기도 했다. 올리브유를 부드러운 천에 묻혀 때와 먼지를 조심스레 닦아냈다. 그 옛날 어느 왕실이나 사대부집 사랑방 문갑 위에 걸려 있었을 고비를 상상하고는 나 혼자 남몰래 시간여행을 즐기면서 어느새 망건을 쓴 선비가 쉬엄쉬엄 먹을 갈면서 해오라기 날아오는 안개 낀 연못가 정자에 앉아 시를 쓰고 읊는 고즈넉한 풍경 속에 스스로를 투사하곤 했다.

그동안 받았던 편지 중에서 보관하고 싶은 것들을 골라 고비에다가 꽂아 놓았다. 편지 중에는 김상옥 구상 조병화 홍윤숙 김남조 김종길 선생의 것도 있고 박용래 이형기 박재삼 정진규 이근배 시인의 것도 있어서 가끔씩 꺼내어 읽어보기도 하다가 어느날 옛 제자인 젊은 시인 장인수가 몇 년 전에 보낸 편지를 꺼내 읽었다.

내가 그동안 제자들에게 얼마나 무심한 헛똑똑이었는지를 고백도 하고, 또 한 사람의 시인이 태어나는 고통의 과정이 어떠한지를 생생하게 보여 주고 싶은 마음에서 그의 편지를 읽어 보기로 하겠다.

> 망설임으로 설렘으로 펜을 듭니다.
>
> 이번《시인세계》가을호에 신인상을 받은 장인수입니다. 심사위원은 황동규, 김승희, 김종해 선생님이셨습니다. 김종해 선생님이 오탁번 선생님께는 꼭 인사드리라고 말씀하셨습니다. 두 분이 깊은(?) 사이인가 봐요? 후후.
>
> 사실 정진규 선생님을 스물네 살 때 뵌 적이 있습니다. 벌써 11년 전이네요. 관훈동《현대시학》사무실로 저를 불렀지요.
>
> 정진규: 자네 시가 좋으네. 이번에 추천하려고 하는데 시를 투고한 사실을 오탁번 교수가 알고 있는가?
>
> 장인수: 아니오,

정진규: 오탁번 교수에게 시 보여드리게. 내가 연락해 줄테니. 그게 예의 아닌가?

장인수: 예.

며칠 후 사범대학 3층 오탁번 선생님 연구실로 갔습니다.선생님은 러시아산 보드카를 꺼내시며 저보고 커피를 타라고 하시더군요. 오후 4시쯤이었습니다.

오탁번: 커피가 안주네. 자, 술 한잔 하세.

저는 보드카 한 잔과 커피 한잔을 마셨습니다. 그때 저는 감기에 몹시 걸려 있었습니다. 보트카를 마시자 온몸이 불덩이가 되어 갑자기 쓰러질 것 같았습니다.

오탁번: 자네 시 읽어보았네. 잘 쓰지만, 아직은 아닌 것 같아. 내 시의 아류작 같은 느낌이 자꾸 들어. 내 시를 뛰어넘어야 하네. 알겠나?

그렇게 결딴이 났습니다. 저는 다음날 저의 습작을 보따리에 싸서 도봉산 인수봉 바위 틈새에 묻어 버렸습니다. 몇 년의 절필이 이어졌습니다. 그러다가 2002년 동아일보 신춘문예 본심에 올랐었는데 김혜순, 이남호 선생님이 심사위원이었습니다. 저는 뚝 떨어졌습니다. 대학 때의 저의 은사님인 오탁번, 이남호 선생님은 저와 그런 악연이 있습니다.

오탁번, 정진규, 이남호 선생님.

이제 그분들과의 악연이 저의 시심을 일깨우는 진정한 스승이었음을 이제야 느끼게 됩니다. 선생님! 고맙습니다. 머리 조아려 고맙습니다. 저는 이제 막 한 걸음 내딛은 초보입니다. 맑은 시심, 깊은 시심, 치열한 시심을 기를 수 있도록 앞으로 많이 지도해 주세요. 그동안 써온 시 중에서 20여 편을 보냅니다. 바쁘시겠지만 제가 쓴 시를 읽어 보시고 저를 혼내주시면 감사하겠습니다.

제가 고3 담임이라서 9월 초순까지는 시간이 잘 나지 않네요. 2학기 수시모집으로 매우 바쁘답니다. 9월 중순부터 말까지는 시간이 납니다. 특히 9월 24일부터 30일은 중간고사 기간이라 오후 2시

이후부터는 짬이 납니다. 그때 찾아뵙겠습니다.

2003. 8. 29.

나는 이 편지를 받고 가슴이 쿵 하고 내려앉는 듯한 묘한 감정을 느꼈다. 하도 오래 전의 일이어서 까맣게 잊고 있는 나에게 흘러가 버린 과거를 쑥 내밀어 보이면서 토로하고 있는 이 눈물겨운 진정성 앞에 할 말을 잊었던 것이다. 그러나, 혹은, 그래서, 나는 답장을 하지도 못하고 편지를 서랍 속에 잘 넣어 두었다.《시인세계》에 당선된 그의 작품을 찾아 읽어 보면서 한 해 전인가 내가 펴내는《시안》에도 그가 응모를 하여 최종심에 오른 일도 기억이 났다. 대학 교수를 평생 하는 동안에 말 못할 걱정도 기쁨도 많았지만 그때의 장인수 편지만큼 나를 놀라게 한 일은 드물었다.

등단을 눈앞에 두고 그저 인사차 들려서 작품을 보여 준 제자에게 이렇게 모진 말을 했다니! 그때나 지금이나 연구실 서가에 술 한두 병이 있어서 대학원 수업을 할 때에는 아예 위스키나 코냑을 한 잔씩 하면서 희떱게 떠들곤 하는 나였다. 아마도 3학년 학생이 찾아와서 느닷없이 등단을 하겠다고 했으니 보드카 한 잔 주면서 족히 그렇게 말했을 것이다. 내 말 한마디에 원고를 싸들고 인수봉에 가서 땅에 묻어 버리고, 시에는 물론 오탁번이라는 헛똑똑이 선생에게도 매몰차게 작별을 고하는 녀석의 눈물겨운 모습은 두고두고 나를 잠 못 이루게 만들었다.

그랬다. 젊을 때나 교수가 되어서나 나는 남의 가슴에 못 박는 말을 잘했다. 누가 시나 소설을 써서 보여 주면, '자네는 안 되겠네'라는 말을 떡 먹듯 잘 했다. 지금 대학 교수를 하고 있는 몇몇 후배나 7-80년

대 학번의 제자들은 술자리에서 나를 만나면 늘 하는 말이 있다. 내가 그냥 툭 던진 말 한마디 때문에 시인이나 작가의 꿈을 접고 대학원에 진학하여 고전문학이나 국어학을 전공하게 되었노라는 이야기였다.

그 후 그에게 편지 잘 받았다는 전화를 했는지 안 했는지도 잘 기억나지 않는데 1년 후에 그에게서 편지가 또 왔다. 시 몇 편을 함께 보내왔다.

> 무말랭이 반찬을 싸들고 억새밭으로 들어갑니다. 비뚤비뚤한 억새밭 사잇길을 걸으면 살랑살랑 억새의 작은 흔들림이 제가 걸어온 길을 흔듭니다. 힘들고 어려운 인생의 중심을 잡아 주는 것은 바로 저런 작은 흔들림이라는 생각을 합니다. 허기가 밀려올 때 무말랭이를 자근자근 씹어봅니다. 쥐포보다 껌보다 오래 씹을 수 있는 무말랭이. 쫄근쫄근 무말랭이를 씹다 보면 어느새 되새김질하는 소가 되어 있음을 느낄 수 있습니다.
>
> 선생님, 안녕하세요? 잘 지내셨죠? 몇 편의 시를 썼습니다.
>
> 시가 자존심이 되고, 절망이 되고, 생활의 발목을 잡는 장애가 되고, 지지리도 말 잘 안 듣는 애인이 되고 있습니다. 어차피 외로운 곳이지만, 시인의 길은 더욱 외로울 것 같은 예감이 듭니다.
>
> 가을, 선생님을 뵈러 가겠습니다.
>
> 2004. 9. 3.

일요일 아침 7시 40분
녀석들은 벌써 엉겨붙었다
눈만 뜨면 싸우는 녀석들
아내는 참다 참다 드디어 회초리
큰 녀석은 여섯 대, 작은 녀석은 네 대
나이값 하라며 나이로 눌러버린다

연봉서열의 전근대적인 교육관을 화끈하게 실천하는 아내
그때 텔레비전에 장봉도라는 섬이 나오고
97살의 김간난 할머니가
호미로 바지락을 캐고 있다
이빨 거의 빠져
망망대해에 몇 개 바위 섬 같은 이빨로
"내일이 할아버지 생신인데
바지락으로 밥해 주려고"
썰물의 파도가 주름 사이로 설금설금 지나간다
눈물 콧물 훌쩍이며 벌서고 있던 네 살이 대뜸
"오! 할머니, 귀엽다"
그 말을 들은 아내도
텔레비전으로 시선을 옮기더니
"정말, 귀엽네"
살벌한 거실이 홀연히 키득키득
그런데 내 귀에는 왜 가엽다로 들렸을까
앞니 두 개 빠진 여섯 살 녀석
번쩍 벌서던 손 대뜸 내려 자기 잇몸을 만진다
— 장인수, 〈할머니가 귀엽다〉

이 글을 쓰다가 이렇다 저렇다 앞뒤 말은 하지 않고 장인수에게 그냥 전화를 했다. 몸이 좀 안 좋다더니 요즘 어떠냐니까 많이 좋아졌다고 했다. 〈할머니가 귀엽다〉라는 시가 작년에 나온 첫 시집 《유리창》(문학세계사, 2006)에 들어있느냐고 하니까 아예 발표도 하지 않았다고 한다. 그러니 물론 첫시집에도 들어있지 않다고 한다. 작년에 그의 첫 시집이 나왔을 때 인사동 근처 카페에서 조촐한 출판기념회가 열렸는데 그때 마침 학위논문 심사 때문에 내 연구실에 왔던 오세영 교수와 함께 참석한 일이 있다. 〈할머니가 귀엽다〉처럼 좋은 시를 왜 발표도 하지 않았을까. 왜 첫 시집에 넣지도 않았을까. 혹시 옛 선생한테 한번 읽어달라고 보냈는데 해가 다 가도록 일언반구도 없으니까 제 작품에 대한 스스로의 자신감이 생기지 않아서는 아니었을까. 장인수, 자네는 참 좋은 제자이고 찬란하게 번뜩이는 시인이다. 오호嗚呼라. 나는 헛똑똑이 선생, 이게 다구나.

'시인 공화국'이라는 말이 나올 정도로 우리나라에는 시인이 많다고 한다. 시인이 많이 양산되어 수준이 하향평준화가 되지 않을까 걱정하는 사람도 있고 시인의 수는 많을수록 좋지 웬 걱정이냐고 하는 사람도 있다. 또 우리나라는 '시잡지 천국'이라고 할 만큼 온갖 시잡지들이 경향각지에서 발행되고 있다. 시인들에게 작품 발표 지면을 많이 제공하게 되니까 잡지는 많을수록 좋다는 사람도 있고 동인지나 글짓기 동호인들의 문집과도 같은 잡지는 이른바 '시인'이라는 이름을 가진 이들이 수준 이하의 작품을 양산하게 만드는 주된 원인이 된다고 단정하는 사람도 많다. 그런 사람들은 '시잡지 천국'은커녕 '시잡지 지옥'이라고 비아냥댄다. 그러나 시인의 숫자를 대학 정원 조정하듯이 국가에서 정할 수도 없고 각 잡지당 1년에 신인을 몇 명 이내로 배출해야 된다는 법을 만들 수도 없는 일이다.

장인수처럼 등단 직전의 작품을, 아니, 등단을 확약받은 작품을 인수봉 바위틈에 묻으며 울어본 사람이라야 진짜 '시인'이라는 면류관冕旒冠을 쓸 수 있다. 그 관은 가시가 많아 쓰리고 아플 뿐이다.

2

손택수는 이미 잘 알려진 대로 아주 개성 있는 시를 쓰는 촉망받는 젊은 시인이다. 2-3년 전인가 현대시동인상을 그가 받았을 때 시상식장에서 처음으로 대면을 한 일이 있는데 카페 비어할레의 실내등이 어두워서인지 젊은 시인의 얼굴이 초췌해 보이고 어딘지 얼굴을 찡그리는 듯해 보여서, 원, 상을 받았으면 좀 깡총깡총 뛰면서 즐겁게 굴 것이지, 한 적이 있었다. 그 후 '제비가 휙 코 끝을 스치듯 날아가면서 집을 관통했다'는 내용의 시를 인상 깊게 읽은 적이 있고 이번에《21세기문학》에서 제정한 이수문학상의 열 번째 수상자로 선정된 것을 보고는, 마음속으로 축하를 한 적이 있다. 그런데 수상시인 자선시 네 편인가가 잡지에 나온 것을 읽다가 그전에 내가 어디선가 읽은 다른 시가 하나 떠올랐다. 나는 평소에 잡지를 읽다가 맘에 드는 작품을 보면 오려서 공책에다가 붙여놓곤 하는데 그 작품은 어느 잡지 계간평에서 읽은 것이었다. 나는 공책을 뒤져서 그것을 찾아내었다. 이번 손택수의 두 번째 시집에는 아예 실려 있지도 않은 작품이었다.

이응에 꼭지 하나 달아주고 싶다

옛 이응, 탯줄 잘못 잘라
볼록하니 튀어나온 배꼽
끝에선 젖내가 난다
응앙응앙 젖꼭지 물고 우는 아가와
엄마의 뽀얀 살냄새가 난다
이응 이응 잘린 꼭지를 따라가면
한 천 평쯤 되는

방울토마토 밭이 나올 것 같고
주근깨투성이 딸기밭과
풋사과 밭 풋냄새와
호박잎 위에서 또록또록
여물대로 여문 이슬밭이 펼쳐질 것도 같은데
꼭지를 쥐고, 혜
혀끝에 욕심껏 올려놓는 모음
모음의 모음
학원 고전문법 시간
이제 알겠냐, 옛이응 응?
칠판을 두드리며 돌아서면
고단한 아이들 모두 졸고 있다
이응의 젖꼭지 물고 옛, 옛 꾸벅이고 있다
—손택수, 〈옛이응〉

이런 시가 정말 좋은 시다. 얼마나 우습고 재미있는가. 일상의 사물들이 마치 유리에 쏟아 놓은 수은방울이 서로서로 붙었다가 떨어지고 또 붙으며 빛을 발하듯 황홀하지 않은가. "이제 알겠냐, 옛이응 응?" 하는 물음이 나에게는 "이제 알겠냐, 시를, 응?" 하는 소리로 들리기도 하는 것이다.

사람들은 좋은 시가 뭔지 다 아는 척은 하지만 진정으로 아는 사람은 드물다. 무거운 이야기를 낯선 사유적인 말로 치장하면서 위선僞善이나 위악僞惡을 일삼는 시는 불경, 성경, 사서삼경四書三經의 비유와 상징을 욕되게 하는 잡종雜種이요 사이비似而非일 뿐이다. 요즘 많은 시인들조차도 어느 게 정말 좋은 시인지를 모르니까 괜히 시류에 맞춰서 자기의 시세계를 꾸려가고 있는 것은 아닐까.

나는 왜 장인수의 경우처럼 발표조차 하지 않은 시를, 손택수의 경우처럼 발표하고도 다음 시집으로 넘겨지는 '덜 중요한' 시를 자꾸 좋다고 하는 것일까. 헛똑똑이도 다 제 눈은 있는 법이니까?

내가 이쁠 때가 있다.

새벽에, 개똥을 두엄더미에 던지며
처먹고 똥만 싼다고 부삽 득득 긁지만,
기분 좋은 투정도 있기는 있는 것이다.
투정에 걸리는 밤송이와 도토리집은
부삽질을 부드럽게 한다.
저를 열어 제 속의 것 떨어뜨린 것이
바짝 세운 가시를 그대로 두고
무른 안부터 녹아가면서, 금세
거름빛을 닮아가는 중인 것이다
부삽이야말로 밤송이 까는 데 제격이지만
발로 밟힌 밤송이는 이슬에 젖어
눅눅한 것이어서, 가시마저
밤 궁둥이마냥 이뻐 보이는 것이어서,
돌팍을 텡텡 쳐보기도 하는 것인데
눅진한 아침도 이때, 흠칫
이슬을 터는 것이다.

가끔은 내가 봐도
내가 이쁠 때가 있는 것이다.
— 윤관영, 〈어쩌다, 내가 이쁜〉

손택수의 〈옛이응〉을 맨 먼저 알아보고 계간평에서 다룬 이가 바로 윤관영 시인이다. 그는 인천 지역에서 삶을 영위하다가 몇 년 전부터 단양과 제천에서 생활하면서 문예창작교실도 운영하는 시인이다. 원서문학관에도 가끔 들러서 문학 이야기를 나누는 묘한 매력을 지닌 사람인데 최근 들어서 그의 작품이 풋풋하고 섬뜩한 힘을 쏟아내기 시작하더니 이제 고집스러울 정도로 뚜렷뚜렷하게 힘 있는 자기 세계를 구축해 나가는 시인이다. 싹싹하고 학벌 좋은 무척추들과는 달리, 또 노동의 땀을 처세의 도구로 삼는 헛된 것들과도 달리, 언어에 대한 세심한 천착을 내공으로 쌓으면서 독특한 어조로 시를 쓰고 있다. 이제 우리 시단에도 눈뜨고 사는 이들이 아주 없지 않으니 그가 빼어난 시인으로 우뚝 서는 날도 그리 멀지 않을 것이다.

부삽으로 개똥을 두엄더미에 내다버리면서 구시렁대는 시적 화자의 눅진눅진한 어조나 이슬을 툭 터는 가을 아침의 맑은 공기가 그대로 코끝에 스미는 듯한 서정의 이 놀라운 힘을 보라. 누룽지맛, 청국장맛, 좀 쉰 찐 감자맛, 메주 뜨는 퀴퀴한 냄새가 어우러지면서 번져 나가는 파문이 마냥 그윽하다.

다음은 요즘 읽고 있는《지구의 삶과 죽음》이라는 책에 나오는, 현재를 기준으로 하여 과거 2억 5,500만 년 전과 그리고 미래 2억 5천만 년 후의 지구의 모습을 그려놓은 환상적인 지도이다. 2억 5천만 년 후에 각 대륙이 하나로 뭉쳐지는 모습이 꼭 두엄더미에 내다 버린 개똥 같기도 하고 쉰내 나는 찐 감자 같기도 하다.

> 작은 대륙이 모여 초대륙이 되었다가 다시 흩어지는 식의 순환을 '윌슨 사이클'이라고 부른다. J. 투조 윌슨J. Tuzo Wilson은 판구

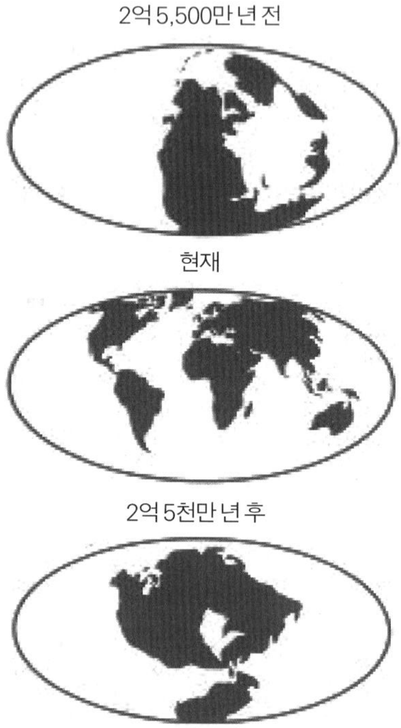

2억 5,500만 년 전에는 지구의 거의 모든 대륙이 하나로 뭉쳐 있었다. 오늘날 흩어져 있는 대륙들은 2억 5천만 년 후에 다시 한 번 한데 모이리라고 예측된다. 이 그림은 크리스 스코키스의 고지도 프로젝트에서 가져온 것이다.

조론의 선구자 중 한 사람이다. 모이고 흩어지는 주기가 완전히 끝나려면 5억 년이 걸리는데 대륙판의 움직임이 이러한 경향을 바꾸리라는 증거는 현재 보이지 않는다. 약 1억 년 후면 여러 대륙은 최대한 멀리 떨어진 상태가 되고 그때부터 다시 모이는 과정이 시작된다. 1억 5천만 년 후에는 여러 대륙이 미친 듯이 가까워지면서 대서양은 크게 줄어들고 태평양은 커질 것이다. 2억 5천만 년 후에는 아시아, 유럽, 아프리카, 남북 아메리카가 모두 합쳐져 하나의 거대한 대륙이 될 것이고 오스트레일리아와 남극 대륙은 따로 떨어진 채로 남을 것이다. 대륙판이 맨틀 속으로 내려가는 지역이 초대륙을 둘러싸고 있기 때문에 대륙은 마치 산으로 된 벽에 둘러싸인 모습이 될 것이다. 미국 서부의 그레이트베이슨이 동쪽의 로키 산맥과 서쪽의 캐스케이드 산맥, 그리고 시에라네바다 산맥으로 둘러싸인 것처럼 미래의 초대륙은 산으로 둘러싸일 것이라는 이야기다.

이렇게 되면 세계 지도만 바뀌는 것이 아니다. 초대륙의 내부는 오늘날보다 훨씬 혹독한 기후에 시달리게 된다. 왜냐하면 바다 때문에 기후가 바뀌었기 때문이다. 그 결과 생명의 본질도 완전히 달라질 것이다. 산맥에 가로막혀 바다의 폭풍이 들어올 수 없게 되어

대륙에서는 극단적인 추위와 더위, 끔찍한 가뭄이 이어질 것이고, 이로 인해 대량 멸종이 발생하거나, 확률은 더 희박하지만 지구의 모든 동식물이 '완전히' 멸망해 버릴 수도 있다.
— 피터 워드 · 도날드 브라운리, 이창희 옮김,《지구의 삶과 죽음》(지식의 숲, 2006)

다섯,

말의 그늘

1

벌써 10년도 더 전의 일이다. 나는 그때 당장 서울 생활을 청산하고 낙향을 해야겠다는 생각을 절실하게 한 적이 있다. 웬일인지 서울 생활이 지겹도록 싫었다. 정년이 10년이나 남은 내가 왜 그토록 낙향 충동이 절실했는지 스스로 생각해도 이상하기는 이상하다.

그래서 주말이 되면 고향으로 내려가서 낙향하여 집 짓고 살아갈 터를 물색하기 시작하였다. 서울 생활을 하면서도 나는 늘 고향으로 돌아갈 꿈을 꾸고 있었는지도 몰랐다. 젊은 날에는 고향은 가난과 좌절의 땅이어서 다시는 돌아가고 싶지 않은 공간이었는데 나이 들면서 차츰 반드시 돌아갈 수밖에 없는 운명의 땅이 돼 버렸다는 생각을 하게 되었다.

요즘은 박달재에도 터널이 생겨서 박달재 옛길은 관광도로가 되어 한가한 도시사람들이 드라이브하는 길이 되었다. 나는 이 고갯길을 오르면서도 늘 어릴 때 나무하러 다니던 모습을 머릿속에 떠올리곤 한다. 나보다 여섯 살 아홉 살 위의 형들을 따라서 나무하러 가곤 했다. 그때는 전쟁 직후여서 너나 할 것 없이 모두들 나무장사를 하면서 생계를 이어갔다. 소꼴을 베고 나무를 하던 가난했던 옛땅으로 다시 돌아가고 싶었다. 전원생활이니 하는 한가한 생각에서가 아니었다. 진정한 '나'를 아무런 가식없이 대면하고 싶은 마음에서였다.

나는 주말이 되면 서울을 빠져나와 낙향할 땅을 본격적으로 찾기 시작하였다. 중앙고속도로 신림 인터체인지에서 빠져나오면 구학재를 넘어 백운면 운학리로 가는 고갯길이 있다. 땅을 알아보기 위하여 나는 신림에 있는 부동산에 들렀다. 내 말을 듣던 부동산 사무실 직원은 입을 딱 벌렸다. 왜냐하면 내가 다음과 같이 말했기 때문이었다.

— 제천과 원주 경계가 되는 곳에 땅 나온 것 있소? 강원도와 충북의 도계道界가 되는 곳 말이오.

듣는 사람에게는 뜬금없는 말로 들렸을 테지만 나로서는 다 꿍심이 있었다. 제천군 백운면에서 태어나 초등학교를 마치고 원주로 진학을 했기 때문에 내가 충북 출신인지 강원도 출신인지 사람들을 헷갈리게 만드는 경우가 많았다. 나의 출신 도를 자기들 마음대로 치부해버리는 것이 한 때는 불만스러웠으나 가만히 생각해 보니 그게 아주 나쁜 것만은 아니었다. 오히려 충청도와 강원도의 좋은 특성만을 운명적으로 타고난 것일 수도 있으니까 말이다. 만일 내가 중고등학교를 원주에서 다니지 않았다면 치악산의 저 그윽하고 무서운 품을 어찌 알 수 있으랴. 내 출신성분과 어울리게 아예 충북과 강원도의 도계道界가 되는 곳에 터를 마련하여 집은 제천 땅에 짓고 정원은 원주 땅에다가 마련하자고 마음먹었다.

—도계는 높은 산이나 강으로 되어 있지 집 지을 터가 어디 있습니까?

나는 부동산에서 웃음거리만 되고 말았다. 나는 그 후에도 다른 부동산에 들러서 그런 땅을 부지런히 알아 보았다. 그러나 제천과 원주의 경계가 되는 곳에 나의 꿈을 이룰 땅은 없었다.

나는 할 수 없이 내 고향인 제천 백운면에서 땅을 찾기 시작하였다. 일찍이 이중환李重煥은 《택리지擇里志》에서 제천 지방의 지세를 "多世居士大夫 然地高風寒 土瘠無綿 少富多貧 〔…〕 萬山深峽 眞可以避兵避世"라고 말했다. 그야말로 지고풍한이요 만산심협일 뿐 집을 마련할 아늑한 터를 찾기가 쉽지 않았다. 천등산 박달재를 다 아우를

애련분교 현판

원서문학관(《東國正韻》에서 집자)

수 있는 곳을 찾자니 더 어려웠다. 백운면의 북쪽인 덕동계곡과 운학리는 이미 중앙고속도로가 뚫리자 외지 사람들이 다 차지해 버려서 나같이 뒤늦게 낙향을 꿈꾸는 사람으로서는 발붙일 데가 없었다.《동국여지승람東國輿地勝覽》에는 제천 지역의 풍속을 가리켜서 민풍박략民風朴略이라 하였다. 실제로 제천 사람들은 감정을 표현할 때 수사나 과장을 모른다. 소박하고 간단하게 감정을 표현하는데 아예 말로 하지 않고 시늉이나 눈빛으로 해 버린다. 이심전심以心傳心이라는 고상한 차원이 아니라 의사를 표시하는 언어 그 자체를 대수롭지 않게 여기고 살아간다.

내가 태어난 백운면에서도 내가 낙향하여 살 만한 땅을 찾기가 수월치 않았다. 나는 거의 포기한 상태가 되었다. 고향이 나를 안 받아준다는 비장한 생각까지 들었다. 그러다가 어느 날 나는 그냥 생각나는 대로 부동산 주인에게 물었다.

— 폐교된 분교 나온 것 없소?

시골 학생 수가 줄어들어서 초등학교 분교가 폐교되고 있다는 이야기는 들었지만 내가 그때 이렇게 그에게 묻기 직전 그러니까 좀더 세밀하게 말하면 그렇게 묻기 10만분의 1초 전까지도 '폐교된 분교'에 대한 생각을 전혀 하지 않았다. 부동산 주인은 내 말을 듣더니 어디론가 전화를 걸었다. 몇 년 전에 애련분교가 폐교되어 개인에게 불하되었는데 그 사람이 그걸 팔 의향이 있다는 것이었다.

부동산 주인을 앞세워 찾아간 애련리 한치 마을, 몇 백 년 된 느티나무가 서 있는 길가에 초라하고 작은 분교가 있었다. 학교 정문에는 오석으로 된 간판이 그대로 있었다. '백운국민학교 애련분교.' 나는 이

艸丁 金相沃 선생이 쓴 遠西軒 현판

간판을 보는 순간 가슴이 막 뛰었다. 바로 내가 졸업한 백운국민학교의 분교가 아닌가. 나는 좀 무리를 해서 애련분교를 인수하였다. 벌써 6년 전의 일이다.

그 분교가 지금 원서문학관이 되었다. 나는 백운면白雲面이 조선 시대에는 원서면遠西面이었다는 것을 알게 되었다. 일제 때 행정구역을 개편하면서 생긴 이름인 백운면을 버리고 옛 이름을 되찾아 문학관 이름으로 정했다. 먼 서녘! 부를수록 그윽한 원서遠西! 나는 이곳에서 밥을 먹고 잠자고 새소리에 잠이 깨어 야생화와 아침인사를 나누며 살아가게 된 것이다.

다음의 글은 지난 봄 어느 잡지에 발표한 것이다. 실제로 존재하지도 않는 원서면을 꿈꾸는 것이나 또 강원남도 초대 도지사가 되어 반란을 일으킬 음모를 지니고 있는, 나의 엉터리 같은 상상력의 일단이 나타난 글이어서 독자들에게 이참에 소개하기로 한다.

십 년도 더 전에 행정구역 개편안이 발표된 적이 있다. 우리나라의 행정구역을 시대에 맞게 개편하자는 시안으로 북한이 황해도를 남북으로 나누고 또 양강도, 자강도를 새로 만들었으니까 우리도 도 단위를 늘려서 북측에 대응해 나가겠다는 의도에서인지 아닌지도 잘 기억나지 않지만, 아무튼 그런 시안이 발표되고 신문에 개편안에 따른 지도까지 난 적이 있다.

그때 내 눈에 확 띈 것은 강원도를 남북으로 나누어서 강원남도江原南道를 새로 만들자는 것이었다. 강원도의 원주, 횡성, 영월과 충북의 충주, 제천, 단양을 합쳐서 강원남도로 만들자는 안이었다.

지금도 강원도는 대관령을 경계로 영동과 영서로 나뉘고 있다. 그만큼 강원도의 동과 서는 기후는 물론이려니와 언어나 풍습도 판이하니까 강원도를 다른 도처럼 둘로 나눈다면 동서로 해야 되겠지만 그렇게 만들어도 또 문제가 남는다. 영서 쪽에 비해 영동은 땅의 면적은 물론이려니와 인구도 현저하게 차이가 나니까 아예 생활권이 같은 지역을 묶어서 '강원남도'를 만들어야한다는 의견이었을 것이다.

충북의 최북단인 단양과 제천은 인접한 강원도의 영월, 원주와 생활권이 동일해서 기후나 언어, 풍습이 같은 권역에 들게 되는 것이다. 지금도 경기도를 남북으로 분할해서 경기북도, 경기남도로 나누자는 주장이 제기되는 것으로 알고 있는데, 강원남도를 만들자던 행정구역 개편안은 그 후 흐지부지 되었는지 뒷소식이 아직까지 감감하다.

나의 고향은 충북 제천이다. 천등산과 박달재 사이에 위치하는 백운면 평동리에서 태어나 그곳에서 국민학교를 다녔다. 백운면은 충주와 경계를 이루는 곳으로 제천시에서 50리, 충주시에서 70리, 원주시에서 80리가 된다. 원주-충주-제천이 트라이앵글로 에워싸고 있는 마을이다. 지금도 나의 형님이 살고 계시고 조상이 묻힌 선산도 다 그곳에 있다.

백운국민학교를 졸업한 나는 강원도 원주로 진학하게 되었다. 충주나 제천보다도 큰 도시였기 때문이기도 하지만 그 당시 내가 원주중학교에 입학하게 된 전후 사정은 이미 나의 다른 글에서 여러 번 밝힌 적이 있다. 우리 집이 부자라서 제천중학교나 충주중학교로 진학시키지 않고 지리적으로 멀리 떨어진 강원도 원주로 진학을 시킨 줄 아는 사람도 있다는 것을 최근에 알았지만, 이와는 정반대로 집이 너무 가난해서 원주중학교로 진학을 하게 된 것이었다.

아무튼 원주에서 중고등학교를 다닌 나는 유난히 출신 지역을 중시하는 우리나라에서는 좀 기형적인 전기적傳記的 사실의 대상

중내북中奈北 지형도

이 돼 버리고 말았다. 출신도出身道가 충청북도인지 강원도인지 사람들을 헛갈리게 하는 일이 종종 있어서 재경향우회라든가 출향문인회라든가 하는 단체에서는 원주 사람이 되었다가 제천사람이 되었다가 하는 일이 종종 있다. 그러니까 제천도 아니고 그렇다고 온전한 원주도 아닌 어정쩡한 신세가 돼버릴 때가 많았던 것이다.

강원남도! 만일 강원남도가 생기면 나의 이와 같은 출신도의 혼란이 말끔히 해결될 것이다. 내가 술 마시는 자리에서 이따금 하는 말이 있다.

—강원남도 초대 도지사는 바로 나다.

제천과 원주에 지연地緣과 학연學緣을 두루 갖고 있는 사람은 아마도 나밖에 없을지도 모른다. 그러니까 강원남도가 생겨서 도지사 선거를 하게 되면 나 말고는 양쪽 지역에서 고르게 지지를 받을 사람이 따로 있을 수 없는 것 아닌가.

원주의 옛 지명은 북원北原이고 충주는 중원中原이요 제천은 내제奈堤이다. 치악산과 월악산이 솟아 있고 남한강이 흐르는 이 지역은 삼국 시대부터 고구려와 신라 백제가 자웅을 겨루며 밀고 밀리던 곳이다.

2007년 봄에 나는 근 10년 만에 소설 한 편을 발표한 일이 있다. 그 소설의 제목이 〈포유도哺乳圖〉인데 그냥 단편소설이 아니고 〈중내북만필中奈北漫筆〉이라는 연작소설의 첫 번째 작품에 해당하는 것이다. 강원남도 도지사는 나중의 일이고 우선은 서사적 구조 속에 나의 이러한 몽상을 담아야겠다는 생각이 문득 들어서 〈중내북만필〉이라는 고색창연한 제목의 연작소설을 구상하기에 이른 것이다. 중원고구려비와 중앙탑, 제천의 모전석탑과 의림지 등에 얽힌 전설들과 우륵, 경순왕과 마의태자, 궁예 등의 혼이 어린 이야기를, 현실적 리얼리즘의 관점으로 보면 전혀 터무니없는, 허위 날조 과장 왜곡의 수법으로 아주 자유롭게 써 볼 작정이다.

〈중내북만필〉의 마지막쯤에 가서는 강원남도 도지사 취임식 장면을 집어넣을까 한다. 강원남도 초대도지사는 취임하자마자 독자적인 외교 국방권을 내외에 선포하여 중앙정부에 대항하는 반정부군을 조직하고 지금까지 국민의 세금을 빨아먹었던 놈들을 잡아들여서 그의 조상이 일제 때 창씨개명을 했느냐 아니냐를 조사하여 철저하게 과거청산을 하고, 이들을 사회와 격리시킬 일종의 수용소군도收容所群島를 저 어디 다도해쯤에 만들어서, 강원남도가 결국은 이 나라의 국호國號가 되는 영광의 날이 오도록 구상할 생각이다.

— 오탁번, 〈강원남도江原南道〉(《대산문화》, 2007. 5)

2

문정희의 새 시집《나는 문이다》(문학에디션 뿔, 2007)를 받아 보고 나는 참 기분이 좋았다. 문은 文이고 門이고 紋이고 또 吻일테지만 아마도 문정희의 깜찍한 머리로는 또 moon일지도 모른다는 생각이 들기도 하는 것인데 아무튼 이 시집 속에 실린 작품들을 읽다보면 아주 '통크게' 우리 현대시를 어느 아스라한 벼랑 끝으로 내몰고 있는 듯한 느낌을 받게 된다. 이미 여류시의 고즈넉한 적요를 벗어던진 지는 오래지만 문정희의 시는 그 활달한 상상력의 폭이 너무 팽팽하여 위태로울 정도의 긴장미緊張美를 획득하고 있는 것이다.

2002년《시안》여름호 '시인의 줌렌즈'에서 문정희 시인과 나는 서로를 장난스레 촌평하는 기회가 있었다. 나는 그때 "문정희의 시는 섬세하고 힘차다. 빙하가 부서지면서 바다로 떨어질 때의 굉음이 들리기도 하고 들소 무리가 대륙을 달리면서 내는, 태고의 적막이 비로소 깨어질듯한 함성도 들린다. 그래서 그가 '저 넓은 보리밭을 갈아엎어/해마다 튼튼한 보리를 기르고/산돼지 같은 남자와 씨름하듯 사랑을 하여/알토란 같은 아이를 낳아 젖을 물리는/탐스런 여자의 허리 속에 살아있는 불'을 말해도 그것이 곧바로 아득하고도 또 아득한 대모신大母神의 주술呪術로 들리게 되는 것이 아닐까. 멕시코 뽀뿔라 마을로 가서 마야의 여자가 되어 해마다 애를 쑥쑥 낳고 싶은 여자, 아프리카로 가서 흙으로 호텔을 하나 짓고 시간과 공간을 넘나들며 고요히 불멸 소멸하고 싶은 여자가 진정 밉고도 미운지고"라고 쓴 적이 있는데 이러한 나의 말은 그때는 물론 앞으로도 유효하다는 생각이 새삼 든다.

사실 쉽게 말하면 시는 말장난이라고 할 수 있다. 백남준이 "예술은 사기詐欺다"라고 한 말이 예술의 정곡을 찌른 것과 마찬가지로 시를 한마디로 말하면 '말장난'이라고 할 수 있다. 이번 문정희 시집에서도 이러한 아주 가벼워 보이는 말장난이 몇 편에 드러나 있는데 어깨에 힘주고 으스대는 시보다 오히려 더 감칠맛이 난다.

사철 흰 눈을 머리에 이고 서 있는
만년 설산 그 정상쯤에 이르면
낮게낮게 무릎을 꿇고 사는
자작나무 군락이 있다네

그중 하나 베어다가
악기를 만들면
별들도 몸을 떠는
한 소리가 태어난다네

비올라 비올라

곧 비가 올 것 같은
슬프고 장중한 소리

혹은 봄이
혹은 가을이
서쪽에서 찬비로 몰려와
사람의 살과 뼛속 깊이
들어앉는 소리

낮게낮게 무릎을 꿇은
자작나무의 혼이
사랑하는 사람을
호명하는 소리 울린다네

얼음 번개도 없이
만년 설산이 파고든다네
—문정희, 〈비올라〉

이 시를 읽다 보면, 정말 비가 올 것만 같다. 그래서 창밖을 내다보는 착각에 빠지기도 한다. 좋은 시는 이렇게마음속에 보일듯 말듯 잔잔한 파문을 일으키는 그 어떤 보잘것없는 것 아닐까. 단순한 의미를 벗어나는 어떤 그늘 같은 것이 드리워 있는 시야말로 뼛속 깊이 들어앉는 슬프고 장중한 맛이 나는 것이다.

앞에서 시를 '말장난'이라고 했는데 이는 내가 그냥 포즈를 잡느라고 둘러대는 말이 아니다. 이번 가을 호 어느 잡지에 낸 나의 시를 하나 보여 주겠다. 이 시를 읽을 때는 특히 '일본놈'과 '조선놈'을 잘 읽어야만 뜻이 통한다는 것을 친절하게 일러 놓고 싶다. 시정의 음담을 단순히 옮겨 놓은 게 아니라 말의 그늘을 시적으로 무늬 지어 놓은 것이다.

천등산 넘어가는 다릿재 옛길로 코뚜레 같은 굽이길을 한참 감돌아 오르면 북유럽의 고성 같이 뾰쪽 지붕을 한 러브호텔 '고추잠자리'가 숲속에 오도카니 서 있다

넉가래로 번호판을 가린 자동차들이 둠벙 물방개처럼 엎드려있는 러브호텔에서 풀죽은 일본 놈이 나오며 호텔로 막 들어서는 빳빳한 조선 놈을 보고는 씨식잖게 웃는다

쪽빛 하늘에는 짝짓기 하는 고추잠자리 떼 부산하다 한 점도 못되어 탄저병 걸린 듯 오그라질 줄은 땅띔도 못하는 빳빳한 고추들만 러브호텔 방마다 약올라 야젓하다

— 오탁번, 〈고추잠자리〉

송수권 시인의 저 느려 터진 듯한 어눌한 말장난을 또 보기로 하자. 그러면서도 좋은 시와 나쁜 시에 대한 단호한 생각을 꼬막과 고양이를 대조시켜 은근슬쩍 시치미 떼는 모습을 보면 이 시인이야말로 남도南道의 무형문화재적인 시인이라는 느낌을 어쩔 수 없다. '남도 시인'과 '저'를 환치시키는 '장난'은 "하날때 두알때 사마중 날때 육낭거지 팔때 장군 고드래뽕"하면서 술래잡기 놀이하는 아이들의 천진한 장난이 아니고 무엇이랴.

그늘 있는 소리, 그늘 있는 사랑, 진짜 득음의 경지에 이른 소리를 가리켜서 '소리의 그늘'이 있다고 한다. 사랑도 삶도 시도 다 그늘이

있어야 한다. 빤한 뜻과 소리는 그늘이 없다. 백석의 시에도 정지용의 시에도 그윽한 그늘이 곳곳에 스며 있지 않은가.

벌교 참꼬막 집에 갔어요.
꼬막 정식을 시켰지요.
꼬막회, 꼬막탕, 꼬막구이, 꼬막전
그리고 삶은 꼬막 한 접시가 올라왔어요.
남도 시인, 손톱으로 잘도 까먹는데
저는 젓가락으로 공깃돌 놀이하듯 굴리고만 있었지요.
제삿날 밤 괴 꼬막 보듯 하는군! 퉁을 맞았지요.
손톱이 없으면 밥 퍼먹는 숟가락 몽댕이를
참고막 똥구멍으로 밀어 넣어 확 비틀래요.
그래서 저도 — 확, 비틀었지요.
온 얼굴이 뻘물이 튀더라고요.
그쪽 말로 그 맛 한 번 숭악하더라고요.
비열한 생각까지 들었어요.
그런데도 남도 시인 — 이 맛을 두고 그늘이
있다나 어쩐다나,
그래서 그늘 있는 맛, 그늘 있는 소리, 그늘
있는 삶, 그늘 있는 사랑.
그게 진짜 곰삭은 삶이래요.
현대시란 책상물림으로 퍼즐게임 하는 거 아니래요.
그건 고양이가 제삿날 밤 참꼬막을 깔 줄 모르니
앞발로 어르며 공깃돌놀이 하는 거래요.
詩도 그늘 있는 詩를 쓰라고 또 퉁을 맞았지요.
— 송수권, 〈퉁〉

3

좋은 산문을 읽으면 답답한 시를 읽을 때보다도 더 즐거워진다. 내가 자주 손에 드는 책이 여러 개 있지만 그 중에서도 최순우 선생의 책이 으뜸이다.

> 소백산 기슭 부석사의 한낮, 스님도 마을 사람도 인기척이 끊어진 마당에는 오색 낙엽이 그림처럼 깔려 초겨울 안개비에 촉촉이 젖고 있다. 무량수전, 안양문, 조사당, 응향각 들이 마치 그리움에 지친 듯 해쓱한 얼굴로 나를 반기고, 호젓하고도 스산스러운 희한한 아름다움은 말로 표현하기가 어렵다. 나는 무량수전 배흘림기둥에 기대서서 사무치는 고마움으로 이 아름다움의 뜻을 몇 번이고 자문자답했다.
>
> 무량수전은 고려 중기의 건축이지만 우리 민족이 보존해 온 목조 건축 중에서는 가장 아름답고 가장 오래된 건물임에 틀림없다. 기둥 높이와 굵기, 사뿐히 고개를 든 지붕 추녀의 곡선과 그 기둥이 주는 조화, 간결하면서도 역학적이며 기능에 충실한 주심포의 아름다움, 이것은 꼭 갖출 것만을 갖춘 필요미이며 문창살 하나 문지방 하나에도 나타나 있는 비례의 상쾌함이 이를 데가 없다. 멀찍이서 바라봐도 가까이서 쓰다듬어 봐도 무량수전은 의젓하고도 너그러운 자태이며 근시안적인 신경질이나 거드름이 없다. 무량수전이 지니고 있는 이러한 지체야말로 석굴암 건축이나 불국사 돌계단의 구조와 함께 우리 건축이 지니는 참 멋, 즉 조상들의 안목과 그 미덕이 어떠하다는 실증을 보여 주는 본보기라 할 수밖에 없다. 무량수전 앞 안양문에 올라앉아 먼 산을 바라보면 산 뒤에 또 산, 그 뒤에 또 산마루, 눈길이 가는 데까지 그림보다 더 곱게 겹쳐진 능선들이 모두 이 무량수전을 향해 마련된 듯싶어진다. 이 대자연 속에 이렇게 아늑하고도 눈맛이 시원한 시야를 터줄 줄 아는 한국인, 높지

도 얕지도 않은 이 자리를 점지해서 자연의 아름다움을 한층 그윽하게 빛내 주고 부처님의 믿음을 더욱 숭엄한 아름다움으로 이끌어 줄 수 있었던 뛰어난 안목의 소유자, 그 한국인, 지금 우리의 머리속에 빙빙 도는 그 큰 이름은 부석사의 창건주 의상대사이다.

— 최순우,《무량수전 배흘림기둥에 기대서서》(학고재, 2002)

이 글에는 뚜렷한 지식이나 정보도 없고 그저 대상을 바라보는 시선이 오롯이 존재할 뿐이다. 오이소박이 같고 백김치 같아서 딱 혀에 달라붙는 맛이 마냥 좋을 뿐 왜 맛이 좋은지 말로는 설명이 잘 되지 않는다. 물론 배흘림기둥이 뭔지는 알고 있어야 한다. 배흘림기둥은 기둥의 중간이 배가 부르고 아래위로 가면서 점점 가늘어지게 만든 기둥으로, 구조의 안정과 착시 현상을 바로잡기 위한 수법이며 그리스 · 로마를 비롯한 한 · 중 · 일 등의 고대 건축의 외벽면 기둥에서 흔히 볼 수 있다. 민흘림기둥은 밑둥은 굵고 위로 올라가면서 직선으로 조금씩 가늘게 한 기둥이다.

최순우 선생은 배흘림기둥에 기대서서 무량수전을 바라보며 하늘이 내려준 듯한 절대미絶對美에 아주 나약하고 겸손하게, 겁먹은 듯 죄스러운 듯 서 있는 것이다.

평론가 이남호의 산문집《일요일의 마음》(생각의나무, 2007)이 나왔다. 나는 오랜만에 산문을 읽는 재미에 푹 빠져 버렸다. 글은 그 사람이라는 말이 있지만 이남호의 글을 보면 그가 보통의 평론가가 아니라 그만의 문체文體를 기막히게 획득하고 있는 아주 귀한 문재文才를 지녔다는 것을 더욱 실감할 수 있었다. 꼼꼼하면서도 느리게 흘러가는 여유가 있고 그런가 하면 간지럼 먹이는 듯한 장난기도 사뭇 오밀조밀

배어 있다. 시나 소설이나 이남호의 눈길이 한 번 머물면 대번에 프리즘을 통과한 뙤약볕처럼 기묘한 색분화色分化가 인다. 정지용의 〈벚나무 열매〉를 읽는 이남호의 독법을 앞부분만 보기로 하자.

> 윗입술에 그 벚나무 열매가 다 나섰니?
> 그래 그 벚나무 열매가 지운 듯 스러졌니?
> 그끄제 밤에 네가 참벌처럼 닝닝거리고 간 뒤로
> 불빛은 송화 가루 뿌린 듯 무리를 들러 쓰고
> 문풍지에 어렴풋이 얼음 풀린 먼 여울이 떠는구나
> 바람세는 연사흘 두고 유달리도 미끄러워
> 한창때 삭신이 덧나기도 쉽단다
> 외로운 섬 강화도로 떠날 임시해서
> 윗입술에 그 벚나무 열매가 안나서서 쓰겠니?
> 그래 그 벚나무 열매를 그대로 달고 가려니?
> — 정지용, 〈벚나무 열매〉

정지용은 20세기 한국시를 대표하는 시인 가운데 한 분이다. 그의 언어감각은 한국시의 새로운 지평을 열었다. 〈벚나무 열매〉는 《정지용시집》에 실린 작품으로, 정지용의 타고난 언어감각이 재미있는 언어공간을 만들고 있다. 이 시의 극적 상황을 파악하기가 쉽지 않지만, 전체적으로 무슨 의미인가를 이해하기 전이라도 그 언어들에서 독특한 매력이 느껴진다. 다정하고 친근한 대화체 속에 흥미로운 사연이 들어 있을 듯하다. 도대체 이 시의 화자는 누구에게 무슨 말을 하고 있는 것일까?

우선 이 시의 화자를 '나'라고 하고, 청자를 '너'라고 해 두자. 나는 너의 윗입술에 달린 벚나무 열매를 걱정하고 있다. 빨리 낫기를 바라는 것으로 봐서 벚나무 열매란 윗입술에 난 뾰루지라고 짐작할 수 있다. 그저께 밤에 나와 너는 만났었는데, 그때 너는 '참벌처럼 닝닝거렸다'. '참벌처럼 닝닝거렸다'는 것은 몸살을 해서 끙끙거렸다고 생각할 수 있다. 5행과 6행으로 미루어보아, 계절은 얼음이 풀리고 미끄러운 바람이 부는 봄인 듯하다. 아마도 벚꽃이 한창 피어 있었을 것이다. 너는 환절기의 몸살을 앓고 있는 것이다. 그런데 8행에서 보듯이 너는 곧 외로운 섬 강화로로 떠날 예정이다. 그래서 나는 더 걱정이다. 강화도에 가면 돌봐줄 사람도 없을 텐데, 또 길을 떠나면 쉬지도 못할 텐데 그 전에 몸살이 낫고 입술의 뾰루지도 없어져 건강을 되찾길 간절히 바라는 것이다.

— 이남호,《일요일의 마음》(생각의 나무, 2007)

인용시는 무슨 연유에서인지《정지용시집》에 나온 작품과는 몇 군데 표기가 약간 다르게 되어있지만 대의와는 무관하다고 할 수 있다.

언젠가 유종호 선생이 어느 대학교수의 〈카페 프란스〉 해석을 비판한 글을 읽은 적이 있다. 우리 인문학의 독해력이 몽둥이로 나비 잡는 야만의 수준이라는 것을 나도 말한 적이 있지만, 단순한 오독의 수준을 넘어서서 업적 위주나 권위주의에 매달려 도통 시를 어떻게 읽어야 하는지 아예 땅띔도 못하는 자들이 대학의 강단을 문란하게 만드는 세태를 유종호 교수가 하나하나 타이르듯 종아리 때리듯 지적한 글이었다. 정지용의 시를 아는 사람은 많지만 제대로 읽는 이는 드물다. 혼자 공상소설을 쓰거나 말도 안 되는 견강부회를 일삼아 오히려 정지용이라는 한국시사의 최고봉을 어지럽히는 경우도 많은데, 이남호는 그저 가볍게 읽어본 〈벚나무열매〉를 매개로 하여 시의 참맛이 어떤 것인지를 자근자근 속삭이듯 넌지시 일러 주고 있지 아니한가.

> 한때 잡문쓰기를 부끄러워한 적이 있었다. 잡문 쓰는 나 자신이 사술에 재미를 붙인 사이비 수도승 같다는 느낌이 들었다. 지금도 어느 정도 그러하다. 그러나 잡문이 아닌 내 글이 잡문보다 나을 게 없다는 생각을 자주하게 된다. 읽기도 힘들고 쓰기도 힘든 긴 글, 가령 심각하고 형식적인 논문 같은 글을 쓰다보면, 내가 물에 뜨지도 않는 큰 배를 건조하고 있는 게 아닌가 하는 의구심이 든다. 조그만 시냇가에서 종이배나 접어 만들며 노는 데 대한 구차한 변명일 것이다.
>
> — 이남호, 〈에필로그〉 부분, 《일요일의 마음》

스스로는 이런 종류의 글을 '잡문'이라고 겸연쩍어 하는 모양이지만, 아니지, 아니야. 앞서 소개한 최순우 선생이 어디 무량수전의 건축학적 지식이나 정보를 독자들에게 말했던가. "나는 무량수전의 배흘림기둥에 기대서서 사무치는 고마움으로 이 아름다움의 뜻을 몇 번이고 자문자답했다"고 하지 않았던가. 사무치는 고마움이라니! 이게 바로 산문을 쓰는 사람의 마음가짐이다. 시를 읽는 사람의 마음가짐이다. 신문에 실린 고도원의 삽화 하나를 보면서도 이 세상의 아름다운 물상에 사무치게 빠지는 이남호의 영혼은 아름답다.

여섯.

방언과 시

1

2007년에 한국시인협회에서 방언시집《요 엄창 큰 비바리야 냉바리야》를 엮어내었다. 한국현대시 100년과 시협 창립 50주년을 맞이하는 뜻 깊은 해를 기념하기 위하여 펴낸 시집이다. 시협에서는 전국의 시군市郡을 고향으로 둔 시인들이 자기 고향의 문물을 제재로 하여 쓴 작품을 모아서 시집도 낸 일이 있는데, 특히 이번에 나온 방언시집은 101명의 시인들이 자기 고향의 방언을 사용하여 고향의 맛과 풍물이 물씬 묻어나는 시를 썼다는 데 그 특별한 의의가 있다고 할 수 있다.

사실 시라는 장르에서는 '표준어'라는 개념은 무의미할 뿐 아니라 좀 야만적이기까지 한 것이다. 사랑과 슬픔을 어떻게 문법적으로 표준에 맞추어 전달할 수 있겠는가. 표준어라는 것은 사회적인 규범으로서 필요한 것이지 오밀조밀하고 변화무쌍한 정서를 토로하는 시의 도구로서는 아무래도 최적이라고 우길 수는 없기 때문이다. 그래서 '모든 시는 방언으로 쓰여진다'는 명제가 아주 자연스럽게 성립한다는 것을 이번의 방언시집을 보면서 새삼 느낄 수 있었다. 나는 방언시집에 작품을 내놓지 못하였다. 내가 자란 충북 제천 지역은 딱히 특색있는 방언이 두드러진 것도 아니고 또 내가 자라면서 자연스럽게 익힌 방언이 별로 없는데 책을 일부러 찾아보면서까지 희한한 방언을 골라 시를 쓴다는 게 좀 뭣 했다. 그러나 방언시집이 나온 것을 받아보고 이처럼 타인에게는 낯설지만 자기의 언어 감각에 그대로 육화된 방언을 자연스럽게 구사하여 시의 언어로 삼을 수 있는 시인들은 참 행복하다는 생각이 들어서 부러웠다.

현대시사에서 방언을 많이 사용하여 빼어난 시적 성취를 이룬 시인으로 김소월과 백석 정지용 이상화 이용악 박목월 등을 꼽을 수 있

고대 한국어 방언 분포
(李崇寧, 1967)

한국어 방언 구획
(李崇寧, 1967)

한국방언구획
(김병제, 1988)

을 것이다. 그렇다고 서울말도 '하나의 방언'이니까 표준어, 즉 서울말로 시를 쓴 시인들의 작품이 대수롭지 않다는 말이 아니다. 방언지도를 보면 꼭 행정지도와 일치하는 것이 아니다. 산맥이나 강을 경계로 하여 행정구역이 나뉘는 게 보통이다. 그러나 살아가는 생활권은 행정구역상의 금을 경계로 하는 것만은 아니다. 언어는 산맥이나 강과 반드시 일치하지 않는 등어선等語線을 따라 그 지역의 문화와 생활방식에 의하여 층위를 달리하는 것이다. 또 한 지역의 언어가 다시 분화를 일으키기도 하고 생활방식에 따라 별개의 방언체계를 형성하기도 한다. 그래서 사회방언 또는 계급방언이라는 새로운 하위구조를 지니면서 언어의 강물은 시대를 따라 변형되며 흘러가는 것이다.

방언지도를 보면 앞에서 말한 우리나라의 방언분포가 행정지도와 어떤 모습으로 일치하지 않는지를 알 수 있을 것이다. 그리고 '경상도 방언'이니 '전라도 방언'이니 하는 구분보다는 '중부 방언 지역' '동남방언 지역' 또는 '서남 방언 지역'처럼 행정구획과는 다르게 된 첫 번째와 세 번째 방언지도가 더 어울린다고 할 수 있다. '경상도 방언'이나 '전라도 방언'이라고 부르는 것은 인위적으로 구획된 행정단위가 방언 지역의 상위구조가 되기 때문이다.

도로와 교통이 발달하여 전국이 1일 생활권이 되고 웬만한 산은 다 터널이 뚫렸다. 도서 지방을 제외하고는 특정 지방의 언어가 원형대로 보존될 수가 없는 것이 오늘날의 실정이다. 모든 통신이 세계 각국의 국경을 삽시간에 넘나드는 요즘과 같은 IT 시대에는 유사 이래 가장 헤아릴 수 없을 정도로 많은 아주 작은 규모의 '방언方言'들이 그야말로 난무하고 있는 셈이다. 위에서 보인 방언지도도 이제는 하나의 고지도古地圖가 돼 버린 느낌도 없지 않다. 아마 이런 추세로 간다면 개인마다 또는 소집단마다 방언이나 문자를 지니게 되어 종당에는 사회 구성원 간의 의사소통이라는 언어의 기본적인 기능이 점점 더 약화될지도 모른다. 별별 이모티콘을 사용하여 의사소통을 하는 젊은 세대들을 보면 언중言衆의 공통된 언어가 그만큼 유명무실해지는 것 같은 생각도 든다. 동굴에 그림을 그리고 암벽에 석각石刻을 하는 원시 시대로 돌아가기를 바라는 DNA가 인류의 무의식 속에 자리 잡고 있는 것일까.

글로벌 시대의 격랑이 지구라는 행성의 생활방식과 문화를 모조리 뒤덮는다면 영어나 중국어 같은 몇 억 명이 사용하는 힘 있는 언어만 살아남고 인구가 1억 미만인 '소수민족'의 언어는 소멸될지도 모른다. 요즘 각 대학은 물론이요 초중등학교에서까지 오로지 영어 하나에 목숨 거는 꼴을 보고 있으면 정말 이러다가는 이미 과거의 힘없는 소수민족들의 민족어가 소멸되었듯이 우리의 민족어도 종당에는 사라지지 않을까 우려되기 때문이다. 이런 뜻을 방언시집 머리말에서 오세영 시인도 피력하고 있다.

> 다 아는 바와 같이 언어는 민족의 영혼이자 정신입니다. 따라서 언어가 소멸되면 그 민족의 문화 역시 사라질 수밖에 없고 민족문화가 사라지면 민족 자체가 소멸될 수밖에 없습니다. 이는 너무나 당연한 이치입니다. 그런데도 알게 모르게 우리의 일상에서는 외국어가 남용되고 여러 가지 물질적, 도구적 탐닉에 정신을 빼앗긴 사람들이 속절없이 우리의 국어를 팔아먹는 행태가 자심합니다. 이와 같은 현상이 지속되면 머지않아 우리의 국어 역시 세계어의

수준에서 폐기될지도 모를 일입니다. 따라서 언어의 주인이라 할 오늘의 한국 시인들은 그 어느 때보다도 국어의 중요성에 대해 성찰하고 그 보존과 발전에 심혈을 쏟지 않으면 아니 될 상황에 처해 있다고 하겠습니다. 이것은 국제간 하나의 전쟁입니다.

— 오세영, 〈머리말〉 부분(한국시협 편, 《요 엄창 큰 비바리야 냉바리야》)

그런 의미에서 이번의 방언시집 출간은 상당한 의의를 지닌다고 할 수 있다. 방언시집을 받아든 이들이 함께 느꼈겠지만 시인들이 아주 맘먹고 쓴 방언시의 언어들이 하나하나 금강석 같이 빛을 발하고 있다. 방언을 흔히 열등한 언어, 폐기처분해야 하는 언어로 생각하기 쉬운데 그건 전혀 그렇지 않다. 오히려 문학에 있어서는 더욱 더 보살피고 가꾸어 나가야 될 보고寶庫라고 할 수 있다. 각 지역의 방언이 마치 언어의 화석처럼 우리말의 원형적인 숨결과 참맛을 살아나게 해 주고 있는 것이다.

이참에 국어학자들이 정의하는 방언의 개념과 의의를 그냥 한두 개 읽어보기로 한다.

방언이나 사투리는, 말하자면 표준어가 아닌 어느 시골의 말을 뜻하며, 나아가서는 표준어보다 열등劣等한 지위에 있는, 그만큼 세련되지 못하고 격格을 갖추지 못한 변방邊方의 말을 일컫는다. 그리고 이때의 방언 내지 사투리는 대개 한 고장의 언어체계 전반을 가리키기보다는 그 고장의 말 가운데서 표준어에는 없는, 그 고장 특유의 언어요소言語要素만을 일컫는 것이 보통이다. '사투리가 많아 못 알아듣겠다'라고 할 때의 사투리가 바로 그러한 용법으로 쓰인 경우일 것이다.

그러나 언어학 내지 방언학에서 '방언'이라고 할 때는 표준어보다 못하다든가 세련되지 못하고 규칙에 엄격하지 않다든가와 같은, 어떤 나쁜 평가를 동반한 의미를 가지지 않는다. 한 언어를 형성하고 있는 하위단위下位單位로서의 언어체계言語體系 전반을 곧 방언이라 하여 가령 한국어를 예로 들면 한국어를 이루고 있는 각 지역의 말 하나하나를, 즉, 그 지역의 언어 체계 전부를 방언이라 한다. 서울말은 이때에는 표준어이기도 하지만 동시에 한국어의 한 방언이기도 하다. 그리고 나머지 지역의 방언들은 표준어가 아니기 때문에, 또는 표준어보다 못한 언어이기 때문에 방언인 것이 아니라 한국어라는 한 언어의 하위류이기 때문에 방언인 것이다.
— 이익섭, 〈방언의 개념〉 부분

방언은 민중들의 언어이다. 민중들의 언어는 삶 속에 살아 있는, 생동하는 언어라는 점에서 민중성과 변두리(지방)성을 그리고 현장성을 지니고 있다. 문학 작품에서 방언을 활용함으로써 향토적 심미적 충격이나 운율적 효과를 부여하는 데 이용되기도 한다. 다시 말하면 향토적 특성, 심미성, 민족(부락)의식 등 정서적 층위를 드러내는 효과와 함께 형식적 측면에서 시어, 율격, 음운 등의 표현적 효과를 위해 이용한다. 문학 작품 특히 시나 소설 작품에서 향토색이 짙은 분위기를 연출하거나 향토적인 인물의 개성적 성격을 묘사하기 위해서나 또는 방언은 민중성과 지방성을 그리고 현장성을 지니고 있어 문학 작품에 심미적 충격을 주는 데 이용한다.
— 이상규, 〈문학 작품에 나타난 방언〉 부분

2

이번 방언시집에서 김규동 선생의 시를 읽고 나는 눈시울이 뜨거워졌다. 나는 충북 제천 사람이기 때문에 이산가족의 비애와 고통을 아무리 아는 척해도 잘 알 수 없을 것이다. 북의 어머니가 남쪽으로 간 아들을 잡으러 온 '당원나리'와 '지도원동무'에게 진술하는 짙은 함경도 방언이 나오는 시를 읽으면서, 김규동 시인이 평생 동안 그리워한 어머니의 모습이 한 개인의 어머니가 아니라 분단과 이산의 한이 서린 우리나라의 대모大母로 변용되는 것을 절실하게 느꼈다.

사상이 웨 나쁘겠습둥 우리 아이
공부루 한다고 갔습지
어드메 가서 죽은 게 틀림없습지
이 에미루 두고 남죠션 됴아서 갔겠습둥
개 청년동맹 일 많이 했슷꾸마
문섭이랑 기준이랑 같이
인민위원회 일도 열성껏 보지않았습둥
갠 사상 나쁜 아이 아닐겔꾸마
도니 없스믄 남죠션에서넌
굶어 죽는다 하지 않습둥
어드메고 가서 죽은 게 분명합지
아아므 쇼식 없스니
만일 38선울 너머갔다며는
게서 굶어 죽은 겝지, 폐병울 앓았는데
쇼식없눈 앨 어드메서 찾겠습둥
무선 쉬루 찾아냅지
당원나리, 지도원동무
단지 갠 공부한다고 그해 겨을 집울 나갔습지
— 김규동, 〈어머님의 진술〉

이 시를 표준말로 옮겨놓으면 애틋한 모정母情의 언어가 주는 묘미가 반감될 것이다. 이 말은 이 시가 오직 방언의 특성에 기대어 시적 효과를 획득할 뿐이지 표준어 텍스트로 옮겨 놓으면 그 수준이 저하된다는 말이 아니다. 오히려 이 시의 시적화자는 필연적으로 토박이 방언으로만 발화해야 한다는 당위성을 강조하기 위한 말이다. 다음의 시 〈달버레〉도 마찬가지이다. 방언지도에 나와있는 '서남 방언 지역'의 언어가 왜 시의 언어로서 최적합한지를 잘 알려 주고 있는 예에 속한다.

호남 출신인 김영랑이나 박용철 같은 시인들은 언어에 대한 일종의 열등감을 지니고 있었는지도 모른다. 이들은 고등교육을 받았으니까 당연히 고향의 말을 버리고 '서울말'로 시를 써야한다는 강박관념에 매인 결과 서남 방언의 원광석原鑛石을 소홀히 하고 '서울말'이라는 인조석人造石으로 어설프게 시의 집을 지었던 것은 아닐까. 백석도 일본 유학까지 하고 신문사 기자를 한 엘리트였다. 그러나 그는 '서울말'을 아예 무시하고 자기 고향의 언어로 시를 썼다. 당시는 물론 지금까지도 백석의 작품은 워낙 평안도 지역의 방언이 넘쳐나서 일차적인 독해의 어려움이 상당한 것은 사실이다. 그러나 그의 시는 읽으면 읽을수록 씹으면 씹을수록 결코 다 읽히지 않고 다 씹히지 않는 시의 알맹이가 남아서 신비한 시의 비의秘意가 되었다는 점을 생각할 때 김영랑이나 박용철이 고향의 말에서 겨우 단순한 운율만을 차용한 것과 좋은 대조를 이룬다고 하겠다.

> 뽀윰한 달빛 아래 시 한 편 썼지라이
> 달님헌티 읽어보라 창밖에 내걸었어라우
> 한 모렝이 두 모렝이 싸목 싸목 갉아쌓더니
> 꾀간한 버레 똥 글자 산지사방 흩날렸어라우

포도시 새벽 꿈 깨어
창밖을 보라꼬있는디
워매 저것이 대체 뭣이랑가이?
탐스레 통통한 달 뿌렁지 봄시롱

콧구녕에 불이 난 동네 똥개들
남새스레 생난리들 피워댔지라이
엉뎅이 무끈해진 헛간의 달구들도
달내음 몽게 몽게 알 까고 말았지라우

암시랑 않던 동산도 뜬금없이 풍덩그레
황금 알 하나 내질렀지라이
요로코롬 가난허고 휘영찬 아칙은
난생 처음이제라우
— 나병춘, 〈달버레〉

'모렝이' '싸목싸목' '포도시'와 같은 방언들이 주는 뜻과 운율이 더할 수 없이 정겨워서 오디 따 먹다가 거미줄이 까까숭이 머리에 착 달라붙어서 난감해질 때처럼 간지러운 촉감이그야말로 '몽개몽개' 일어나는 것이다. '모렝이' '싸목싸목' '포도시'와 같은 방언을 '모퉁이' '천천히' '겨우'라는 표준어로 바꾸면 이 작품이 지닌 감칠맛 나는 어감을 도저히 따라잡지 못할 것이다.

호남 지역 즉 서남 지역의 방언만 시어로서 빼어난 것은 아니다. 박목월이 영남 지역 즉 동남 지역의 방언을 자주 시어로 차용한 반면에 이육사나 조지훈은 대부분의 작품을 표준어로 썼다. 그러나 박목월도 몇몇 작품을 제외하고는 아주 조심스럽게 방언을 시의 언어로 채

택하였다. 마치 방언을 있는 대로 다 차용하면 작품의 격이 떨어질지 모른다고 우려를 했는지도 모른다. 그런데 이번 방언시집에 수록된 영남 출신 시인들은 톡 까놓고 한판 방언의 카니발을 벌이고 있는 것이다. 이들의 시를 보면 이 지역의 방언이 얼마나 생동하는 시의 언어인가를 금방 알 수 있다.

동남 방언 지역의 방언으로 쓴 다음의 시는 이상하게도 그것을 표준어 텍스트로 바꾸어도 그 시적 효과가 줄어들거나 왜곡되지 않는다. 이와 같은 시적 생동감은 어디에서 연유하는 것일까. 바로 살아서 숨쉬는 어조와 참신한 심상 때문에 방언으로 표기했든 표준어로 표기했든 그 시적 성취가 눈부신 것이다. 그러니까 나같이 야릇하고 삼삼한 방언을 쓰지 않는 지역에서 성장한 시인들이 낙망하지 않아도 될 단서가 바로 여기에 숨어 있다.

무미건조한 의미전달이 그 기능이 돼 버린 닳고 닳은 표준어(이것이 이른바 표준어의 가혹한 운명이다)를 자기의 '방언'으로 하는 시인들도 시의 언어가 지닌 비의를 아름다운 우리 고유어의 오솔길에서 찾아나갈 때라야 나만의 '방언시'를 쓸 수 있는 것 아닐까.

> 머구닢 쌈싸서 보랑가지 터지게 이른 지늑밥 묵고
> 밀건 보리숭늉에 입 헹구고
> 경구들, 핑상우에 성냥개비 맨치로 간조로미 누부믄
> 자부러븐 눈꺼풀 속으로
> 버선코 거튼 초지늑 별들 조르르 띠 나오고
> 성질머리 꼬부장한 낫달 하나 야불떼기에 박고
> 여름 밤하늘은 맥지로 지 혼차서 욱신거렸지러

누집 알라를 또 늑대가 물어갔다꼬
소문은 노상 짐승거치 무서벘지만도
그캐싸도 그때는 참말로 하늘이 살갑고 가찹았데이
— 이화은, 〈청천 하늘에 잔별 뜨고〉 부분

머위잎 삼 싸서 볼 미어지게 이른 저녁밥 먹고
멀건 보리숭늉에 입 헹구고
식구들, 평상 위에 성냥개비 같이 가지런히 누우면
졸린 눈꺼풀 속으로
버선코 같은 초저녁별들 조르르 달려 나오고
성질머리 꼬부장한 낫달 하나 옆구리에 박고
여름 밤하늘은 괜히 저 혼자 숙신거렸지
누구네 집 애기를 또 늑대가 물어갔다고
소문은 늘 짐승처럼 무서웠지만
그대로 그때는 참 하늘이 살갑고 가까웠었네
— 이화은, 〈청천 하늘에 잔별 뜨고〉(표준어) 부분

'버선코 같은 초저녁별'이라니! '성질머리 꼬부장한 낫달'이라니! 이 땅의 하고많은 시인들이여, 괜히들 시를 너무 야단스럽게 쓰느라고 헛고생하지 말고, 바로 요렇게 암팡지고 실팍한 심상을 찾아보게나. 도토리 또르르 굴러가는 것 보고 까르르 웃는 것같은 가벼운 시, 우스개 속삭이며 간질임 태우는 요런 시를 쓰게나.

3

절기節氣가 참 귀신같다는 생각을 한다. 상강霜降날 아침, 들녘이 온통 하얗다. 첫서리가 내린 것이다. 가을은 이렇게 다따가 깊어가는 것인가. 느티나무 잎은 단풍이 제대로 들기도 전에 다 떨어져 흩날리고 고추밭도 고구마밭도 가으내 화려하던 구절초도 폭삭 서리를 맞아 생애를 다하고 있다. 자꾸만 허허로워지는 이내 가슴은 어쩌라고 세월은 이다지도 정확하게 빠르단 말인가. 이렇게 써 놓고 보니까, 내 무의식 속에는 유랑극단을 따라다니며 유행가를 부르는 떠돌이 가수의 운명이 자리잡고 있다는 생각이 문득 든다. 옳거니, 저 혼자 제 서러움에 취해 마시는 술 한 잔의 낭만은 상강날 아침이라야 제격이렷다?

서리 내린 들녘을 바라보면서 정진규의 새 시집《껍질》(세계사, 2007)을 편다. 시를 하나하나 공들여 읽으면서 시맛에 취하여 찬 술 한 병을 다 비운다.

그의 상상력이 드나드는 향방이 한두 마디로는 종잡을 수 없기는 해도 특히 이번 시집의 작품들은 정말 귀하고 값진 열매로 넘쳐난다고 할 수 있다. 공즉시색空卽是色이나 색즉시공色卽是空이라는 심오한 말을 빗대서가 아니다. 그는 사물을 보되 눈에 보이는 것만을 보는 게 아니라, 적외선 암시 장치赤外線暗視裝置로 암야暗夜에도 미세한 세포와 혈액을 파악하는 고도의 투시력을 지니고 있다. 그래서 텅 빈 들판 서리 맞은 마른 들깻단을 보고는 그야말로 까무러칠 정도의 경외감을 토하는 것이다. 불가시不可視 광선을 식별해 내는 그의 시적 상상력은 참말 '왜 이리 슬프게 좋으냐'. 시인 스스로는 아마도 이런 시적 상상력을 가리켜서 '시의 연기緣起 본성本性'이라고 명명을 하고 있는 듯하다. '몸'에서 '알'로 움직이더니 이제 '껍질'까지 그 궤도를 넓히는 것이 바로 연기緣起 아니던가. 이 '껍질'의 반지름은 수천 광년光年도 더 되는 무변無邊의 것이 아니던가.

다 털고 난 마른 들깻단이 왜 이리 좋으냐 슬프게 좋으냐 눈물나게 좋으냐 참깻단보다 한참 더 좋다 들깻단이여, 쭉정이답구나 늦가을답구나 늙은 아버지답구나 빈 밭에 가볍게 누운 그에게서도 새벽 기침 소리가 들린다 서리 맞아 반짝거리는 들깻단, 슬픔도 저러히 반짝거릴 때가 있다 그런 등성이가 있다 쭉정이가 쭉정이다워지는 순간이다 반짝이는 들깻내, 잘 늙은 사람내 그게 반가워 내 늙음이 한꺼번에 그 등성이로 달려가는 게 보인다 늦가을 앞산 단풍은 무너지도록 밝지만 너무 두껍다 자꾸 미끄럽다

— 정진규, 〈마른 들깻단〉

"들깻단이여, 쭉정이답구나 늦가을답구나 늙은 아버지답구나 빈 밭에 가볍게 누운 그에게서도 새벽 기침 소리 들린다"라는 구절을 읽으면서, 미당未堂이 한때 그러하였듯이 그의 시적 상상력이 이젠 아주 위태로울 정도의 아스라한 고도에서 어떤 초월적인 힘과 밤낮으로 내밀하게 통通하고 있다는 묘한 생각이 든다. 서리 맞아 반짝거리는 들깻단을 보면서 '쭉정이가 쭉정이다워지는 순간'을 감지하는 시인, '잘 늙은 사람내'를 풍기는 이 시인이 나는 왜 이리 미우냐.

상강날 아침 서리가 하얗게 내린 들녘을 하염없이 보며 정진규의 시집을 마저 읽는다. 그러다가 나는 불현듯 나의 스크랩 공책을 펼친다. 그 속에는 별별 문서들이 다 있다. 신문기사도 심심찮게 있고 몇 년 전 실크로드에 갔을 때 매입한 투르판 근처 30만 평방미터나 되는 사막의 매매계약서도 있다. 그뿐이 아니다. 45억 년 전 달에서 혈거생활을 하던 내가동굴 석벽에 그린 암각화를 찍은 초음파 사진도 있다.

나는 문득, 명왕성이 행성의 지위를 상실했기 때문에 이젠 태양계의 마지막 행성이 된 해왕성을 탐사하러 지구를 떠났던 보이저 2호가

나에게 은밀하게 보낸 메시지를 공책에서 꺼내 읽는다.

우주탐사선 보이저 2호는 1977년 8월에 발사되어 12년 만에 태양계의 마지막 행성인 해왕성에 4,950킬로미터까지 접근하였다. 다음은 보이저 2호가 태양계를 벗어나서 현재 태양에서 약 125억 킬로미터 되는 지점을 날아가면서 지구인인 나에게 보내온 메시지이다. 지구를 떠난 지 30년이 지난 시점에서 날아온 우주의 언어이다.

> 1989년 8월 25일은 내가 태양에서 약 45억 킬로미터 떨어진 해왕성에 다가간 날이다. 명왕성이 2006년 8월 행성의 지위를 잃어 지금은 태양계 제일 바깥 행성이 된 바로 그곳이다. 1977년 8월 지구를 떠났으니 12년 만이었다. 지구인은 자신을 더 잘 알기 위해 나를 우주로 보냈다. 미국항공우주국NASA의 과학자들이 해왕성 고리와의 충돌을 염려하며 지켜본 그날, 나는 행왕성에 4,950킬로미터까지 접근했다.
>
> 해왕성은 목성이 받는 태양에너지의 3퍼센트밖에 받지 못하는 먼 곳에 있었지만 예상과 달리 역동적인 행성이었다. 남반구에는 목성의 거대 폭풍인 대적반과 비슷한 대흑점이 꿈틀거렸고, '스쿠터'라 불리는 하얀 반점이 시시각각 모양을 바꾸는 모습도 보여 줬다. 누구보다 앞서 무언가를 본다는 것은 설레는 일이다. 해왕성의 위성인 트리톤의 첫인상은 '스키장'이었다. 표면온도 섭씨 영하 235도. 지구인이 알고 있는 태양계 최저온도였다. 인간이 해왕성을 관측한 1846년 이후 아무도 존재를 몰랐던 위성 6개도 새로 발견해 줬다.
>
> 해왕성을 끝으로 12년간 날아온 길을 벗어나 더 먼 여행을 떠났다. 지구 출발이 나보다 16일 늦었던 쌍둥이 형제 보이저1호는 내가 목성, 토성, 천왕성, 해왕성을 탐사하는 동안 목성과 토성에 접근한 뒤 바로 태양계의 경계로 향했다. 우리가 발견한 것들은 자기 존재

의 근원을 찾는 지구인에게 작은 열쇠가 될 것이다.

나는 지금 태양에서 약 125억 킬로미터, 1호는 155억 킬로미터 지점에 있다. 태양풍이 영향을 미치는 태양권의 안과 밖이다. 지구와 태양 간 거리(약 1억 5천만 킬로미터)의 100배 정도 되는 길이다. 그리고 아직도 교신중이다. 비록 광속의 신호가 지구에 도달하는 데 12시간이 걸리지만….

지구를 떠난 30년 동안의 여정旅程. 느낀 것이 있다면 제아무리 특별한 존재인 양 뽐내더라도 인간은 지구 위에 사는 생물일 뿐이라는 사실이다. 밤하늘의 별을 보며 자신을 가늠해 본다면 동감할 것이다. 그때 부디 우리 형제도 기억해 주기를 바란다.

추신 : 우리 몸체에는 외계 생명체를 만났을 때를 대비해 지구정보를 담은 '레코드'가 있다. 55개 언어의 인사말 중에는 한국인 여성이 녹음한 '안녕하세요'가 있다. 가장 먼 곳에 있는 한국말이다.
— 인간에게 영감靈感을 주는 존재가 되기를 바라는 보이저 2호가.

— 허진석, 〈책갈피 속의 오늘〉(《동아일보》, 2007. 8. 25)

일곱.

좋은 시는 좋겠다

1

신현정의 《자전거 도둑》(애지, 2005)은 읽은 지가 1년도 더 되는 시집이지만 잠 안 오는 저녁이면 이상하게 자꾸 생각이 나는 그런 시집이다. 올가을에도 다시 찾아 읽으려고 서가를 다 뒤졌는데도 찾을 수가 없었다. 아무리 찾아도 '자전거 도둑'이 시집을 통째로 훔쳐서 줄행랑을 쳤는지 찾을 수가 없었다. 이럴 때 느끼는 묘한 낭패감이나 절망감은 나이 어린 사람들은 짐작할 수 없는 심오한 맛도 있긴 있는 것이다. 아침마다 안경이나 핸드폰 찾느라고 똥마려운 강아지처럼 구석구석을 돌아다닐 때가 많은 나로서는 다시 읽고 싶은 시집을 찾다가 못 찾으면 그만 잊어버리고 마는 게 보통인데 이 경우에는 좀 달랐다. 생각날 때마다 시집을 찾아보았지만 끝내 못 찾게 되는 일이 몇 번 되풀이되다보니 은근히 약이 올랐다.

마침 얼마 전 시단의 무슨 모임에서 신현정 시인을 만났을 때 그 이야기를 했더니 선뜻 한 권을 다시 보내주겠다는 고마운 말을 했다. 내가 생각해도 참 염치없는 짓이다. 그 재작년부터 나의 책은 학교 연구실과 왕십리 좁은 안가安家의 책꽂이와 또 애련리의 원서헌 등에 흩어져 있다. 무슨 책이 어디 있는지 마구 혼선이 돼 있어서, 멀쩡히 집 어딘가에 숨어 있을 책을 서점까지 가서 새로 사올 때도 있다. 올봄에도 웃지 못 할 이런 일이 있었다.

현암사에서 나온《우리 별자리》라는 책을 집에서 찾다가 못 찾고 서점에 가서 새로 한 권을 사서 돌아왔는데 가방에서 새로 산 책을 꺼내는 순간 노트북 프린터 옆에 얌전하게 놓여 있는 이미 읽었던《우리 별자리》가 눈에 띄었던 것이다. 이제 내가 건망증健忘症을 넘어서 드디어 치매癡呆의 상태에 들어섰다는 절망감이 온몸을 휩쌌다. 그런데 우스운 것은 그 절망감이 기분이 썩 나쁘지만은 않은 그 무엇이라는 점이었다. 똘방똘방한 정신으로 모든 것을 잘 기억해 내는 빈틈없는 정신세계 속에서 수십 년을 살았으니 이제 앞이 뿌옇고 흐리멍덩해서 기억의 끈이 마구 뒤엉킨 세계를 경험하는 것도 정 나쁘지만은 않다는 생각이 들었기 때문이었다.

시집을 새로 받고 나서 찬찬히 다시 읽어 보았다. 이 시집의 어느 특징이 나를 자꾸 손짓해 부르고 있었을까. 시집에는 평론가 엄경희의 탁월한 해설이 실려 있어서 힌트를 얻은 바도 있지만, 신현정의 시는《자전거 도둑》이라는 시집 속에서 지금 시치미 뚝 떼고 그냥 그저 놀고 있는 것이었다. 좀 희한한 이러한 특징이 내 머릿속에서 쉽게 지워지지 않았기 때문일까. "어쩌면 하나님 당신하고 하도 닮아서//누가 염소인지 하나님인지 그 누구도 눈치채지 못할 거예요//놀다 가세요 뿔도 서로 부딪치세요"라는 〈하나님 놀다 가세요〉라는 시에서 잘 나타나 있듯 그의 시는 놀이에의 권유와 욕망이 아주 재미있고 익살스럽게 형상화되어 있다.

일상생활에서 '놀고 있네' 하면 상대방을 조롱하거니 멸시하는 말이 되지만, 지금 내가 말하는 '놀고 있다'는 말은 그와는 상관없는 아주 묘한 뜻을 지닌 말이다. 사람의 몸속에서는 동맥 정맥이 놀고 있고 나뭇가지 속에서는 수액樹液이 놀고 있는 것이다. 우주에서도 수많은 은하가 수천 억 개의 항성恒星과 행성行星을 데리고 놀고 있는 것 아닌가. 이 기막힌 '놀이'의 무한 연속상태를 넌지시 암시해 주는 삼라만상의 신호를 '자전거 도둑놈'이 감히 눈치 채고 있는 것이었다.

1행 1연의 형식을 취하는 그의 느슨한 시적 구조도 인상 깊었다. 느린 걸음걸이처럼 그의 시는 제재題材를 향하여 곧바로 달려가지 않고, 갈까 말까 망설이면서 머뭇대고 있는 듯한 포즈를 취하고 있다. 이처럼 물상에 대한 시인의 시의식은 완결되거나 확고한 단정을 위한 시도는 아예 하나도 없고 모두 미필적未畢的이고 미완료적未完了的인 상상으로 끝나고 있다. '이다' '아니다'를 분명하게 말하는 것은 어쩌면 자연과학의 논리이기는 해도 문학예술의 섬세한 구조는 아닐 것이다. 일상적인 잣대로는 잴 수 없는 왜곡된 물상을 어떻게 딱 부러지게 분명한 언어로 표현한단 말인가. 실물이 딱 그대로 비치는 거울이 아니라 수은이 벗겨진 깨어진 거울에 비치는, 아래위나 좌우로 쭉 잡아당긴 듯한 길쭉한 얼굴 모습이 우스꽝스럽듯, 금간 유리창으로 내다보는 바깥세상의 모습이 더 꼴불견이듯, 사실적인 묘사나 진술보다 오히려 '꼴불견'인 것이 더 낯설고 새롭게 보이는 것과 마찬가지로 신현정의 시는 하나같이 일상적인 통념을 여지없이 깔아뭉개면서 저 혼자 한가하게 '놀고' 있는 것이다.

봄밤이 무르익다

누군가의 자전거가 세워져 있다

자전거를 슬쩍 타보고 싶은 거다

복사꽃과 달빛을 누비며 달리고 싶은 거다

자전거에 냉큼 올라가서는 핸들을 모으고

엉덩이를 높이 쳐들고

은빛 페달을 신나게 밟아보는 거다

꽃나무를 사이사이 빠지며

달 모퉁이에서 핸들을 냅다 꺾기도 하면서

그리고 불현듯 급정거도 해보는 거다

공회전하다

자전거에 올라탄 채 공회전하다

뒷바퀴에 복사꽃 하르르 날리며

달빛 자르르 깔려들며

자르르 하르르

—신현정, 〈자전거 도둑〉

이 시는 앞에서 말한 신현정 시작법의 요체가 그대로 담겨 있는 작품이다. 엄경희도 시집 해설에서 "이것과 저것을 바꿔 놓기, 딴전 피우기, 샛길로 빠지기, 모르는 척하기, 남겨 두기 등에 의해 이루어진 대상과의 관계방식 혹은 놀이방식은 고착된 질서를 뒤섞어 놓는 삶의 방식이라 할 수 있다"라고 하면서 이 시인의 놀이방식을 짚어 내고 있다. 이 귀여운 '자전거 도둑'은 무르익는 봄밤에 누군가가 세워 놓은 자전거를 보면서 "슬쩍 타보고 싶은" 상상을 하고 있다. 진짜 도둑질을 하는 것이 아니라 그냥 그런 생각만 하면서도 무모하게 핸들을 꺾으면서 급정거를 해 보고 싶은 것이다. '급정거를 하였다'가 아니라, 그냥 그렇게 해 보고 싶은 것이다.

급정거를 했는데 자전거 바퀴가 공회전을 할 리가 없다. 엄격히 말하면 자전거 바퀴는 공회전을 할 수가 없다. 지금 이 시에 등장하는 도둑은 아마도 자전거는 탈 줄도 모르면서 자전거를 훔쳐 쌩쌩 달려보고 싶어하는 어수룩한 사이비 도둑일지도 모른다.

신현정의 시가 사물의 핵심에서 은근하게 벗어나서 시치미 뚝 떼고, 한가하게 놀이의 방식을 취하고 있기 때문에, 단순히 그것 때문에, 나의 마음을 사로잡고 있었던 것일까. 놀이의 방식을 취한 시세계는 꼭 신현정에게만 해당하는 것이 아니라 시적 형상화의 한 특징이라고 할 수 있다.

시집을 다시 읽으면서 문득 떠오른 것은 바로 〈자전거 도둑〉에 나오는 '달 모퉁이'라는 이미지가 자꾸 나를 손짓해 불렀다는 사실이었다. '도둑'은 자전거를 타고 지구의 위성衛星인 달 모퉁이까지 달려간 것처럼 억지를 부리고 있다. 영화 〈ET〉에 나오는 공중을 날아가는 자전거의 이미지가 문득 떠오르는 이 장면의 의미는 아주 특별하다. 이 작품의 구성은 골목길에서 자전거나 훔쳐 타는 좀도둑의 이야기가 아니라, 대기권을 벗어나서 아득하게 먼 달까지 상상력의 궤도가 확장되고 있는 것이다.

어떻게 '달 모퉁이'라는 기상천외의 이미지가 불쑥 튀어나온 것일까. 혹시 '담 모퉁이'의 오식은 아닐까. 나는 이 시가 처음 어느 잡지에 발표되었는지 모르기 때문에 오리지날 텍스트를 잘 모른다. 물론 단순한 오식이 아니라는 증거는 있다. 현대시학 2006년 3월호 한국시협상 특집을 보면 수상작인 〈자전거 도둑〉이 수록되어 있는데 여기에도 '달 모퉁이'라고 표기되어 있기 때문이다. 처음 발표될 때 오자가 난 것을 시인 스스로도 그냥 방치하면서 즐기고 있는 것은 아닐까. 하긴 신현정의 표정은 좀 음흉스럽고 엉뚱한 그늘을 숨기고 있는 듯이 보일 때가 많은데 정말 텍스트의 오류를 자진해서 즐기고 있기라도 한 것일까. 그런데 이런 추리도 설득력이 떨어진다. 컴퓨터 자판을 보면 자음 미음과 리을이 이웃해 있지 않고 두 칸이나 떨어져 있다. 그러니까 컴퓨터를 치다가 잘못 자판을 누른 것도 아닐 것이다. 시 전체의 문맥으로 보면 오히려 '담 모퉁이'라고 해야 무난해 보인다. 그러나 '담 모퉁이'라고 하면 좀도둑의 행동반경에 대한 평범한 설명에 지나지 않는다.

이 시는 다소 엉뚱하다싶은 '달 모퉁이'라는 이미지가 툭 튀어나와 있기 때문에 나무의 옹이나 관솔처럼, 밋밋하게 쭉 읽히는 다른 작품이 지닐 수 없는, 아주 고유한특이점을 지니게 된 것이다. 이것은 참 이상한 일이다.

'달 모퉁이'라고 하면 '꽃나무들'도 예사 꽃나무가 아니라 불타는 혜성이 줄달음치는 우주공간의 우주목宇宙木이 되는 것이다. 시인의 상상력은 고샅길 담 모퉁이를 바라보는 시야에 국한되지 않는다. "달 모퉁이에서 핸들을 냅다 꺾기도 하면서"에서 보이는 것처럼 달 탐사선을 탄 우주비행사가 달에 착륙하기 위하여 궤도수정을 하는 것인 양 한껏 우주공간에서 무도舞蹈를 즐기고 있는 것이다. 아마도 시인의 상상력은 자전거 뒷바퀴에 "달빛 자르르 깔려들며" 달을 지나 몇 만 광년 떨어진 광막한 우주까지 무한대로 확대되고 있는지도 모른다. 좀 전의 '놀이의 방식'에 대입해 보면 그야말로 '우주적 유희遊戲'로 한없이무변화無邊化되고 있다고 할 수 있다.

또 '복사꽃'과 '달빛'이 어우르는 여성적이고 관능적인 이미지의 교묘한 결합은 자못 원형적인 성합性合의 그늘과 숨결을 넌지시 암시하고 있다고 볼 수 있다. 설마 시인이 여기까지를 도모하고 시를 쓰지는 않았을 것이다. "자전거에 냉큼 올라가서는 핸들을 모으고//엉덩이를 높이 쳐들고//은빛 페달을 신나게 밟아보는 거다"라는 표현은 자전거를 타는 행위이면서 동시에 은연중 성합의 이미지를 떠올리게 하는 묘한 여운을 지니고 있는 것이다. 내가 괜히 지레짐작으로 그렇게 읽고 싶은지도 모른다. 이런 현상을 가리켜서 독자의 의도적 오독라고 한다. 하긴 오독이야말로 시 읽기의 첩경捷徑이라고 내가 십 몇 년 전 대학원 강의하면서 자주 말한 적이 있다. 물론 19세기 유럽의 대학에서도 게으르고 불량한 교수들이 강의하다가 말이 막히면 이런 뚱딴지같은 말을 곧잘 했다는 기록을도서관에서 숱하게 찾아볼 수 있다. 그러나, 이 문제에 대해서는 여기서 따로 논증하지 않기로 한다.

다음은 '장석주의 노자시화老子詩話'에 나오는 글로서 시집《자전거 도둑》을 읽다가 저도 모르는 사이에 눈물을 주르륵 흘렸다는 고백이 나오는 것인데, 요즘들 평론을 컴퓨터 자판으로 그저 매끄럽게만 쓰고 있지만, 간혹 가다가는 이렇게 손으로 쓰는, 사람 냄새 풍기는 진짜 평론도 있다는 것을 널리 알리고 싶어서 옮겨 적는다.

> 《자전거 도둑》은 2005년 한 해 동안 나온 시집 중에서 가장 읽을 만한 시집 중의 하나다. 허나 시인이 못났으니 그 좋은 시집 내놓고도 별달리 주목을 못 받았다. 그런 시인이 불쌍하고 자랑스럽다. 시집 맨 앞에 실린 〈경계〉 〈하나님 놀다 가세요〉 〈오리 한 줄〉 〈나는 염소 간 데를 모르네〉 〈극명〉 등을 차례로 읽으며, 뒤통수를 망치로 한 대 맞은 듯 멍했다. 시집을 덮고 한 5분쯤 눈을 감고 가만히 앉아 있는데, 눈에서 눈물이 주르륵 흘러나온다. 이게 웬 망령인가, 싶어 얼른 눈물을 닦고 다시 시집을 읽었다. 하늘에서 혼자 심심해 하는 하느님을 염소떼가 풀 뜯고 노는 초원으로 불러내어 "누가 염소인지 하나님인지 그 누구도 눈치 채지 못 할 거예요"라고 하든가, "놀다 가세요 뿔도 서로 부딪치세요"라는 구절에서 나도 모르게 눈물이 났다. 트집을 잡고 시비를 붙여 보려고 눈을 부릅뜨고 시집을 펼쳐 읽는데, 〈일진〉 〈역광〉 〈소금쟁이〉 〈세한도〉 〈소금창고 지기〉 〈바다에 관한 백서〉 〈매미울음〉 〈산수〉 〈파문〉과 같은 작품들이 연이어 망막을 거세게 때린다. 매미가 "얼마나 지독한 사랑의

맹세일지는 몰라도" "금강석을 찢듯이 운다"고 할 때 나도 모르게 무릎을 친다. 소금창고지기가 되어 "긴 장화를 허리까지 입고 삽을 어깨에 걸치고" 새벽부터 안개 속을 헤치고 소금창고에 나가 "무엇보다 하얗게 살찐 소금을 가마니 채 부려보는 거야"라고 할 때 절로 웃음이 나온다. 좋은 시의 특징은 고요하고 강렬하고 천진난만하고 투명하다는 것이다. 신현정의 시들이 그렇다. 신현정의 인생은 어땠는지 모르지만, 이번 생에서《자전거도둑》이라는 명음시집 한 권을 건졌으니 아주 나쁘다고 할 수 없겠다.

— 장석주, 〈거울과 유리창〉(《현대시학》, 2007. 7)

2

김사인의 시를 읽으면 나는 늘 오랜 옛 친구의 안부를 듣는 것 같은 착각에 빠질 때가 많다. 시의 효용성을 사회변혁의 유용한 척도로 삼으려는 듯한 포즈를 취하면서 팍스 아메리카나의 국제정세나 절대권력의 횡포에 희생당하는 사람들의 고통과 분노를 대변하는 목소리가 곧이곧대로 나오는 시가 지금도 눈에 띄는 현실이지만 시인의 시적 본령이 여기에 단순하게 머물게 되면 시 자체를 망실하는 경우에 직면하게 된다.

어쩌면 우리가 살아가는 현실에서 시는 어차피 무용지물일 수밖에는 없다. 아무짝에도 쓸모는 없지만 그러나 시는 사람 몸의 혈액처럼 보이지 않는 더 큰 효용성을 지니고 있다. 피의 현실적인 유용성은 매혈賣血하여 돈을 받는 일 말고는 없겠지만 사람의 몸과 영혼이 피 없이는 한순간도 지탱할 수 없는 것과 마찬가지로 시 또한 이 세상을 살아가는 데 있어서 보이지 않는 절대불가결의 요소를 지니고 있다고 할 수 있다.

한 편의 시는 한 방울의 피다. 지금까지 우리가 당면해야 했던 그리고 실제로는 당면해야 했음에도 불구하고 은연중 외면해 버린 채 살아온 부끄러운 과거에 대한 자기 회오와 성찰에서 시는 태어나고 그리고 죽는다. 요즘 하도나 시인 행세를 하는 사람이 넘쳐나는 세상이어서 더 그렇겠지만 이렇게 따듯한 체온과 눈물 젖은 시선을 지닌 시인이 바로 우리 곁에 있다는 사실은 더없이 뿌듯하다.

내가 김사인의 시집 《가만히 좋아하는》(창비, 2006)에서 제일 잘 읽은 작품이 바로 〈봄밤〉이다. 살아있는 시가 뭐냐? 누가 물으면 나는 대뜸 "바로 이거야!" 하고 이 시를 보여 주겠다. '시부적시부적' 아주 느려터지게 놀고 있는 등장인물들은 정말 제 끗발도 잘 못 챙기면서 섰다판에 둘러앉아있는 장삼이사張三李四같은 가관可觀들이다. 토방집 흐린 등잔불 아래 "섰어?" "안 섰어?" "죽었어?" 하면서 떠들다가는 술에 취해 벽에 등 대고 그냥 잠이 드는 그런 이상한 노름판, 아니 놀이판에서 서로 볼을 부비는 광대들이 아니고 무엇이랴.

> 나 죽으면 부조돈 오마넌은 내야돼 형, 요새 삼마넌짜리도 많던데 그래두 나한테는 형은 오마넌은 내야돼 알었지 하고 노가다 이아무개(47세)가 수화기 너머에서 홍시냄새로 출렁거리는 봄밤이다.
>
> 어이, 이거 풀빵이여 풀빵 따끈할 때 먹어야 되는디, 시인 박아무개(47세)가 화통 삶는 소리를 지르며 점잖은 식장 복판까지 쳐들어와 비닐봉다리를 쥐어주고는 우리 뽀뽀나 하자고, 뽀뽀를 한번 하자고 꺼멓게 술에 탄 얼굴을 들이대는 봄밤이다.
>
> 좌간 우리는 시작과 끝을 분명히 해야 혀 자슥들아 하며 용봉탕

집 장사장(51세)이 일단 애국가부터 불러제끼자, 하이고 우리집서 이렇게 훌륭한 노래 들어보기는 츰이네유 해쌓며 푼수 주모(50세)가 빈 자리 남은 술까지 들고 와 연신 부어대는 봄밤이다.

십이마넌인데 십마넌만 내세유, 해서 그래두 되까유 하며 지갑들 뒤지다 결국 오마넌은 외상을 달아놓고, 그래도 딱 한 잔만 더, 하고 검지를 세워 흔들며 포장마차로 소매를 서로 끄는 봄밤이다.

죽음마저 발갛게 열꽃이 피어
강아무개 김아무개 오아무개는 먼저 떠났고
차라리 저 남쪽 갯가 어디로 흘러가
칠칠치 못한 목련같이 나도 시부적시부적 떨어졌으면 싶은

이래저래 한 오마넌은
더 있어야 쓰겠는 밤이다.
— 김사인, 〈봄밤〉

그래서 5만원이 있으면 어떻게 하겠다는 거냐? 누가 이 시의 발화發話 방식과 그 내용을 다 듣고 이렇게 묻는다면 나는 뾰족하니 할 말이 없다. 시는 오로지 형식만도 아니요 내용만도 아니다. 또 무엇보다도 그 안에 담긴 한마디로 규정할 수 있는 주제만도 아니다. 결국 시는 아무것도 아니란 이야기이다. 그러면 시는 '아무것'만도 아닌, 어떤 것일까?

시는, 바로 〈봄밤〉 같은 것이다. 읽으면 가슴 속에서 감동의 기운이 스르르 올라와 저도 모르게 몸이 더워지고 눈시울이 뜨거워지는 영혼의 기록, 그게 바로 시다.

'오마넌'은 한국은행권 5만원이 아니라 용렬하지만 착하게 살아가는 이 시대 모든 이들이 호명하는 가장 정다운 이름이며 서로의 행복을 나누는 최소공배수最小公倍數 같은 것이다. 정서법상의 표준어를 아예 무시하고 혀 꼬부라진 구어口語를 사용함으로써 산문 형식이 지니는 생동감을 여지없이 살려내고 있는 시인의 얄밉도록 능청스러운 눌언訥言도 대단하다고 하겠다. 이 작품은 용봉탕집으로 포장마차로 몰려가면서 술추렴을 하는 이들이 내뱉는 대화나 독백의 기록이면서도, 그 밑을 흐르는 도저한 시 정신은 변두리 인생의 삽화로서가 아니라, 이 시대를 살아가는 우리들의 정체성正體性을 증명해 주는, 오랜 세월 뒤에도 남을 시적 상상력의 화석化石인 것이다.

3

김남조 선생의 새 시집《귀중한 오늘》(시학, 2008)이 나왔다. 마침 올해가 선생의 팔순이어서 이번 시집의 뜻이 더욱 깊다고 하겠다. 우리 시단에는 팔순을 넘긴 노시인들이 건재해 계시고 몇몇 분들은 젊은이 못지않게 부지런히 작품 활동을 하고 있다. 작품활동만이 아니라 꽂꽂한 선비로서의 품격을 잃지 않고 후배들에게 좋은 본보기를 은연중에 보여 주고 있다는 생각이 들 때마다, 나도 10년 후 20년 후 저 분들처럼 저렇게 깨끗하게 살아갈 수 있을까 하는 두려움이 앞선다. 그럴 때면 오늘의 나 자신이 통과하고 있는 생애의 벼랑이 더욱 아찔해지는 것이다.

김남조 선생과 나는 단순하게 시단의 사제지간이나 선후배 사이가 아니다. 좀 쉽게 이야기한다면, 그분은 나의 막내고모 같고 큰누님 같은 그런 사이라고 할 수 있다. 웬 가계家系를 들먹이느냐고 의아해 할 사람이 있겠지만, 정말 그렇다. 술 많이 마시는 나를 늘 꾸중하는 눈매로 걱정을 해 주는 막내 고모 같으면서도 내가 웬만큼 잘못해도 늘 이해해 주는 터울이 많이 지는 큰누님 같은 분이라고 나는 정말 느끼고 있기 때문이다. 정말 느끼고 있다는데 무슨 논증이 필요하랴.

나이가 들면 시를 쓰되 좀 성글고 느슨하게 써서 아주 딴딴한 시창작 이론으로 무장한 젊은 시인들을 안심시켜 주는 구석이 있어야 좋으련만, 김남조 선생은, 웬걸, 잠이 없어서 밤새 잠도 안 자고 작품을 매만지는지, 작품 하나하나가 아주 딴딴하다 못해 탱글탱글하기까지 하다. 다음의 시를 읽어 보면 선생이 시를 쓸 때 얼마나 '시'를 위하여 오체투지五體投地하는가를 쉽게 알 수 있다. 시가 너무 교과서적 아니냐고? 천만에! 시는 하나의 '작품作品'이기 때문에 어떤 경우에도 기승전결起承轉結과 상하좌우上下左右가 빈틈없이 호응하는 완결성이 있어야 되는 것이다. 시인의 실험의식도 이러한 완결성에서 비롯되는 것이다. 그렇지 않은 실험의식은 뿌리 없는 나무와 같아서 한순간은 초록의 잎이 보일지 몰라도 쉽게 메말라서 종당에는 생명을 다한다.

기차가 멈추고
사람 하나 내 앞에 내렸다

그 사람은
나의 식탁에서
내 마음 몇 접시를 먹곤
그의 종착역으로

다시 떠났다

그 후에도
기차는 간혹 내 앞에 멈췄으나
누구도 내리질 않았다

세월이 내 눈썹에
설풋이 하얀 안개를 덮는 날
내가 기차를 타고
그의 세상으로 갔더니
그 사람이
마중 나와 있었다
— 김남조, 〈기차〉

"그 사람은/나의 식탁에서/내 마음 몇 접시를 먹곤/그의 종착역으로/다시 떠났다"라는 절묘한 형상기법形象技法을 보면, 이 노시인이 이제 막 등단한 풋풋한 시인보다도 더 젊은 시심詩心을 지니고 있다는 생각을 지울 수 없다. '내 마음 몇 접시'라는 이미지는 흡사 시를 갓 배우는 처녀의 무구無垢한 솜씨처럼 싱싱하고 절실하다. 어린 마음, 순수한 마음을 유지하는 비결은 어디에서 연유하는 것일까.

〈시에게 잘못함〉이라는 시에서 선생은 "시인이여/우리는 시에게 잘못하는 일이 많다/하면 오늘밤 각자의 시 앞에/속죄의 등불을 켜고/새벽녘까지 천년처럼 긴 밤을/피땀으로 고뇌하며/시의 참 배필로 있자"라고 노래하고 있다. 이처럼 무서운 시인의식을 숙명으로 껴안고 살아가는 노시인이여. 이승에서 저승으로 기차汽車를 타고 떠나는 이 찰나적인 여수旅愁는 이별과 해후의 운명적인 이정표가 아닌가.

김남조 선생은 이번 시집을 내면서 뒤에 산문을 수록했다. 시인 스스로 쓴 후기後記나 시창작 노트에 해당하는 성격의 글인데 아주 진솔하게 시인의 마음을 독자들에게 토로하고 있다. 시인은 그 글을 이렇게 끝맺고 있다.

김남조 선생

> 빗소리 아직 들린다. 빗소리 들으니 참 좋다.

이쯤 되면 자연과 인간의 혼연합일渾然合一이요 불이不二의 경지다. 빗소리를 들으면서 모든 사유적인 것을 사상捨象하고 그저 무심히 '좋다'라고 말하는 이것이야말로 모든 이론을 뛰어넘는 시적 깨달음의 단서가 되는 것이다. 이쯤 되면 언어예술인 시는 마침내 언외言外에 존재하게 되며 그 존재조차도 이미 불가시적인 영역으로 몸을 숨긴다.

이글을 읽고 나는 문득 느낀 바 있어서 시 한 편을 썼다. 며칠 전 첫눈이 쏟아지는 풍경을 바라보면서 내가 느꼈던 말할 수 없이 적요한 평화로움도 '참 좋다'고 할만큼 그냥 좋았던 것이다.

제목을 〈방남조의倣南祚意〉라고 한 것은 '김남조 선생의 뜻을 본받아'라는 취지인데 소치小癡가 완당阮堂의 〈세한도歲寒圖〉를 본받아 그리면서 '방완당의倣阮堂意'라고 화제를 쓴 적이 있는 바를 따른 것이다.

김남조 시집《귀중한 오늘》
뒤에 실린 산문의맨 끝 행은 이렇다.
—빗소리 아직 들린다. 빗소리 들으니 참 좋다.

1967년 중앙일보 신춘문예에 당선된
오탁번의 〈순은純銀이 빛나는 이 아침에〉의 첫 행은 이렇다
—눈을 밟으면 귀가 맑게 트인다

올 첫눈은 11월 19일(월) 밤 여덟시 반에 왔다
40년이 지난 오늘 나는 이렇게 쓴다
—첫눈이 온다. 눈 오는 것 보니 참 좋다

— 오탁번, 〈방남조의倣南祚意〉

내가 10년 전 〈시와 삶의 이야기〉라는 제목으로 현대시학에 1년 동안 연재한 산문을《오탁번시화詩話》(나남, 1998)라는 이름으로 출간했을 때 시인 이희중이 서평을 쓴 일이 있다.제목은〈좋은 시에 대한 편애〉였는데 글을 끝내면서 그는 '메롱' 하며 나를 놀리듯 이렇게 말했다.

좋은 시에 대한 끝없는 편애! 좋은 시는 좋겠다.

나도 이번 글의 소제목을 여기에 빗대어 '좋은 시는 좋겠다'라고 붙였다. 정말, 좋은 시는 참 좋겠다!

여덟.

인공지능 카메라

1

1월 중순에 인도와 네팔에 다녀왔다. 뭄바이-아우랑가바드-아잔타-엘로라-오르차-카주라호-바라나시-강가-자이푸르-아그라-타즈마할-델리-카트만두를 둘러보는 열흘 동안의 여행이었다. 나는 여행을 자주 하지만 그냥 아무것도 생각하지 않고 주마간산식으로 무념무상의 상태에서 풍경을 즐기는 편이다. 그래서 웬만하면 기행문이나 기행시는 엄두도 내지 않는다. 낯선 외국의 풍물을 한번 보고 어떻게 그것을 소재로 다짜고짜 글을 쓸 수 있는가 하는 회의를 지니고 있는 사람이다. 이국적인 풍경이 시인의 창작 모티프가 될 수 있다는 것을 인정하면서도 그것보다는 자기가 낳아서 자란 고향과 살아가는 현실이 더 우선돼야 한다는 고전적인 창작방법을 늘 존중하는 편이었다.

그런데 이번에는 좀 달랐다. 가이드가 설명하는 말을 메모를 한다거나 여행 소개책에 있는 내용과 눈앞에 펼쳐지는 풍경을 대조해 봤다는 말이 아니다. 디지털 카메라로 부지런히 사진을 찍으면서 여행지에서 본 풍경을 내 기억의 창고 속에 하나하나 간직하게 됐다는 말이다. 이렇게 부지런을 떠는 것은 평소의 나와는 맞지 않는 일이지만, 나도 모르는 어떤 힘에 이끌려 눈앞에 펼쳐지는 삼라만상을 경배하듯 공손히 나의 영혼 속에 영상으로 모셨다고 할 수 있다.

내가 가지고 있는 천만 화소짜리 디지털 카메라를 나는 '인공지능 카메라'라고 부른다. 나는 물론 아날로그 시대에 길든 사람이다. 디지털 시대의 온갖 변화무쌍한 정보와 기술에 대해서는 은근히 적의를 가지고 있는 편이어서 나는 지금도 이메일을 못 한다. 편지는 백지에 만년필로 써서 봉투에 넣어 우표를 붙여서 보내야 한다고 굳게 믿고 있는 사람이다. 그런데 작년 가을부터 생각이 좀 바뀌었다.

디지털 시대의 멋과 낭만도 꽤 있다는 생각을 하게 된 것이었다. 핸드폰으로 메시지를 보내는 기술을 알고 나서부터였다. 바로 전화를 하는 것보다 '뭐해?' '어디 있어?' 이렇게 메시지를 보내는 것이 꽤 재미있게 느껴진 것이다. '좀 만날까?' 하고 문자를 보내면 전화로 그렇게 말하는 것보다 더 감칠맛이 난다고 생각된다. 마치 젊은 날 사랑하는 사람에게 엽서로 만나고 싶은 뜻을 전할 때처럼 은근한 그리움과 목마름이 그 짧은 문자 속에서 눈을 뜨는것 같았다. 하긴 나는 말보다는 글에 더 잘 넘어간다. 편지나 시에는 홀딱 넘어가지만 웬만해서 남의 말에는 잘 넘어가지 않는다. 모르긴 몰라도 나도 상대방에게 마찬가지 아닐까?

디지털 시대의 좋은 점이 또 하나 있다. 바로 디지털 카메라이다. 재작년 가을 어느 날 인사동 카페에서 이명수 시인을 우연히 만났을 때였다. 옆자리에서 술을 마시던 그가 카메라를 들고 와서 우리 일행의 사진을 찍고 나더니 바로 그 자리에서 화면에 나온 사진을 보여 주는 것이었다. 나는 그때 말은 하지 않았지만 내 사진을 보고 깜짝 놀랐다. 너무 멋있게 나온 것이었다. 그야말로 '있는 그대로' 찍힌 내 얼굴의 섬세한 표정 하나하나가 살아서 숨 쉬듯 선명하게 나온 것을 보고 속으로 나는 이렇게 생각하였다. 그러면 그렇지. 간디, 엘리어트, 예이츠의 우수에 찬 표정이 골고루 숨어 있는, 아주 낭만적인 포즈에 웬만한 말에는 까딱도 하지 않는 꼿꼿한 지식인의 이미지가 그대로 살아 있는 나의 프로필이었다. 이렇게 멋있는 나에게 홀딱 넘어오지 않는 여자가 있으면 어디 나와 봐라. 네가 손해지 내가 손해냐. 이런 황홀한 망상을 일으키게 해 주는 멋진 사진이었다.

그래서 나는 그에게 카메라에 대해서 이것저것 물었다. 작년 가을 원서문학관 시의 축제 때 이명수 시인이 참가했는데 그는 디지털 카메라로 사진을 열심히 찍고 있었다. 문학관 뜰에서 술 마시면서 알루미늄 의자에 구두를 벗고 발까지 올려놓고 오도카니 앉아 있는 내 모습을 사진으로 찍어 보여 주었다. 그 사진도 정말 일품이었다. 그날 행사를 하면서 힘들면서도 한켠 스스로 대견해 하는 나의 속내까지를 잘 포착하고 있는 하나의 '작품'이었다. 서울의 윤향기, 손현숙 시인도 부산의 김수우 시인도 또 카메라를 늘 가지고 다니는 다른 시인들도 모두들 카메라가 지닌 불가사의한 영상에 일찍이 반해 버린 사람들이라는 생각도 그때 들었다. 나는 그동안 디지털 카메라는 젊은 애들이 가지고 노는 천박한 상품쯤으로 치부하고 있었다.

지난해 겨울 일본 규슈로 여행가면서 드디어 이명수 시인이 자랑했던 천만 화소짜리 디지털 카메라를 장만하였다. 그 후 나는 손자 손녀 백일 때나 돌 때도 우리 집 전속 사진사가 되어 부지런히 사진을 찍게 되었다.

벌써 10년도 더 전에 나는 혼자서 인도여행을 한 적이 있다. 그때의 경험을 가지고 나는 '테레사 수녀'에 대한 산문과 '타즈마할'에 대한 시를 쓴 적이 있다. 이제는 인도 여행을 가는 사람들이 많아졌고 인도에 관한 책도 많이 나와 있어서 새삼스럽게 기행문을 쓴다는 것은 좀 뭣하다. 그래서 기행문을 쓸 생각은 아예 접고, 인도와 네팔을 여행하면서 수백 장 찍은 사진 중에서 몇 장의 사진을 골라 사진 설명이나 붙여 보려고 한다. 디지털 카메라로 사진을 찍으면 마치 프로 사진작가의 솜씨인 듯 아주 선명한 사진이 저절로 쑥쑥 나온다. 보면 볼수록 너무 근사한 사진이 저절로 나온다. 여행을 끝내고 귀국하여 사진을 빼서 한 장 한 장 보고 있으면 여행할 때보다도 더 실감나게 여행을 다시 하는 기분이 든다. 사진을 보면서 지도를 펴놓고 돌아다녔던 일정을 되짚어 보면서 지금 실제로 다시 여행을 하고 있는 듯한 착각에 빠지게 되는 것이다.

인도는 참 묘한 나라다. 아니다. 나라라기보다는 하나의 천하天下다. 좀더 말하면 하나의 우주宇宙다. 국민소득이 천 달러도 채 안 되는데 사람들은 저마다 핸드폰을 들고 다닌다. 우리야 집집마다 전화가 놓이고 나서 삐삐라는 호출기를 한참 쓰다가 핸드폰으로 넘어왔고 또 컴퓨터만 해도 르모, 워드프로세서의 시대를 거치고 나서 오늘날의 무선 노트북으로 넘어온 것 아닌가. 인도의 경우에는 이런 단계를 제대로 거치지 않고 곧바로 첨단 IT 시대로 진입한 것이다. 그래서 인도

노트북 컴퓨터 모니터에 비친 인공지능 카메라맨 오탁번

는 원시와 현대가 공존하는 세계에서 가장 특이한 나라가 된 것이다. 이번 여행에는 딱 열 명이 참가하였다. 약사 부부와 초등학교 교사 다섯 명과 함께였는데 나라 안에서나 밖에서나 싱거운 소리 잘하는 나는 인공지능 카메라를 자랑하면서, 귀국하면 사진전을 즉시 연다고 흰소리를 했다. 함께 여행한 이들의 이름도 연락처도 모르지만 나는 그 약속을 지켰다.

1월 22일부터 27일까지 원서문학관 2층 전시실에서 1주일 동안 인도 · 네팔 사진전을 개최하였다. 내가 드디어 사진작가로 데뷔하는 순간이었다. 난蘭 화분도 많이 들어왔고 시인들도 많이 관람하였다. 방명록에 보면 심재휘, 전동균, 신달자, 조영순, 윤향기, 송영미, 정재

분, 노향림, 이화은, 이창수, 이영식, 상희구, 이병초, 이인원, 이기윤, 정영숙, 박의상, 권현형, 오태환, 정영선, 최준, 김영탁, 김석준, 김찬옥, 윤관영, 이현복, 박 등, 오세영, 권혁희, 홍정수, 허형만, 송수권, 손현숙, 김종태, 이혜원, 김행숙, 유안진, 문정희, 한이나, 류현승 시인의 이름이 보인다. 보는 사람마다 입을 딱 벌리고 내가 찍은 사진에 감탄하는 것이었다. 인도에 여러 번 다녀와서《인도의 마법에 빠지다》(고요아침, 2006)라는 책을 낸 윤향기 시인도 내가 찍은 인도 사진을 보고 기막히다는 표정을 지었다. 놀라는 사람들이 많을수록 나도 덩달아서 천부적인 사진술이 나의 영혼에 숨어 있다는 생각을 사진전이 열리는 동안 어쩔 수 없이 내내 하게 되었다.

언뜻 보기에도 더 극심해진 빈부의 차이가 그대로 나타나는 인도의 풍경은 뺏고 빼앗기는 역사가 수없이 되풀이된 힌두교와 무슬림교의 아픈 흔적이 곳곳마다 마치 역사의 증거물인 듯 서 있고 드넓은 땅과 수많은 사람들이 원색 그대로 살아가는 현실 그 자체였다. 2백 년이나 되는 긴 세월 동안 영국의 지배를 받으면서 이들이 어떻게 그들만의 언어와 문화를 유지할 수 있었을까. 10억 명이나 되는 인구와 한국의 33배에 달하는 광활한 대륙의 숨결이 나 같은 초라한 관광객의 가슴을 짓누르는 듯했다.

2

나는 인도의 고색창연한 유적지만을 카메라에 담은 게 아니다. 오히려 그곳에서 숨쉬고 살아가는 사람들의 모습을 많이 찍었다. 그때그때 사진을 찍지 않으면 눈앞에 펼쳐지는 방대하면서도 각자 아주

사진 1

사진 2

세밀하게 이질적인 풍경의 요소들을 붙잡아 둘 수가 없었다.

우리가 흔히 갠지스강이라고 부르는 강이 바로 강가Ganga이다. 바라나시Baranasi에 도착하여 호텔에서 하루 자고 이튿날 아침 일찍 릭샤를 타고 강가로 나갔다. 강가의 일출 장면을 보기 위해서였다. 이미 오래전에 캘커타에서 강가를 본 적이 있지만 바라나시는 이번이 처음이었다. 배를 타고 꽃등을 강물에 띄우기도 했다. 강 언덕의 가트Ghat를 바라보면서 역동하는 삶의 현장이 바로 저것이구나 하는 생각이 절로 들었다. 아침 일찍부터 강물 속에 들어가 목욕을 하는 사람들과 그릇을 닦는 사람들, 빨래를 하는 사람들이 북적였다. 화장터는 장작불이 타오르는 연기로 뒤덮였고 기온이 쌀쌀한데도 불구하고 강물에 몸을 담그는 인도인들도 꽤 많이 보였다. 그들은 단순히 목욕만을 하는 게 아니라 몸과 마음의 때를 말끔히 정화시키는 종교적 행위를 엄숙하게 수행하고 있는 것이다. 머리를 항상 동쪽으로 향하고 만트라Mantra를 암송한다고 한다. 관광객이 보기에는 지저분한 강물이지만 힌두교도들에게는 어머니와 다름없는 신성한 생명의 물인 것이다.

사진1이 바로 강가의 일출 장면이다. 배를 타고 떠오르는 해를 찍으면 바로 역광일 수밖에 없기 때문에 영상이 좀 어둡기는 하지만 내가 이번 여행 중에 찍은 사진 중에서 가장 마음에 드는 작품이다. 사진2는 강가의 다샤스와메드 가트Dasaswamdh Ghat에서 힌두교 의식을 할 때 쓰기 위한 시설물이다. 힌두교의 의식이 열리는 저녁이 되면 가트에는 수많은 인파가 몰려 북새통을 이룬다. 주변에는 여러 가지 성구聖具를 파는 사람들도 많고 수많은 부랑인과 거지들이 손을 벌린다. 이 가트는 신 브라흐마Brahma가 열 마리의 말을 희생으로 하여 제사

사진 3

사진 4

를 지낸 장소라고 한다.

무수한 신을 모시는 힌두교는 종교라기보다도 하나의 민속신앙 같은 신인불가분神人不可分의 생활양식이요 관습이라고 할 수 있다. 신과 더불어 살아가는 인도인들의 신성神性 앞에서 물질만을 내세우는 나 같은 문명인들은 초라해질 수밖에는 없는 일이었다. 향 사르는 독한 냄새와 강가의 찬 물결 소리와 의식을 올리는 사제司祭들의 경건한 모습이 내 영혼의 깊은 밑바닥을 마구 흔들었다.

사진 3과 4는 네팔 카트만두에 있는 구왕궁인 하누만 도카 Hanuman Doka의 광장에서 만난 소년 소녀들이다. 어떤 아이는 손에 조잡스러운 물건을 들고 사달라고 조르기는 하지만 알고 보면 그저 영락없는 거지들인 것이다. 사진을 찍으면 "포토 머니!"하면서 두 손을 벌린다. 10루피를 줘도 그만 안 줘도 그만이지만, 아이들의 천진한 미소에 그냥 매혹되기 때문에 1달러를 손에 쥐어 주게 된다.

사진 5는 인도 오르차Orcha 고궁에서 만난 여인들이다. 그들은 고궁 입구에서 광주리로 흙을 퍼 나르는 일을 하고 있었는데 내가 카메라를 들이대자 기다렸다는 듯이 포즈를 취해 주면서 해맑게 웃었다. 물론 사진을 찍고 나면 손을 벌린다. 포크레인으로 하면 단숨에 할 일인데 여러 명의 여자 인부들이 하나하나 광주리에 흙을 담아 머리에 이고 일을 하는 것이었다. 이 여인들의 밝고 맑은 표정을 보라. 마치 프로 모델인 양 웃고 있는 모습이 기막히게 아름답다. 나는 이처럼 어여쁜 얼굴을 우리나라에서는 아직 본 적이 없다.

사진 6은 카트만두에서 만난 승려인데 이들 역시 관광객을 위하여 포즈를 잡아 주고는 "원 달러!"를 외치는 사람들이다. 수도를 하는 게

사진 5

사진 6

사진 7

사진 8

아니라 그냥 관광객과 어울려서 '놀고 있는' 사람과도 같다. 뭐가 그리 즐거운지 만면에 웃음이 지워지지 않는다.

카주라호Khajuraho 사원 가운데 보존상태가 가장 좋은 사원은 서부 사원군에 속하는 락쉬마나 사원Lakshmana Mandir인데 여기에 그 유명한 '말과 성행위하는 남자와 그를 바라보며 얼굴을 가리는 여자'의 조각이 있다. 사진 7이 바로 그것이다. 내가 찍은 이 사진은 안내책자에 나온 사진이나 화보집에 나오는 사진보다도 더 잘 나왔다. 이러한 사원들이 동서로 나뉘어 수십 개나 우뚝우뚝 솟아 있는 카주라호는 1천 년 전 이 일대에서 번영하였던 찬델라Chandela 왕조에 의해서 건설

된 것이라고 한다. 사진 8에서 보는 바와 같이 이들은 집단적으로 성행위를 즐기고 있으며 그 가운데는 관음觀淫의 거리를 유지하면서 간접적으로 참가하고 있는 이들도 보인다. 종교와 성性을 아슬아슬하게 조화시킨 사원의 조각작품들은 인간존재의 꾸밈없는 고백이며 갈구하는 꿈인 것이다. 이 조각작품은 꽤 높은 곳에 있어서 사진을 찍으면서도 과연 잘 나올까 걱정했는데 사진을 뽑고 보니 너무 잘 나와서 다시 한번 나의 인공지능 카메라의 성능에 놀라게 되었다.

사진 9

사진 10

사진 9는 인도 보리수나무이다. 카주라호 사원 앞에 당당하게 서 있는 보리수나무는 그 크기도 대단하지만 말할 수 없이 넉넉한 모습이 흡사 영겁을 손짓하는 듯하다. 하늘을 가릴 듯 서 있는 보리수를 바라보고 있으면 한동안 무섬증까지 드는 것이었다. 사진 10은 아그라Agra의 타즈마할Taj Mahal이다. 내 카메라로 내가 찍은 것이

다! 나는 이 말을 강조하지 않을 수 없다. 사진의 구도와 포커스를 보라. 샤 자한Shah Jahan과 뭄타즈 마할Mumtaz Mahal의 사랑과 슬픔이 천만 개의 화소畵素 곳곳에 스며 있지 않은가. 22년 동안의 공사를 통하여 인류 역사상 가장 아름다운 무덤을 만든 무굴 제국 황제의 집념이 무섭기만 할 뿐이다.

타즈마할을 본 것은 이번이 두 번째이다. 십 몇 년 전에 델리에서 1일 투어에 참가하여 타즈마할을 관광한 적이 있다. 나는 그때 돌아와서 한참 후에 〈타즈마할〉이라는 시를 발표하였다.

이맘때쯤 다시 만나기로 하자
이제 여기서 헤어지고 나면
가을 깊어지고 겨울이 오고
또 몇 백 년 강물이 흐른 뒤
야무나강이든 갠지스강이든
저 멀리 남한강이든
그 강물 흘러가는
어디쯤에서 다시 만나기로 하자
손톱 밑으로 빠져나가는
시간의 햇살따라
벵골만 건너 캘커타 지나
아그라 붉은 태양 아래
흰 대리석으로 빛나는 타즈마할
죽은 다음에도 되살아나는
왕과 왕비의 살냄새 거웃냄새
또 몇 백 년 강물이 흐른 뒤
타지마할의 눈부신 대리석 위에

보름달이 솟을 때
여기쯤에서 만나기로 하자
사랑에는 꼭 이별이 있는 법
저승의 푸른 하늘 아래
대리석이나 오동나무 관이 아니면
관솔구멍이 숭숭 뚫린
소나무 관 속에
금은보화 비단옷이 아니면
무명옷이나 삼베옷 두르고
그도저도 아니면
청바지 차림으로라도
또 몇 백 년
강물이 흐른 뒤
우리들 사랑의 타지마할에서
이맘때쯤 다시 꼭 만나기로 하자
— 오탁번, 〈타즈마할〉

쿠마리Kumari는 네팔 왕국의 살아 있는 여신女神인데 쿠마리를 모시고 있는 사원이 바로 쿠마리 사원Kumari Bahal이다. 사진 11은 쿠마리 사원을 인공지능 카메라로 찍은 것이다.

살아 있는 여신을 선발하는 기준은 매우 까다롭다. 4-5세의 어린 여아들 중 용모, 별자리 등을 검토해 1차 선발 대상자로 선발하고 이 중에서 한 명을 선발한다. 몸에 수술 자국이 있어서도 안 되고 눈은 소처럼 맑고 커야 되며 몸매는 보리수 같아야 한다. 초경을 하여 여신의 지위를 빼앗겨 나가게 된 쿠마리가 쓰던 물건을 알아 맞춰야 최종 선발된다. 쿠마리는 가족과 함께, 초경初經을 치르기 전까지 쿠마리

사진 11

사진 12

사원에 거주하며 신으로 추앙받게 된다. 왕王마저도 쿠마리 앞에서는 고개를 숙인다고 한다. 이렇게 여신의 대접을 받던 쿠마리도 초경을 치르게 되면 신성神性을 잃은 것으로 돼 사원을 떠나야 한다. 쿠마리는 매년 9월 열리는 특정 축제 기간에만 외출이 가능할 뿐 초경을 할 때까지는 사원 밖으로 나가지 못한다.

사원에서 가족들과 살아가는 쿠마리는 관광객들에게 단 몇 초 동안 얼굴을 보여 주고 몇 루피의 돈을 받는다고 한다. 우리가 찾아갔을 때 가이드가 밖을 내다보는 풍채 좋은 남자에게 "그룹!"이라고 소리치자 얼마 있더니 사진에서 보이는 가운데 창문에서 정말 쿠마리 여신이 나타났다. 사진촬영이 금지되어 있으므로 우리는 숨을 죽이고 쿠마리를 그냥 쳐다볼 뿐이었다. 5초나 됐을까. 쿠마리가 모습을 감추었다. 아주 묘한 기분으로 사원을 나섰다. 사원 밖에서 파는 쿠마리의 사진을 1달러 주고 샀는데 오른쪽 사진 12가 바로 그것이다.

다음 사진은 어떻게 인도와 관련이 있는 것일까. 좀 억지를 부리는 것 같기는 하지만 분명히 관련이 있는 사진이라고 할 수 있다. 프로 사진작가가 그렇다면 그런 것이다. 사진13은 이번 여행에 함께 참가했던 초등학교 교사 다섯 명의 사진이다. 버스를 타고 자이푸르Jaipur로 가는 도중 어느 식당에서 찍은 사진이다. 그때 나는 말했다.

— 내 카메라는 참 이상해요. 이걸로 사진을 찍으면 미모가 10%쯤 업그레이드 돼요.

내 말을 듣고 그들은 실없는 소리한다고 웃었지만 귀국하여 사진을 빼어 보니 과연 내 말대로 탄복할 만한 절세의 미녀들로 나온 것이다. 주소도 이름도 모르니 사진을 전해 줄 길도 없고 해서, 이렇게 내 인공지능 카메라를 자랑도 할 겸 여기에 소개하는 것이다. 사진14는 내가 찍은 사진이 아니다. 꼭 인도 여인처럼 노을빛을 가득 받고 미소 짓는 이 아름다운 여인은 누구일까.

바로 윤향기 시인이다. 그가 낸 《인도의 마법에 빠지다》에서 스캔

사진 13

사진 14

한 것인데 설마 그녀의 카메라가 내 것처럼 탁월한 인공지능일 리가 없는데 어떻게 이토록 아름답고 멋진 사진이 나온 것일까. 그 이유가 무엇일까.

그 까닭을 나는 이번 인도 여행에서 돌아와 사진을 뽑아 보고서야 확실하게 알게 되었다. 바로, 인도! 인도였다! 인도에 가면 모두가 절세미인이 된다. 인도에서 찍은 사진이 빼어난 예술작품이 되는 것은 순전히 내 카메라가 인공지능이기 때문만이 아닐지도 모른다. '인도'라는 그 광대무변한 하늘과 땅이, 소와 개와 돼지와 인간들이 동등하게 살아가는 그 원초적原初的 땅이 우리 인간들의 가장 아름다운 면을 밖으로 확 꺼내 버린 것이다! 물 담긴 깡통을 들고들판으로 나가서 보는 사람이 있건 없건 대지大地에 똥을 누는 인도인들의 천의무봉天衣無縫 같은 영혼이 카메라 셔터를 누를 때마다 순간적으로 피사체被寫體의 아름다움을 더 돋보이게 했는지도 모른다.

3

귀국한 다음 원서헌에서 꼼작 않고 그동안 미루었던 시를 여러 편 썼다. 그러나 인도 여행을 소재로 한 시는 못 썼다. 나는 원래 여행하고 오면 한동안 그냥 머리가 띵할 뿐 여행지에서 본 풍경을 시로 쓸 엄두를 못 낸다. 여행지에서 보고 느낀 것들이 나의 기억 창고로 들어가서 썩을 것은 썩고 발효될 것은 발효되는 데 걸리는 시간이 남보다 아주 길다. 몽땅 썩어 없어지는 경우도 많다. 그러나 이번은 좀 다를 것 같다. 인공지능 카메라로 사진을 찍어 왔으니까 그걸 보면서 인도에 관한 시를 조만간 쓰게 될 것 같기 때문이다. 나도 이제 드디어 첨단 디지털시대의 시인이 된 것일까.

인도에 다녀와서 《인도사印度史》(조길태, 2001)와 타고르 선집을 샀다. 이 글을 시작하기 전에 600쪽에 이르는 《인도사》를 다 읽었다. 온갖 민족이 인도 대륙을 휩쓸고 지나갔는데도 여전히 삶의 들끓는 현장으로 남아있는 역사歷史와 태초와도 같은 혼돈混沌의 땅을 어찌 몇 마디 말로서 표현할 수 있으랴.

엊저녁에는 이수익의 시집 《꽃나무 아래의 키스》(천년의 시작, 2007)를 펴서 처음 받았을 때 접어 놓았던 작품을 곰곰이 다시 읽었다. 좀 아프다고 했는데, 차도가 있는가 궁금했지만, 몸 성한 놈이라고 외국을 휘젓고 다녀온 게 공연히 미안해서 전화는 다음에 하기로 했다. 이수익은 여리고 여린 마음을 아직까지 고스란히 지니고 있는 시인이다. 〈그리운 악마〉라는 시에서 "숨겨 둔 정부情婦 하나/있으면 좋겠다./몰래 나 홀로 찾아 드는/외진 골목길 끝, 그 집/불 밝은 창문 그리고 우리 둘 사이/숨막히는 암호 하나 가졌으면 좋겠다"고 꾸밈없이 노래하며 소곤소곤 속삭이는 이수익 시인은 이 시대의 마지막 로맨티스트인지도 모른다.

한 고단한 삶이
내 어깨에 머리를 기댄 채
혼곤한 잠의 여울을 건너고 있다.

밤도 무척 깊은 귀가길,
전철은 어둠 속을 흔들리고…

건조한 머리칼, 해쓱하게 야윈

핏기 없는 얼굴이
어쩌면 중년의 내 이종사촌 누이만 같은데
여인은 오늘 밤 우리의 동행을 아는지 모르는지
내 어깨에 슬픈 제 체중을 맡긴 채
송두리째 넋을 잃고 잠들어 있다.

어쩌면 이런 시간쯤의 동행이란
천 년만큼 아득한 별빛 인연일지도 모른다는
생각에 이르자 나는 잠시 내 어깨를 빌려주며
이 낯선 여자의 오빠가 되어 있기로 한다.

전철은 몇 번이고 다음 역을 예고하며
심야의 지하공간을 달리는데…
— 이수익, 〈어느 밤의 누이〉

전철 안에서 만난 '이종사촌 누이'의 잠든 얼굴을 나의 인공지능 카메라로 찰칵 찍고 싶은 욕망을 느낀다. 정말이지 좋은 시는 어디 먼 곳에 거창하게 있는 것이 아니다. 좋은 시의 소재는 우리 몸 가까이 아주 근접해 있다. 손톱 밑에 눈썹 위에 있다.

이처럼 사소한 일상의 이야기가 더없이 포근하고 눈물겨운 것은 사물을 사랑하는 시인의 예민한 촉수觸手 때문이다. 천년 동안의 인연을 상상하면서 낯선 여자의 '오빠'가 되는 시적 화자야 말로 자연과 인간을 넘나드는 위대한 시혼詩魂이라고 할 수 있다.

아홉.

소반다듬이

1

진정한 시인의 길은 어린아이의 시선이 머무는 아주 보잘것없는 점에서 비롯된다는 것은 새삼스레 이야기할 거리도 못되는 말이 되었다. 그러나 아직도 시를 쓴다는 일을 무슨 심오한 철학적 명제를 내세워야 되는 것과 동일시하는 시인들도 있긴 있다. 하지만 이러한 엄숙주의는 어린아이의 순수한 눈높이를 소홀하게 여기는 경우가 종종 있어서 자칫하면 시 자체를 망실하게 되는 수가 있다. 인위적으로 만들어져서 모든 사람들이 수학 공식처럼 외워야 하는 후천적인 명제가 시창작의 목표가 되는 것은 아니다. 시는 현실을 다루되 눈에 보이는 물상이 아니라 볼 수도 알 수도 없는 '현실'을 시의 그릇에 담아내야 하는 것이다. 그것을 언어의 정령이라고도 하고 인간의 영혼이라고도 하는 것이다.

이러한 어린아이의 순진무구한 시선을 평생 지니고 세속적인 삶을 서툴게 산 시인으로 우리는 흔히 천상병과 김종삼을 꼽는다. 맞는 말일지도 모른다. 그래서 그들의 시는 문법적으로 좀 서툰 구석이 있거나 사회적인 척도의 관용慣用을 벗어났어도 그것마저 미덕으로 이해되는 수가 많았다. 글자는 물론 아직 말도 채 배우지 않는 어린아이가 하는 말이 어떻게 문법적으로 딱 맞고 또 사회의 관용과 합치할 수 있겠는가.

그러나 이러한 견해가 때로는 민망할 때가 있다. 요즘 어느 일간지에서 '시인 100명이 추천한 애송시 100편'이라는 연재물을 싣고 있는데 여기에 소개된 김종삼의 시는 다음과 같다.

> 물먹는 소 목덜미에
> 할머니 손이 얹혀졌다.
> 이 하루도
> 함께 지났다고,
> 서로 발잔등이 부었다고,
> 서로 적막하다고,
> — 김종삼, 〈묵화墨畵〉

이 시를 문태준은 이렇게 읽고 있다.

> 〈묵화〉의 목소리도 자분자분하다. 하루의 노동을 끝내고 막 돌아와 쌀 씻은 쌀뜨물을 먹고 있는 소를 보여 준다. 그의 시선은 소의 목덜미에 가 있다. 하루 종일 써레나 쟁기를 끌었을, 멍에가 얹혀 있었을 그 목덜미를 보여 준다. 목덜미에는 굳은살이 박였을 것이다. 그리곤 소의 목덜미와 할머니의 손을 교차시킨다. 할머니도 노동을 마치고 돌아와 소와 함께 날이 저무는 저녁을 맞고 있다. 할머니는 겹주름처럼 고랑이 나 있는 밭에 쪼그려 앉아 풀을 뽑고 돌

알 캐내고 종일 호미질을 했을 것이다. 시인의 시선은 소와 할머니의 부은 발잔등으로 옮아간다. 부은 발잔등을 보여 줄 뿐이지만, 우리는 소와 할머니의 하루가 얼마나 고단했을지 짐작할 수 있다. 시인이 눈여겨본 대목은 소와 할머니의 관계일 것이다.

소는 할머니를, 할머니는 소를 마주하고 있다. 이 둘 사이에 조용하고 평화롭고 안쓰러운 대화와 유대가 오가고 있다.

〈묵화〉의 시적 정경이 손에 잡힐 듯이 와 닿아서 살갑다.

그런데 나는 이 시를 읽으면서 좀 이상한 생각이 들었다. 도대체 소에게 무슨 '발잔등'이 있단 말일까. 이것은 어법語法의 오류가 시의 문맥에서는 얼마든지 허용될 수 있다는 일반적인 척도를 크게 벗어나는 것이 아닐까. '잔등'은 '등'의 낮춤말이다. '등'은 '사람이나 동물의 몸통에서 뒤쪽이나 위로 향한 쪽, 곧 가슴이나 배의 반대쪽'을 뜻하는 말이다. 그러므로 '소 발잔등'이라는 말은 성립되지 않는다. 물론 물건의 반대쪽이나 바닥의 반대쪽도 '등'이라고 할 수 있으니까, 억지로 말한다면 '소 발잔등'이라는 말도 아주 터무니없는 것은 아니라고 할 수 있을지도 모른다. 그러나 시의 언어는 가장 섬세하게 교직되어야지 대충 그럴싸하게 얼기설기 짜는 게 아니다. 발굽이 있는 소와 말의 발에 발잔등이 있다는 말은 우리말에 대한 무지에서 비롯되는 것이다.

김종삼은 일제 때 청소년 시절을 보냈으니까 체계적으로 국어를 배우지 않은 세대에 속한다. 김춘수도 어느 산문에서 해방이 되자 우리글과 말을 익히느라고 애를 썼다고 토로한 일이 있었다. 김종삼도 기본적인 우리말을 어릴 때 제대로 익히지 못했을 것이다.

사람은 심한 노동을 하면 발등이 부을 수도 있지만 네발짐승인 소는 그렇지 않을 것이다. 오히려 멍에를 얹은 모가지가 붓거나 아플 것이다. 그래서 문태준도 시인의 시선이 '종일 쟁기를 끌었을, 멍에가 얹혀 있었을 굳은살 박인 목덜미'에 가 있다고 해설을 하고 있다. 소가 하루 일을 끝내고 외양간에서 쇠죽을 먹을 때 주인은 손바닥으로는 궁둥이를 철썩 때리고 빗자루로는 소의 모가지와 등짝을 쓸어 주는 것이 진짜 농촌의 풍경이 아닐까.

"물먹는 소 목덜미에/할머니 손이 얹혀졌다"라는 표현만 보아도 김종삼이 우리말을 얼마나 설익게 사용하고 있는가를 한눈에 알 수 있다. 흔히 시를 제대로 배우지 않고 겉멋만 든 이들은 이게 무슨 대단한 시적 언어poetic diction인 줄 알고 있다. 시인이 지금 묵화 한 폭을 바라보고 있으므로 그림과 화자話者의 거리감을 나타내기 위하여 피동형의 문장을 사용했다고 굳이 말할 수도 있겠지만 아무리 그렇다고 해도 '할머니 손이 얹혀졌다'라고 표현하면 소와 할머니의 따듯한 유대紐帶 대신에 무생명無生命의 싸늘한 정조가 더 강조되는 것이다.

김종삼의 또 다른 작품인 〈둔주곡遁走曲〉에는 '도토리 잎사귀'라는 해괴한 표현이 나온다. 도토리는 참나뭇과인 떡갈나무나 갈참나무 그리고 졸참나무에 열리는 열매이다. 누군가는 이렇게 말할지도 모른다. 시에서는 '도토리 잎사귀'라는 표현이 허용되지 않느냐고 말이다. 그러면 뽕잎을 '오디잎'이라고 해야 한다는 말인가. 국보 1호인 숭례문만 불에 탄 것이 아니라 진짜 국보 특1호인 우리말이 다 무너져가고 있는 현실이 가슴 아프다. 요즘 입만 열면 '영어를 잘 가리키겠다'고 큰소리치는 사람들이 많다. '가르치다'와 '가리키다'도 구별

하지 못하면서 무슨 놈의 영어인지 참 기가 막힌다.

우리말의 진짜와 가짜를 짚어 보는 권오운 시인의 〈우리말 소반다듬이〉(문학수첩, 2008. 봄)라는 글을 어제 읽었다. 박완서와 이청준, 이문열의 작품에 나오는 잘못 쓰인 우리말을 하나하나 지적해 놓은 그의 글은, 글의 제목에 나오는 '소반다듬이', 즉 소반 위에 곡식을 펴 놓고 뉘나 모래 따위를 골라내는 우리들의 할머니와 어머니처럼 손놀림이 잽싸고도 정성스럽다. 그동안 여기저기서 이따금 그가 쓴 우리말 바로쓰기에 대한 글을 읽었지만 이번 글을 읽어 보니까 그의 정성과 사명감에 가슴이 다 뭉클해진다. 그동안 나는 그가 왜 제 작품은 열심히 쓰지 않고 남의 작품만 꼬치꼬치 읽을까 하는 의구심도 들긴 들었었다.

그와 나는 참 오랜 친구이다. 1960년 여름쯤이었을까. 강릉상고 학생이던 그는 원주고 학생이던 나와 마종하를 만나기 위하여 버스를 타고 대관령을 넘어서 원주까지 왔었다. 그는 우리보다 한 학년 위였다. 그때 셋이 자장면이라도 한 그릇씩 먹었는지 어쨌는지 통 기억이 안 나지만 권오운은 우리와 헤어지고 나서 강릉으로 가는 게 아니라 서울로 간다고 했던 것 같다. 낯가림이 유별나고 가난한 현실 앞에서 맥을 못 추고 있던 나로서는 그의 이러한 활달한 행보가 마냥 부럽기만 했다. 그는 내가 모르는 궤도를 떠도는 혜성 같은 사람으로 보였다. 나로서는 엄두도 못 낼 일이었다. 우리들은 중고교생 잡지인 《학원》에 시를 투고하는 이른바 '학원파'였는데 서로 편지도 주고받으며 시인의 꿈을 키워 가고 있을 때였다. 그 후 인생살이의 길이 서로 같기도 하고 다르기도 하여 이제는 '가까운 사이'라고 말할 수 없는 처지가 됐지만, 깐깐하고 꼿꼿한 그의 모습은 나의 추억의 갈피 속에서나마 언제나 오롯하게 자리잡고 있었다. 그가 펴낸 책으로는《알 만한 사람들이 잘못 쓰고 있는 우리말 1234가지》,《우리말 지르잡기》,《작가들이 결딴낸 우리말》등이 있다. 시인들이 꼭 챙겨야할 필독서이다.

우리말에 대한 관심과 애정은 비단 시인들에게만 있는 것이 아니다. 지금 활동하고 있는 평론가 중에서 이숭원과 고형진이 지니고 있는 우리말에 대한 사랑은 시인들 못지않다. 두 사람 다 지용과 백석에 대한 연구에 몰두하는 것을 보면 이들이 시인들의 작품을 그냥 적당히 읽는 흔한 평론가가 아니라 어쩌면 시인보다도 더 우리말의 뜻과 쓰임새에 대한 남다른 애정을 지니고 있음을 알 수 있다. 뜻 모를 말이 나오고 또 나오는 지용과 백석의 시를 이들은 지칠 줄도 모르고 읽고 또 읽는다.

《문학의문학》봄 호에서 이숭원이 나의 작품〈두레반〉을 평한 것을 읽었다. 내 시에 나오는 낱말 하나하나를 사전을 찾아가면서 자세히 읽은 것을 보고 참으로 놀랐다. 몽둥이로 잠자리 잡듯 하는 것이 아니라 거미줄 포충망으로 정성스레 시를 해석하는 이러한 태도는 정말 값지다. '햇좁쌀'이라고 해야 맞는 것을 '햅좁쌀'로 잘못 표기한 것을 바로잡아 준 것을 보면 정말 그렇다.

중세국어에서 쌀(米)을 뜻하는 고어인 ᄡᆞᆯ의 초성에 ㅂ이 있으므로 '햅쌀' '좁쌀' '입쌀'로 적는 것이지 그해 새로 수확한 좁쌀은 그냥 '햇좁쌀'로 적는 게 맞다. 나도 이쯤의 표기법은 진작 알고 있었지만 자꾸만 '햅쌀'이라는 어감이 간지럼을 먹이면서 유혹하는 바람에 '햅좁쌀'이라고 쓰고 싶어졌다. 혹시 선덕여왕 시대의 신라어新羅語에서는 그해 새로 수확한 조를 뭐라고 했었을까. 이런 엉뚱한 상상도 한몫 했을 것이다. 엉뚱한 환상에서 비롯된 오류를 일깨워 주는 평론가가 있어서 나는 행복하다. 속마음으로는 최근의 내 작품 가운데 스스로 비점批點을 찍는 것이 바로 〈두레반〉이다.

> 잣눈이 내린 겨울 아침, 쌀을 안치려고 부엌에 들어간 어머니는 불을 지피기 전에 꼭 부지깽이로 아궁이 이맛돌을 톡톡 때린다 그러면 다스운 아궁이 속에서 단잠을 잔 생쥐들이 쪼르르 달려 나와 살강 위로 달아난다
>
> 배고픈 까치들이 감나무 가지에 앉아 까치밥을 쪼아 먹는다 이 빠진 종지들이 달그락대는 살강에서는 생쥐들이 주걱에 붙은 밥풀을 냠냠 먹는다 햇좁쌀 같은 햇살이 오종종히 비치는 조붓한 우리집 아침 두레반
>
> — 오탁번,〈두레반〉

우리말에 대한 외경畏敬과 경배敬拜의 마음을 소홀히 하면서도, 좋은 시를 쓰는 시인이 있다면, 내 손에 장을 지지겠다.

2

1970년 가을, 대학원에서 석사논문을 쓸 때의 일이다.

나는 원래 '조지훈론'을 쓸 생각이었는데 이는 학부 때부터 조지훈 선생에게 먼빛으로나마 시를 배운 제자이며 또 1967년《중앙일보》신춘문예에 〈순은純銀이 빛나는 이 아침에〉가 당선되었을 때 심사를 한 분이었으므로 나는 은근히 조지훈의 문학적 적자嫡子로서의 자리

매김을 스스로 하겠다는 욕심도 있었다. 그런데 논문을 준비하는 과정에서 변화가 왔다.

선생의 시와 수필과 논문을 꼼꼼히 읽어 볼수록 선생은 그냥 '시인'이 아니라 시인보다는 더 큰, 더 광활한 일생을 살다간 분이었기 때문에 시작품을 분석하여 문학사적 의의를 논하는 일이 간단하지 않을 뿐더러 별 의미가 없을 수도 있겠다는 생각이 든 것이었다. 나에게는 '시인'으로서의 조지훈이 중요한 것이지 전 생애를 통하여 이룩한 인격의 높낮이가 중요한 것이 아니었다. 지훈 선생의 작품은 초기의 몇몇을 빼고는 너무 주제의식이 앙상히 드러나 있어서 문학사에 영원히 빛날 작품으로는 손색이 있다는 판단이 들었다. 명색이 제자인 내가 최초로 지훈 선생의 작품을 대상으로 하여 석사학위 논문을 쓰는데 결론을 이런 식으로 맺는다는 것은 돌아가신 선생에게는 못할 짓이라는 생각이 들었다. 학자고 선비고 뭐 그런 거창한 것 다 그만두고, 알토란같은 시만 쓰지 않은 선생이 미울 지경이었다.

나는 그해에 논문을 제출하고 이듬해 봄에 석사학위를 받아야만 될 상황에 처해 있었다. 나는 그때까지 일신상의 사정으로 병역의무를 마치지 못한 상태였다. 지킬 집도 땅도 없는 내가 왜 남의 집과 땅을 지켜 주려고 허송세월을 하는가 하는 젊은 날의 꼬부라진 성질머리도 한몫 했지만, 입영영장이 나올 때마다 내 주소지가 자꾸 바뀌는 바람에 제때에 수령하지 못한 경우가 많아서 입영기피자가 된 것이었다. 그것도 무려 다섯 번이나! 그러다가 1969년 대학원에 입학한 후 용케 육군사관학교 교관시험에 합격하였다. 이때의 구구절절한 사연은 여기서 새삼 이야기하지 않겠다. 아무튼 나는 대학원을 졸업한 후 입대하여 육군사관학교 교수부 교관으로 병역의무를 마치기로 돼있었다. 아마도 대학원 다니는 것이 병역문제와 맞물려 있지 않았다면 중간에 국문학 공부를 접었을지도 모른다. 한창 나이에 끝 간 데 없이 날아오르는 상상력만 나에게 있을 뿐, 대학원 수업이 주는 딱딱하고 위선적인 분위기를 감당하기에는 모든 게 너무 힘들었기 때문이다.

석사논문 주제를 갑자기 바꾸려고 마음먹으니 앞이 캄캄했다. 그러다가 나는 한 가지 생각이 머리에 퍼뜩 떠올랐다. 정지용! 바로 정지용이었다.

정지용은 한국전쟁 때 월북한 시인으로 낙인찍혀 있었다. 교과서는 물론 일반 출판물에도 그의 작품은 실릴 수 없었다. 그를 연구한다는 것은 당시의 상황으로는 실정법을 위반하는 일종의 위법행위였다. 대학원 다니면서 인사동 고서점에서 정지용의 시집《정지용시집鄭芝溶詩集》과《백록담白鹿潭》을 구하여 읽었지만 그의 작품을 논문의 대상으로 한다는 생각은 꿈도 꾸지 않았다.정지용을 비롯하여 백석, 임화, 이용악 등 월북 또는 납북된 시인들의 작품을 연구할 수 없던 시절이었다. 그러나 현대시의 아버지라고 할 수 있는 정지용을 현대시사에서 외면한다는 것은 정말이지 어불성설이라는 생각을 한 나는 어느 날 지도교수에게 정지용의 작품을 주제로 논문을 쓰겠다고 말씀드리고, 에라 모르겠다, 하는 심정으로 논문을 썼다. 〈지용시연구芝溶詩研究〉라는 나의 석사논문은 이렇게 하여 세상에 나왔는데 논문을 내고 나서도 정보기관 같은 데서 아무런 문제도 삼지 않았다. 그러니까 이미 정지용은 해금되기 전부터 우리들의 마음속에서는 다 해금이 되어 있었는지도 모른다. 그것을 정치적 목적으로 이용하지 않을 때에는 정보기관에서도 문제삼지 않았던 모양이었다.

정지용 작품을 독해하는 데 있어서는 내가 첫 번째라는 자부심을 가지고 있던 어느 날 뒤통수를 한 대 맞은 것 같은 경험을 했다. 시의 해석은 시어의 사전적인 뜻을 해명하는 것만으로는 어림없다는 것을 깨달았기 때문이었다. 육사에서 예편한 뒤 여자대학에서 현대시론을 강의하던 30대 초반 어느 날이었다.

> 골작에는 흔히
> 流星이 묻힌다.
>
> 黃昏에
> 누뤼가 소란히 싸히기도 하고,
>
> 꽃도
> 귀향 사는 곳,
>
> 절터ㅅ드랬는데
> 바람도 모히지 않고
>
> 산 그림자 설핏하면
> 사슴이 일어나 등을 넘어간다.
> — 정지용, 〈구성동九城洞〉

적막한 어느 절터의 풍경이다. 한 번 읽어도 그 뜻이 잡히는 평범한 작품이다. '절터였는데 바람도 모이지 않는다'는 말을 나는 물론 처

충북 옥천 정지용 흉상 앞에서

음부터 이해할 수 있었다. 아니, 나만이 아니고 누구나 이 시를 읽는 사람은 이게 무슨 뜻인지 다 알 수 있을 것이다. 그런데 그게 아니었다. 시의 이해는 그렇게 간단하게 이루어지는 것이 아니었다.

1974년 여름에 학생들과 함께 구례 화엄사에 갔다가 대웅전 앞 석탑을 보고 있을 때였다. 아주 작은 회오리바람이 불어오자 절 마당에 있던 지푸라기가 호로록 날아올랐다가 이내 떨어지는 것을 보고 나는 정지용의 시 〈구성동〉이 문득 생각났다. 아, 바로 이것이구나. 절터는 사방이 산으로 둘러싸인 분지에 자리 잡는 게 보통이다. 그래서 절터에서는 회오리바람이 잘 일어난다. 풍수지리로 볼 때 바로 명당 터에 자리잡고 있는 것이다. 옛날에는 절이 있었지만 병란이나 화재로 소실되어 이제는 사찰은 간 곳 없고 쑥대만 무성한 폐허를 시인이 찾아온 것이다. 지푸라기를 호로록 날리며 불어오는 작은 회오리

바람조차 없는 적막한 풍경 속에 시인은 서 있다. 바람도 모이지 않는 적막은 적막의 한 극점極點에 해당된다. '바람도 불지 않는다'라고 하지 않고 '바람도 모이지 않는다'고 한 것은 잠깐 부는 회오리바람을 암시하기 위한 것이다. 시든 인생이든 그걸 올바로 이해하려면 절실한 체험體驗이 무엇보다도 중요하다. 그냥 적당히 지레짐작으로 시를 이해한 척하면 안 된다는 것을 나는 깨달았다. 내가 그때 화엄사 대웅전 앞에서 회오리바람을 보지 않았더라면, 지용의 이 작품을 그냥 대충 이해할 뿐이지 진짜 낱말의 뜻과 시적 정황이 이룩해놓은 묘미를 영원히 이해하지 못했을 것이다.

'절터였는데 바람도 모이지 않는다'고? 그대는 참 기막힌 시인이고나!

3

나는 다시 태어나도 여자가 되고 싶은 마음은 추호도 없다. 그런데 신달자 시인의 시를 읽다가 내가 도저히 체험할 수 없는 소재를 참으로 감칠맛 나게 쓴 것을 보고는 나도 아주 짧은 시간만, 그러니까 한 1분 동안만이라도 여자가 되고 싶다는 생각이 문득 들었다. 여자의 육체가 되어 '여자女子'를 경험해 보고 싶은 참 희한한 상상을 하게 되었다. 한 달에 한번 월경을 하고 나이 들어 폐경을 하는 여자의 생애는 참으로 기막힌 우주적 신비다. 신달자는 그것을 반짝이는 별처럼 영롱하게 형상화하였다.

인간은 2만 2천 개 쯤의 유전자를 지니고 있다고 한다. 유전자는 사람마다 다르지만 남녀의 유전자가 수정란에 모여 보다 큰 생명체로 성장하는 시스템을 구축한다. 이처럼 경이로운 시스템이 어떻게 작동하는지는 여전히 신비의 베일로 가려져 있다. 여자가 생리를 하는 것은 이 시스템 작동의 시그널과 같다. 몸때마다 배란을 하며 새 생명의 씨앗을 맞이하여 임신을 하고 아기를 낳는 이 신비로운 체험을 유독 여자들만 점유하고 있는 것이다.

그것은 무슨 진귀한 말씀 같아서
허벅지 종아리로 줄줄 흘러내리는 것이 아니라
교실이나 거리에나 질질 흘리는 것이 아니라
한 방울도 흘러내리지 않게 폭 스며 배게 해서는
소리 없이 그 물컹한 공포를 아무에게도 보이지 않게 숨어
몸에서 피는 꽃잎이라 떨어트리지 않고 다 주워 모아서는
부끄러운 연애편지처럼 아무도 모르게
숨어 버렸던 다홍빛 생리

그 무슨 세상에는 없는 나만 들으라는
남이 알면 큰일 나는 진귀한 말씀 같기만 하여서
문 걸고 내 속의 꽃물을 슬며시 보곤 하였었는데
한 달에 한 번 사랑하듯 몰래 숨어 만졌었는데
그 말씀 좀 알아듣는데
그 냄새 은근슬쩍 야릇하게 정들었다 했는데
귀찮다 하면서 받아주는 남정네 같았는데
그랬는데 어느 날 그 말씀 갈 곳이 따로 있었나
한 말 또 하고 또 하고
이제 그치나 하면 또또 하고 영 이상하게 굴더니
어느 날 한순간 뚝 그쳐버렸다
— 신달자, 〈뚝 그치다〉(《문학수첩》, 2008. 봄)

신달자 시인은 나와 동갑내기이다. 나이도 제법 들어 저녁놀 질 때가 됐지만 그나 나나마음은 아직도 사춘기思春期에 머물러 있다.

벌써 10년도 더 전의 일이다. 양평의 어떤 문학회에서 주최하는 시낭송 자리에 초대되어 함께 차를 타고 간 적이 있다. 양평 시내로 들어서기 전에 국도 가에 새로 지은 '웨딩의 전당殿堂'이 보였다. 석조건물인데 지붕과 창문도 온갖 멋을 다 부려서 마치 중세 유럽의 옛 성城 같은 모습이었다. 그가 갑자기 말하는 것이었다. 웨딩의 전당이 너무너무 예쁜데 저기 가서 결혼식 올리고 갈까? 나도 얼씨구나 맞장구를 쳤다. 눈깔사탕을 보면 그냥 먹고 싶어 떼를 쓰는 철부지들처럼 우리는 마냥 놀았다. '마냥'이라고 하지만, 시간으로 따지면 1분이나 될까 말까 짧은 놀이였다.

아니, 결혼식 올리자고 먼저 말한 게 나였었나? 하도 오래전 일이어서 정확한 기억은 없지만 그날 신달자 시인이 시낭송회에서 만난 시인들에게 했던 말은 어렴풋이 생각난다. 글쎄, 나보고 결혼식 올리고 가자는 거야. 호호호. 우리는 한바탕 웃었지만 무안해서 나는 귀밑이 뜨거워졌다. 알뜰살뜰한 시를 어쩌면 요렇듯 잘 쓰는 동갑내기 시인을 보면 나는 괜히 행복하다.

나하고 어깨동갑인 유안진 시인의 요즘 시는 거칠 게 없는 어조가 단연 일품이다. 구성지게 꺾여 넘어가는 정선아라리 같다. "정선읍내 물레방아는 물살을 안고 비빙글배뱅글 잘도 돌아가는데"나 "앞 남산 딱따구리는 생구멍도 뚫는데"처럼 해학과 여유가 만발하는 유안진의 시는 누구도 흉내 낼 수 없는 경지에 이른 것 같다. 그의 시적 어조는 풀섶에서 스르륵 나오는 능구렁이 같다가도 또 '꽃다님'같은 화사

花蛇가 되기도 하고 어느새 날렵하게 둠벙을 가로지르는 물뱀이 된다. 그의 시에서 울리는 소리는 비녀 꽂은 욕쟁이 주모酒母의 목소리가 되다가는 어느새 배꼽티에 피어싱 야물딱지게 하고 사내 애간장 다 녹이는 신세대 아가씨의 목소리로 변한다. 빠르게! 더 빠르게! 느리게! 아주 느려터지게! 사물놀이판처럼 정신을 쏙 빼놓게 만드는 개성적인 시의 어조가 팽팽한 긴장 속에서 어우러지고 있다.

　등산객들로 몸살 앓는 산을 보여 주는 뉴스 화면에서, 아지랑이 걸음으로 아지랑거리는 게 있다, 사라진 시대의 한 끝자락이다

　봄 가을로 저렇게 산을 올라간 남자들은
　볕 잘 들고 바람 좋은 고개나 너럭바위를 찾아내어
　바지를 벗고 누워 햇볕을 쬔다고
　상투머리도 풀어서 바람빗질도 한다고
　우물가나 빨래터의 아낙들이 웃어쌓던
　擧風날이 있었지

　달의 음기를 받는 다산풍요의 女俗으로, 달밤에, 청계천 수표교 위를 걷던 놀이가 있었듯이, 사찰의 탑돌이나 여인들의 놋다리밟기가 있었듯이, 서귀포 바닷가의 모래가 운모성분으로 달빛에 반짝인다고 배꼽에 모래찜질을 했듯이, 강강수월래도 달밤놀이로 변했듯이

　아직도 곳곳에 남아 있는 거풍재나 거풍암은
　전시대의 남자들이 다산정력을 위해 양기 받던 증거이지
　“마빡에 피도 안 마른 놈이 거풍하러 간다꼬

텃밭 한 고랑 못가는 주제에 거풍하러 간다꼬
할멈도 없는데 지팡이 집고 거풍 가신다꼬
손자 등에 업혀서 거풍 가는 망령 좀 보게"

입담 좋은 아낙들 웃음소리는 차르르 차르르 쏟아지는데, 화면은 벌써 경제로 바뀌었다, 요즘 남자들은 거풍 같은 거 모르나, 누드고개나 누드바위 뉴스는 들어본 적 없잖아

—유안진, 〈거풍, 남자들의 누드쇼〉(《21세기문학》, 2008. 봄)

이처럼 유안진의 시에는 단순한 풍자나 해학만 있는 게 아니다. 혼탁한 현실에 대한 따끔한 일침도 번뜩인다. 자유자재自由自在, 무애지경無碍之境이다. 시단의 이런저런 풍경에 오불관언吾不關焉하는 그의 무비無比한 시인의식은 너무 냉혹하여 손을 대면 손가락에 동상이 걸릴 것 같다. 어떤 때는 너무 치열해서 화상을 입을 것만 같다.

나의 어느 시에는 Y와 S라는 이니셜로 부른 시인들이 등장하는데, 그들이 실제인물인지 가공인물인지는 독자들이 어림해 보기 바란다.

나하고 자치동갑 Y시인은
자기가 내 原妻라고 대놓고 말한다
안동 양반의 후예 아니랄까봐
本妻보다 한 끗발 높은
原妻로서의 권위가 서릿발 같다
여자가 시집가면 남편 本籍을 따르고
원래 본적은 原籍이 되어 물러나지만
原妻야말로 진짜 오리지날 와이프란다
本妻야 어쩌다가 도장 찍게 된

언제나 되물릴 수 있는
아티피셜 와이프이지만
原妻야말로
거웃이 거뭇거뭇 날 때까지
등목 시켜주던 막내 庶姑母 같은
뗄 수 없는 血緣이란다
콧대 높은 나의 原妻에게
河回 마을 아흔 아홉 칸 기와집 한 채와
도지 일백 석 받는 고래실논을
등기이전해 줘야겠네

나하고 동갑내기 S시인은
忘年會에서 만날 때마다
자기가 내 別妻라고 까놓고 말한다
밥하고 빨래하는 本妻 자리는
아예 넘보지도 않겠다는
나붓나붓한 나의 別妻는
내가 딴 여자 볼까봐 강샘도 부린다
생활비 안 준다고 생떼를 쓰면
황진이가 쓰던 常平通寶 몇 만 고리와
빳빳한 紙錢 뭉치 퀵 서비스로 보낸다
내 生涯 끝나는 날
宇宙의 어느 行星에서도
주민등록초본 하나 남기지 못하고
자동 소멸되는 운명인 줄도 모른 채
내가 土星의 고리로 만들어준
빛나는 금반지 끼고
먼 銀河水 호젓한 물녘에서

몇 劫 동안 날 홀리고 싶단다

내 別妻 자리 하나 얻으려고
새파란 띠동갑 시인들의 메시지가
와이브로 통신으로 수신되는
太初 후 46억 년 지난 어느 봄날
별처 1, 별처 2, 별처 3…….
이렇게 번호 매겨 順番을 정해
큰곰자리 작은곰자리 거문고자리에
놋요강과 자개문갑과
鶴이 우는 베개와 비단 衾枕 나붓한
별채 하나씩 뚝딱 지어줘야겠네
아아 나는 왜 이다지도 妻福이 많으냐
상처한 놈은 소피보면서 웃는다는데
몇 백 光年 후
원처 본처 별처 하나씩 눈 감으면
함박웃음 짓다가 틀니 다 빠지겠네
젠장 미운 本妻에게는
매달 쥐오줌 만큼 나오는
연금밖에는 없다 없어!
— 오탁번, 〈妻福〉

시인과 시인 사이의 관계는 이토록 허황하고 눈물겨운 것 아닐까.

또 나는 젊은 시인은 노 시인老詩人의 인격과 시적 성취를 흠모하고 노 시인은 젊은 시인의 방황과 고뇌를 보살펴 주는 '시인과 시인'의 아름다운 관계를 알고 있다. 바로 대전에 사는 임강빈 선생과 황희순 시인이다. 그들은 '살아 있는 시인의 사회'를 아무도 모르게 이룩해

놓고 있다. 서로의 허허로움을 달래 주는 시인의 마음은 깊고 깊은 시심詩心과도 통한다.

> 오래 전일이다. 나는 정말 첩첩산중에서 마음에 상처를 입고 헤매는 중이었다. 자정이 넘은 시간이었다. 잠잘 곳을 찾다보니 선생님 댁 대문 앞에 내가 서 있는 것이었다. 지금은 이사하시어 남의 집이 되어버린 '대전 서구 도마동 126-2', 옆집 담 너머 지붕까지 덮은 감나무에 주렁주렁 매달린 감이 가로등 불빛에 반짝거리고 있었다. 조금 망설이다 초인종을 눌렀다. 놀라신 선생님과 사모님은 서재에 이불을 깔아주셨고, 한 세 시간 쯤 자고 일어나 살그머니 나왔다. 나오는 길에 흐트러져 있는 현관 신발들을 정리하고 현관문이 열리지 않도록 벽돌로 눌러 놓았다. 새벽 5시에 궁금하여 나오신 선생님은, 텅 빈 방과 가지런한 현관 신발들을 보고 여명이 밝아오는 하늘을 올려다보며 한 시간은 속으로 울었다고 하셨다. 이 말씀을 2년 후에 하셨다. 선생님이 바라보시던 그날 그 하늘에 한밤중 나를 따라오던 빛바랜 달이 떠있지 않았을까.
>
> — 황희순, 〈첩첩산중에서 만난 길〉, 부분(《시와인식》, 2007. 겨울)

정말이지 나도 이글을 읽고 '한 시간은 속으로 울었다'. 이렇게 아름다운 사이의 시인들이 있다는 것을 알고 눈물을 흘리지 않으면 나는 내가 아니다.

이들의 오묘한 관계 속에는 눈물만이 있는 것이 아니다. 다음의 글을 보면 웃음이 절로 나온다. 나는 이런 시인들이 무조건 좋다.

왜 좋으냐고? 그건 내 맘이다.

> 꼭 12년 전 일이다. 한 출판사에서 편집일을 맡아 하고 있을 때였

다. 임강빈 선생님께서 오셨다. 그때만 해도 지금처럼 선생님이 임의롭지 않았다. 팩스 번호를 적어주시며 잡지사에 시를 한 편 보내달라고 하셨다. 팩스를 보내고 종이를 드렸다. 선생님께서는 놀란 표정으로, 보내랬더니 왜 도로 주느냐, 하셨다. 선생님보다 내가 더 놀랬다. 그 당시 교장이셨으므로 팩스가 어떻게 오가는지 아실 텐데, 그럼 이 종이가 기계 속으로 들어가 그곳에 전달되리라 생각하셨단 말인가. 하긴 나도 문명의 귀신들을 다 이해하지 못하고 사는 터라 그냥 웃음보가 터졌을 뿐, 달리 설명을 해드리지 못했다.
—황희순, 임강빈 시집《집 한 채》(황금알, 2007) 뒷글

헛똑똑이의 시 읽기

초판발행 2008년 8월 25일
초판3쇄 2019년 1월 25일
지은이 오탁번
펴낸곳 고려대학교출판부
www.kupress.com
kupress@korea.ac.kr
136-701 서울특별시 성북구 안암동
02-3290-4230, 4232
Fax 923-6311
찍은곳 한국컴퓨터인쇄정보

ISBN 978-89-7641-665-0 03810

값 19,000원